Corina Wegler-Pöttgen

Sauerland

Wandern für die Seele

20 Wohlfühlwege

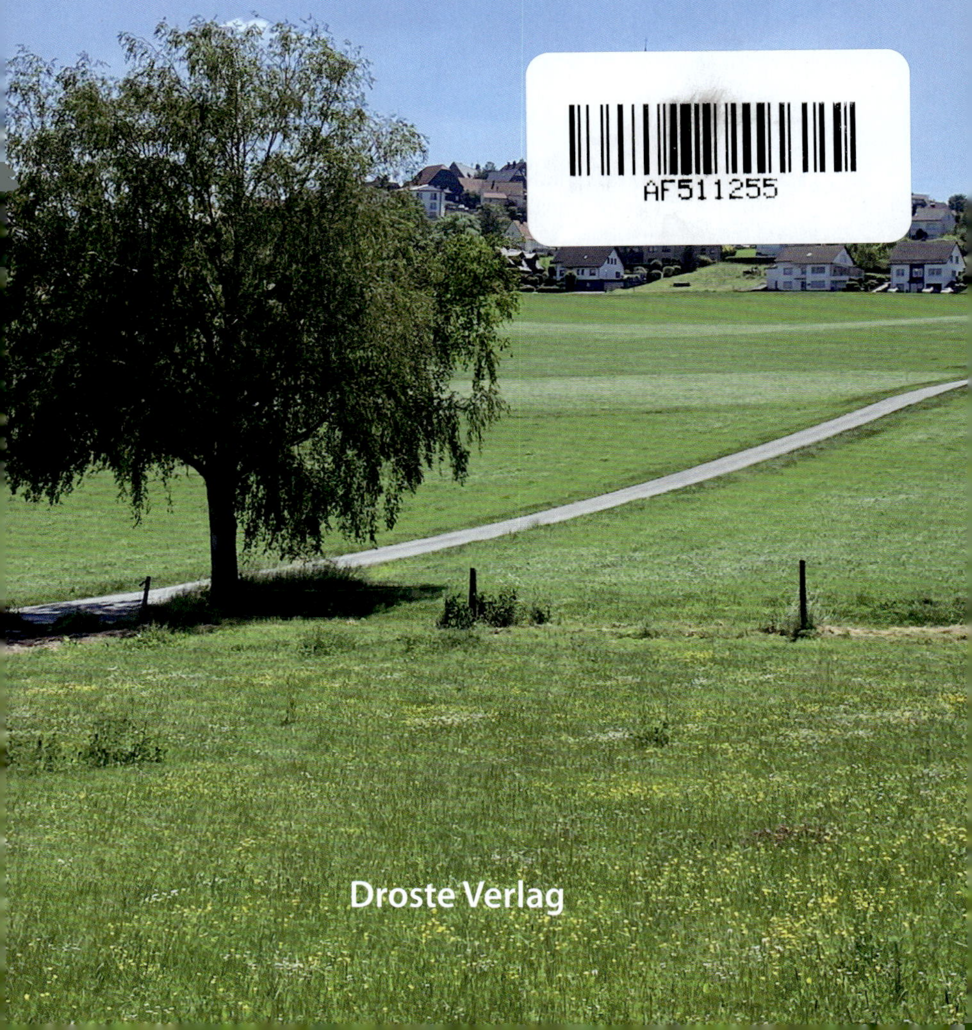

Droste Verlag

ALLE WANDERUNGEN AUF EINEN BLICK

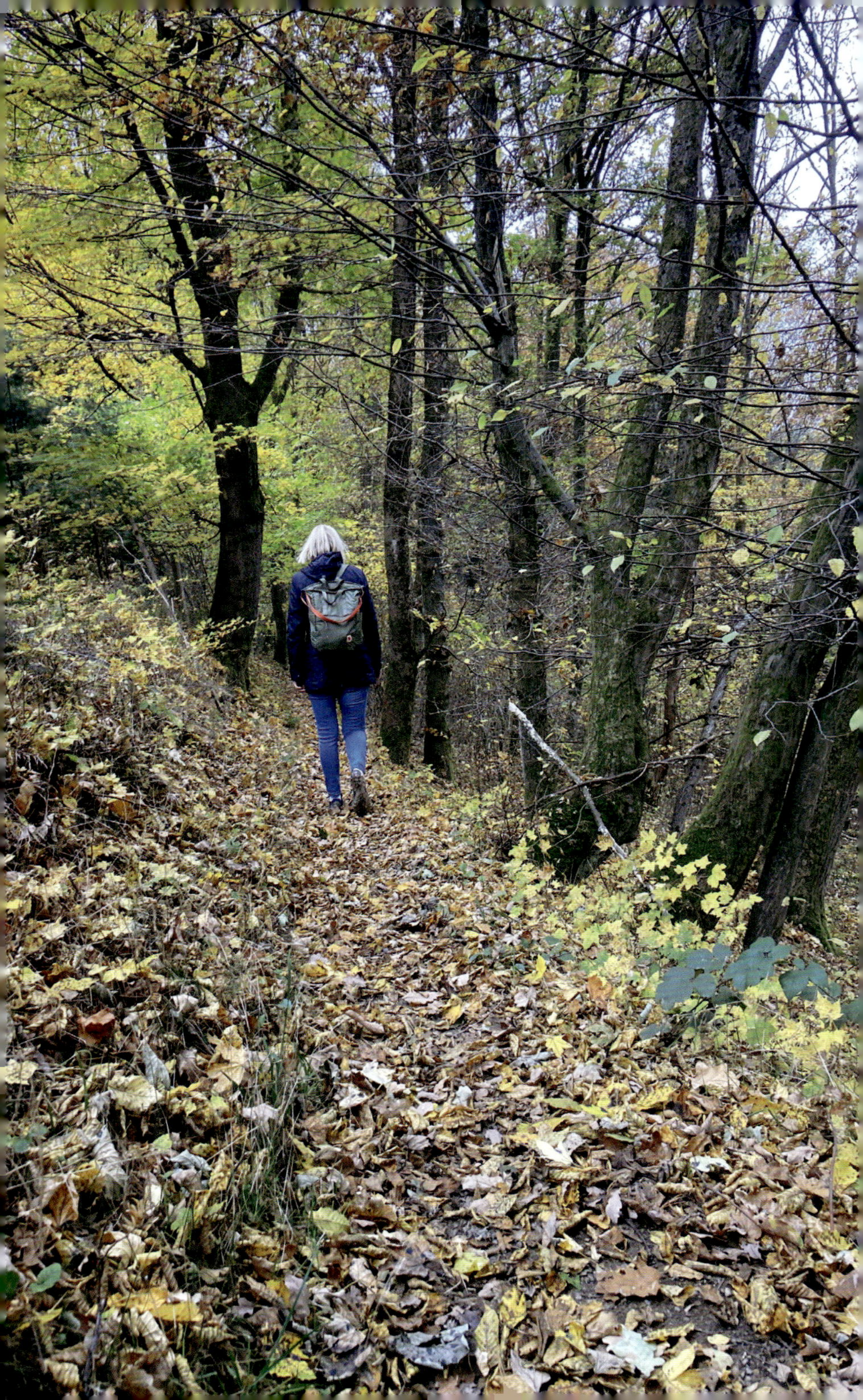

Liebe Wanderfans,

das Sauerland wird auch das „Land der tausend Berge“ genannt und ist von daher wie geschaffen fürs Wandern. Fast endlose Wälder, Felder und Seen sind die perfekte Kulisse zum Runterkommen und Abschalten. In jedem Kreis gibt es Hunderte Wanderwege, die Infrastruktur ist ausgereift. Wir haben 20 Touren ausgewählt, die abwechslungsreich sind, Spaß machen und Genuss bringen.

Die Landschaft im Sauerland ist zurzeit im Wandel: Bis 2018 war sie durch riesige Fichtenwälder geprägt. Stürme, Hitze und Borkenkäfer haben ihnen allerdings zu schaffen gemacht. Die alten Nadelwälder sind nun weitgehend verschwunden und auf den Flächen entsteht Neues: Zum Teil werden Bäume gezielt gepflanzt, zum Teil kommen einfach die Kräuter, Sträucher, Bäume hoch, deren Samen lange im Boden geschlummert haben. Für uns Wanderer ergeben sich fantastische Ausblicke. Und wir sind unterwegs in einer Landschaft, die sich ständig verändert. So wie wir eine Strecke in diesem Jahr erleben, wird sie im nächsten nicht mehr sein.

Konstant sind dagegen die Gastgeber im Sauerland, die es seit Jahrzehnten verstehen, Wanderer zu verwöhnen. Oft mit regionalen Produkten und fein zubereitet.

Ich wünsche Ihnen Wanderungen mit vielen Glücksmomenten – lassen Sie es sich gut gehen! Das klappt prima im Sauerland.

Corina Wegler-Pöttgen

NATUR-INFO

KULTUR-INFO

TOUREN-/EVENT-INFO

GENUSS-INFO

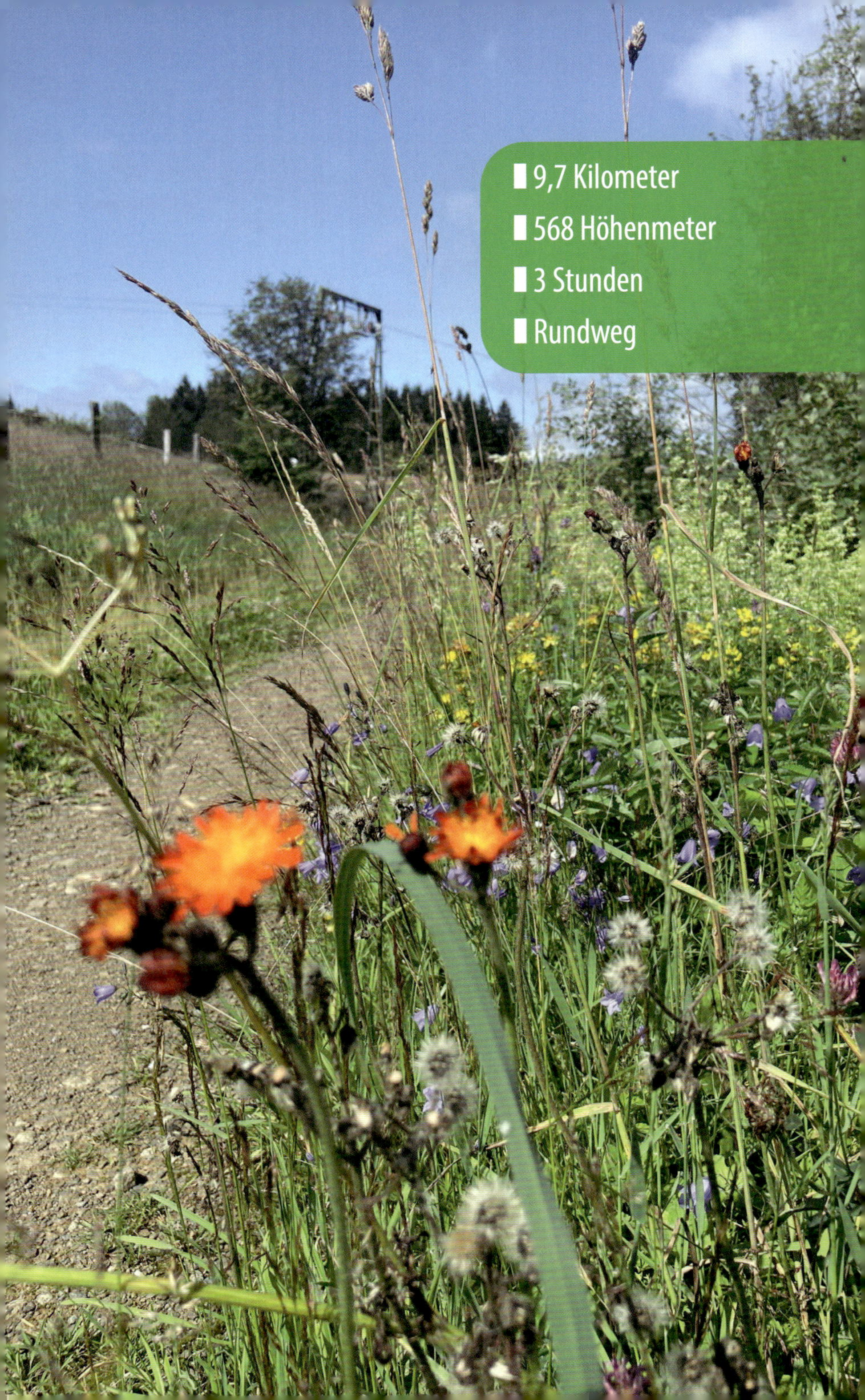

- 9,7 Kilometer
- 568 Höhenmeter
- 3 Stunden
- Rundweg

Im Blütenrausch

Bergwiesen bei Altastenberg

Die Gegend um Winterberg ist als Wintersportregion bekannt und beliebt. Wo im Winter Rodler, Skifahrer und Snowboarder die Hänge hinunterfahren, wächst im Sommer ein Blütenmeer. Zauberhafte Bergwiesen, an die sich das wilde Renautal und schließlich der Kahle Asten, das Dach Nordrhein-Westfalens, anschließen.

Zu unserer Bergwiesentour starten wir am Parkplatz in Altastenberg. Zunächst gehen wir auf der geschotterten Heidenstraße in Richtung Schwedenhütte.

Schon nach 30 Metern biegt ein Feldweg nach rechts in Richtung **Bergwiesen** ❶ ab. Der Weg über die Wiesen ist mit einem orangefarbenen Schmetterling gekennzeichnet. Der schmale Weg wirkt hellbraun und karg, aber rechts und links öffnet sich ein Blütenmeer: lilablaue Glockenblumen, weiß-gelbe Margeriten, pinkfarbener Klee. Selbst auf dem Mittelstreifen des schmalen Feldwegs wachsen Blumen. Schmetterlinge setzen sich vor uns auf den Weg. Wir hören das Summen der Bienen, die auf den Bergkräutern Nektar sammeln.

Wir atmen die gute Bergluft tief ein. Das Klima sorgt hier in den Höhenregionen Nordrhein-Westfalens für üppig blühende Bergwiesen. Aber das ist nicht alles: Die Landwirte düngen hier wenig und sie geben den Pflanzen die Zeit, üppig zu blühen und reichlich Samen zu bilden. Erst Mitte Juli mähen sie die Bergwiesen ab. Rentabel ist das nicht; daher bekommen die Landwirte Ausgleichszahlungen.

*Die **Heidenstraße** war ein Heer- und Handelsweg, der von Kassel nach Köln führte. Warum sie Heidenstraße genannt wird, ist nicht eindeutig geklärt. Eventuell wegen der Missionare, die über diese Straße kamen, um die damaligen Heiden zu missionieren.*

*Auf den **Bergwiesen** wachsen enorm viele Arten: Während auf intensiv genutztem Grünland nur einige Grasarten und Löwenzahn gedeihen, gibt es auf den Bergwiesen an die 50 verschiedene Wiesenpflanzen und im gesamten Gebiet gut 300 Pflanzenarten.*

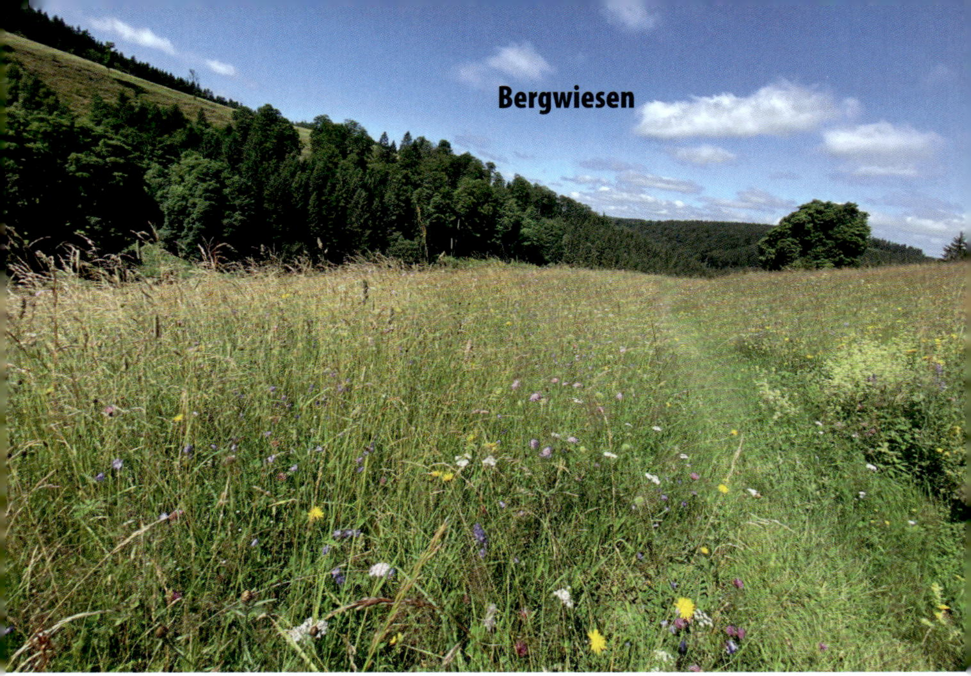

Bergwiesen

Die Bergwiesen sind eine botanische Schatzkiste: In einer Ecke entdecken wir sogar eine gelb blühende Arnika, eine Heilpflanze. Sie kommt in Mittelgebirgen nur selten vor. Biologen haben Arnikasamen in der Nähe des Kahlen Astens gesammelt. Im Botanischen Garten der Universität Marburg wurden die Samen dann vermehrt und die Biologen haben auf den Bergwiesen bei Altastenberg 700 kleine Arnika pflanzen können.

Auch Orchideen wachsen hier. Wir entdecken Geflecktes Knabenkraut, das leicht an den Flecken auf den Blättern zu erkennen ist. Das Blumenmeer lockt Schmetterlinge an: Kleiner Fuchs, Admiral und Tagpfauenauge flattern um uns herum. Wie fliegende Edelsteine wirken die metallisch glänzenden Dukatenfalter, die nach der alten römischen Münze benannt sind und hier den Wanderweg markieren.

Von dem Weg durch die blühenden Wiesen führt die Tour bergab über dichtes Gras. Hohe Gräser wachsen am Rand, dazwischen leuchtet der pinkfarbene Fingerhut. Wir gehen auf einem schmalen Trampelpfad quer über den Skihang. Durch den Skibetrieb im

Für die Seele

Paradiesisch blühende Bergwiesen, gute Luft und unendliche Weiten geben uns Kraft und Energie und lassen Kopf und Blick frei werden.

Winter wird der Oberboden hier quasi abradiert. Es entsteht Borstgrasrasen, ein besonderer Lebensraum. Wir lauschen und hören den Gesang einer Feldlerche, die sich hier auf den blühenden Wiesen wohlfühlt.

Am Ende des Skihangs biegen wir nach rechts auf eine **Schotterstraße** ab und gehen 200 Meter relativ steil bergauf, um dann an einer scharfen Kurve und an einem Verteilerkasten links wieder auf einen dicht bewachsenen Weg abzubiegen. Der Duft von Mädesüß und wildem Thymian steigt uns in die Nase. Wir sehen ein großes Feld voll gelb blühendem Johanniskraut. Und darüber eine Seilrutsche, den **Astenkick** ❷. Das ist die zweitlängste Seilrutsche Europas: Eingehängt und gut gesichert können je zwei Abenteuerlustige parallel mit 70 Stundenkilometern ins Tal sausen.

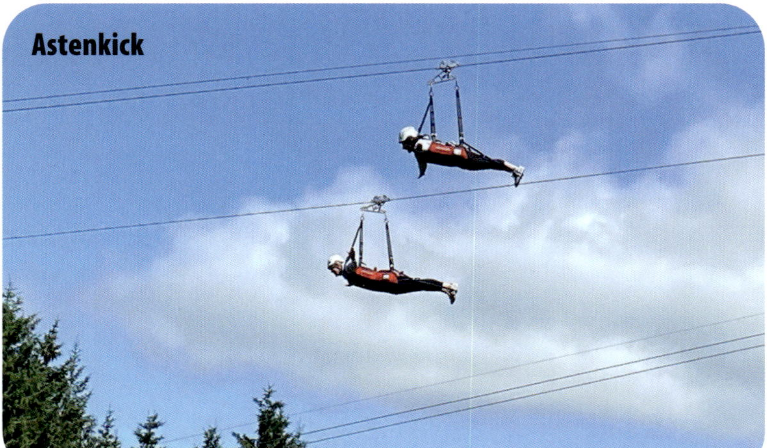
Astenkick

Wir sehen den Mutigen zu, die mit ausgestreckten Armen 1000 Meter über die Landschaft fliegen.

Nach nur kurzer Zeit stehen wir vor einem Zaun. Um unseren Weg fortzusetzen, müssen wir das Tor öffnen und wandern nun quer über eine Weide, auf der Kühe grasen. Wie in den Alpen halten die Tiere die Weiden kurz. Mit ihren Hufen reißen sie Lücken ins Gras, in denen sich dann wiederum kleine Kräuter wie Kreuzblümchen oder Wald-Ehrenpreis ansiedeln können.

Die Kühe schauen uns interessiert an, dann setzen wir unseren Weg fort, verlassen durch das Gatter die Viehweide und gehen 70 Meter an einem kleinen Wald entlang bis wir schließlich auf die Straße stoßen. Wir biegen nach links ab und gehen hinter der Leitplanke ein Stück an der Straße entlang. In einer Kurve sehen wir die Quelle des **Nesselbachs,** ein Nebenfluss der Lenne. Nach der Kurve überqueren wird die Straße und gehen auf einem Feldweg bergauf. Wir folgen dem Wanderzeichen des Dukatenfalters. Schließlich erreichen wir die **Kreisstraße 75,** wo es nach rechts weitergeht. Auf der Talseite wachsen Weihnachtsbäume von morgen, auf der linken Seite erstreckt sich eine

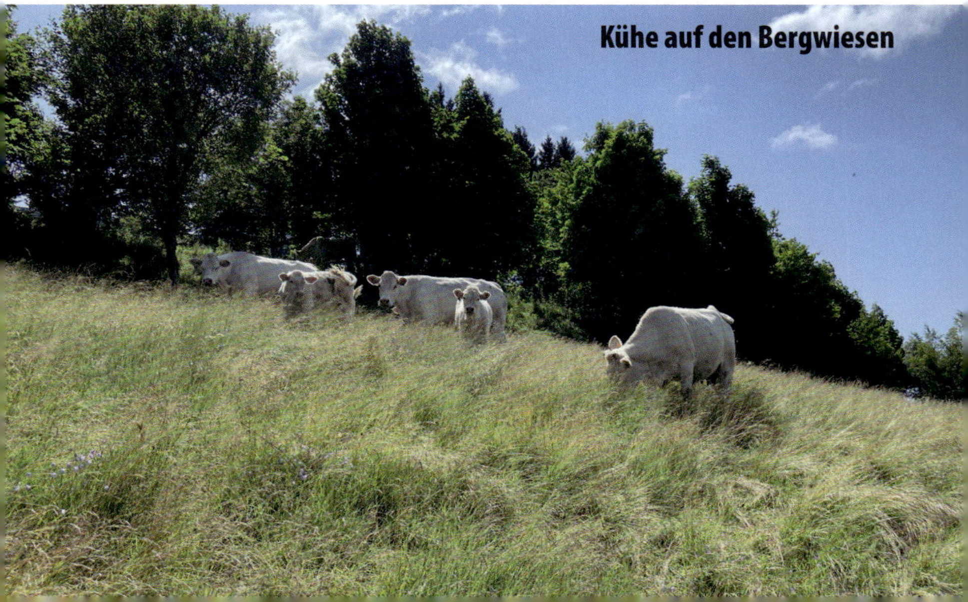

Kühe auf den Bergwiesen

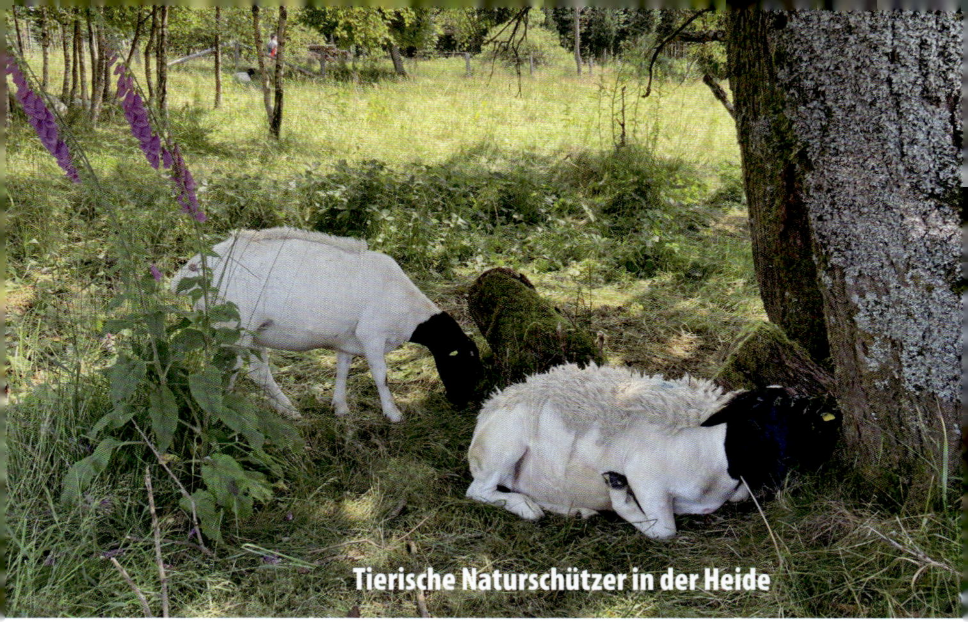

Heidelandschaft ③. Und damit wieder ein völlig neues Landschaftsbild.

Die Heidebüsche haben zartrosa Knospen. Am Wegesrand entdecken wir einige Blaubeerbüsche, pflücken ein paar Beeren, setzen uns auf eine der vielen Bänke und genießen das leckere Superfood. Hinter uns meckern Ziegen. Einige liegen genüsslich unter den Bäumen, andere fressen Blätter und Triebe und nagen an den Rinden der Gehölze. Das ist hier ihr Job: Sie sorgen so dafür, dass die Heidelandschaft nicht zuwuchert. Komplettiert wird das Trio der tierischen Landschaftspfleger durch Schafe.

Am Ende des Weges folgen wir noch dem Zeichen des Dukatenfalters, überqueren die **K 75** und gehen auf einem geteerten Stück in Richtung Altastenberg, dem höchstgelegensten Dorf des Sauerlands. Nach den ersten Häusern auf der rechten Seite nehmen wir allerdings den zweiten Weg links, gekennzeichnet jetzt mit WHT in Richtung Renauwiese, Kahler Asten. Wir schauen uns die typisch sauerländischen Häuser an: Hier in Altastenberg sind sie ausnahmslos mit Schiefer, einem heimischen Material, bedeckt.

Wir gehen über einen geschotterten Waldweg. In Serpentinen führt die Strecke bergab. An Waldwiesen

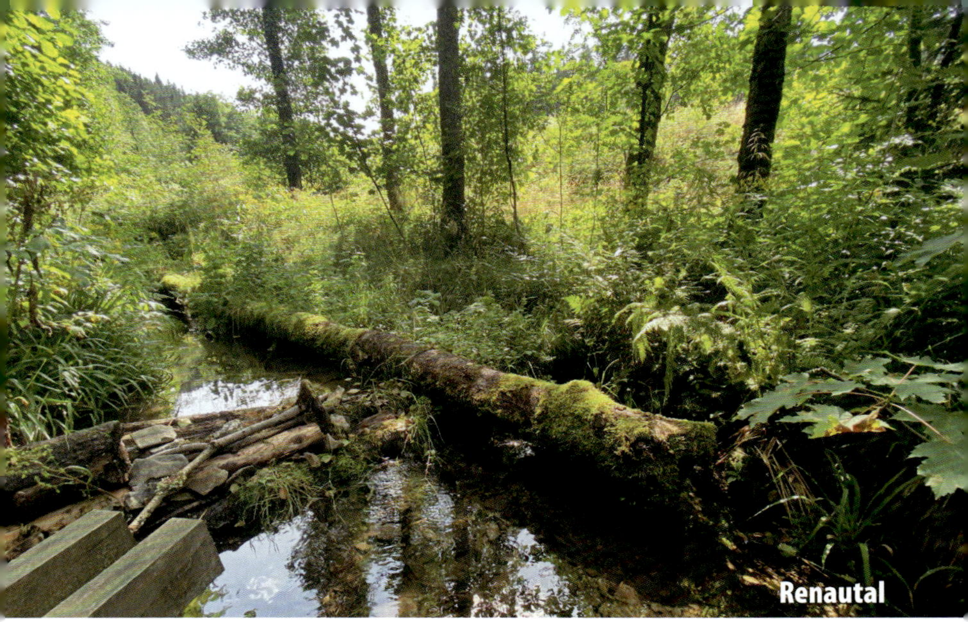

vorbei, auf denen im Frühjahr Schlüsselblumen wachsen, im Sommer Orchideen und im Herbst die Herbstzeitlosen. Tief unten angekommen plätschert es überall: Wir sind im **Renautal ④.**

Die Sonnenlicht bricht durch die Bäume und strahlt auf die zarten Schachtelhalme am Boden. Die Pflanzen werden als lebende Fossilien bezeichnet, weil die ersten Schachtelhalme schon vor rund 375 Millionen Jahren auftraten. Ein uriger Holzplankenweg führt durch die wilde Natur des Renautals, ganz weit weg von Hektik und Alltag. Der glasklare Fluss schlängelt sich zwischen Kräutern und mannshohen Farnen hindurch. Das Strömen und Gluckern der Renau mischt sich mit Vogelgezwitscher. Mit jedem Schritt tanken wir ein bisschen mehr auf.

Hinter zwei Brücken geht es über einen Waldweg bergauf, gekennzeichnet mit WHT. Wir gehen über Pfade, die von Wurzeln durchzogen sind, staunen über die Baumstümpfe, die regelrecht eingehüllt sind von grünem Moos und merken kaum, dass wir immerzu bergauf gehen. Am Ende des Waldwegs überqueren wir die **Landstraße 640.** Rechter Hand liegen die Nordhangjause und ein Skiverleih. Viele Mountainbiker sind hier unterwegs. Winterberg ist für sie Eldorado. Über den Wanderweg A 1 geht es durch den Wald hindurch berghoch.

Im Vergleich zum stillen Renautal sind auf dem letzten Stück zum Kahlen Asten deutlich mehr Menschen unterwegs. Der Berg ist mit 842 Metern der zweithöchste Nordrhein-Westfalens und beliebtes Ausflugsziel. Wir genießen bei einer Ruhepause direkt am **Astenturm ⑤** das fantastische Panorama. Was für eine Weite! Bis zum 163 Kilometer entfernten Brocken im Harz kann man von hier aus bei sehr guten Sichtverhältnissen schauen. Der Astenturm wurde 1895 eröffnet und beherbergt seit mehr als 100 Jahren eine Wetterwarte. Sie hat vor allem dazu beigetragen, dass der Berg im ganzen Land sehr bekannt ist: Die Temperaturen vom Kahlen Asten werden oft in Wetterberichten genannt. Direkt am Astenturm befindet sich das **Kahler Asten Berghotel mit Restaurant ⑥** – das höchstgelegene in NRW: Genuss mit fantastischem Ausblick.

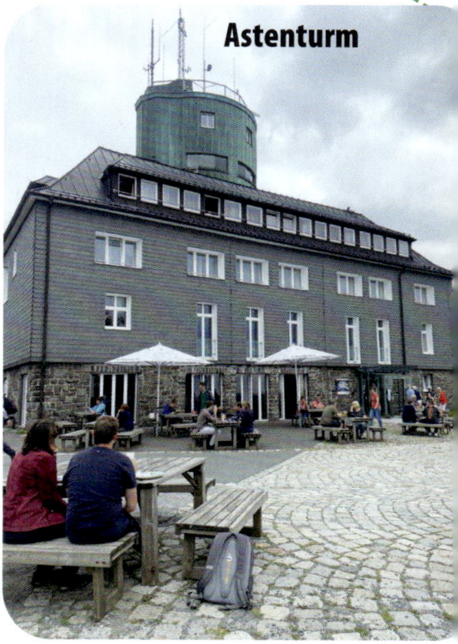

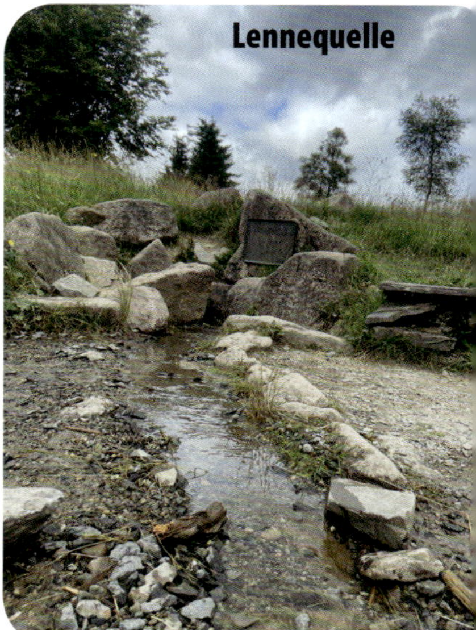

Direkt vor uns beginnt die Bergheide. Heidekraut, Heidelbeeren, Borstgras und Drahtschmielen wachsen hier. Es ist eine zauberhafte Bergwelt, die sehr erschlossen ist und viele Ausflügler anlockt. Wir schauen auf den Wanderwegweiser am Rand der Heide: Mehr als 20 Wanderwege führen über den Kahlen Asten. Weit über eine Million Menschen sind hier jedes Jahr unterwegs. Wobei es mit jedem Schritt vom Hotspot weg ruhiger wird.

Wir folgen dem **Weg X 13/X 14** durch die Heide zur **Lennequelle ⑦**. Das Wasser quillt zwischen großen Felsbrocken hervor. Sie wird gespeist durch Niederschläge und Grundwasser. Von einer der

Bänke aus schauen wir zu, wie sich das Wasser auf den 129 Kilometer langen Weg zur Ruhr macht. Das ist nicht immer so: In heißen Sommern bleibt die Lennequelle trocken.

Dann setzen wir unseren Weg über die Heide fort, biegen rechts ab und gehen am Skihang steil bergab. Sahnehang heißt er. Er bekam diesen Namen, weil hier wintertags oft der Schnee wie dicke geschlagene Sahne liegt. Wir sind nur wenige Hundert Meter vom Astenturm und der Hochheide entfernt und sind nun wieder nahezu allein in der Natur. Beflügelt durch die Natureindrücke queren wir die **Hochsauerland Höhenstraße** und gehen über den **Renauweg** zurück nach Altastenberg und zum Parkplatz.

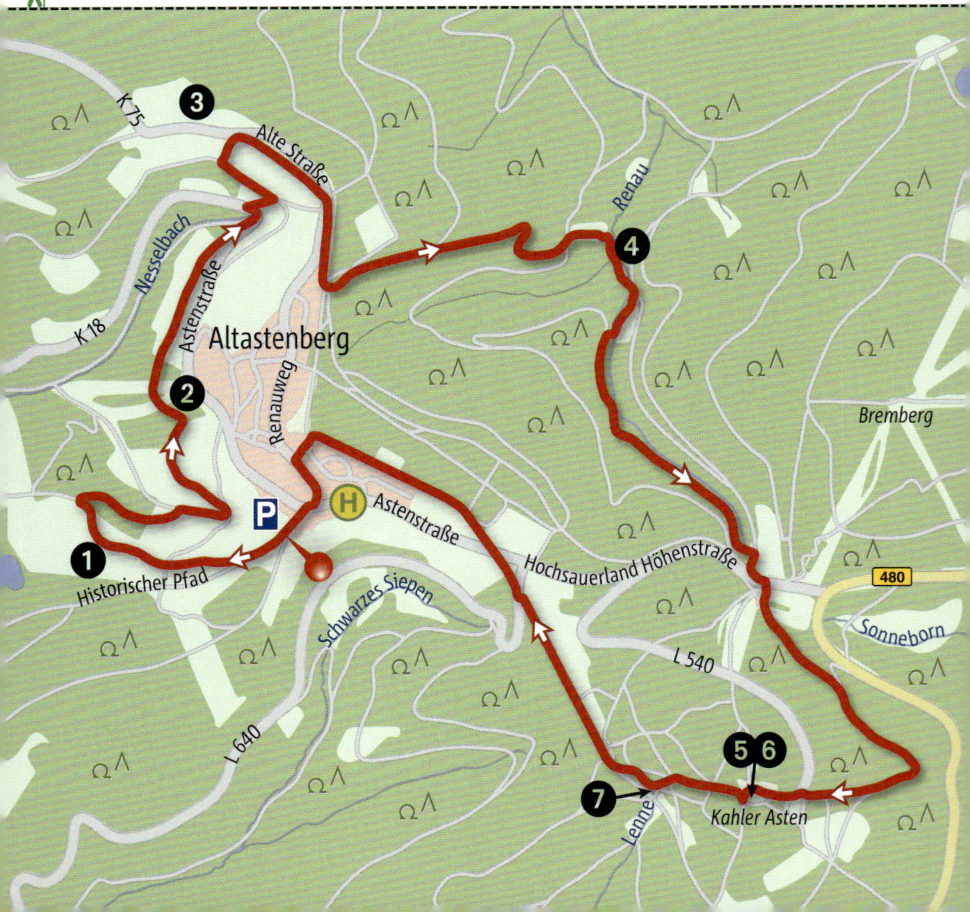

Entspannung ✱✱✱✱✱
Genuss ✱✱
Romantik ✱✱✱✱

WIE & WANN:
Pfade, Feld und Waldwege, Holzplankenweg und kurze Abschnitte auf Asphalt. Der Weg ist am schönsten in der Blütezeit der Bergwiesen vor der Mahd im Juli. Im Frühjahr blühen im Renautal die Schlüsselblumen, im August/September die Heide am Kahlen Asten. Im Winter herrscht auf den Pisten Ski- und Rodelbetrieb.

HIN & WEG:
Auto: Parkplatz P 1 Kapellenhang, Historischer Pfad, 59955 Winterberg (GPS: 51.1868778, 8.4674217)
ÖPNV: Buslinie S 40 aus Richtung Winterberg/Niedersfeld und Schmallenberg bis Haltestelle Altastenberg-Astenstraße

ESSEN & ENTSPANNEN:
Kahler Asten Berghotel und Restaurant ❻ Astenturm 1, 59955 Winterberg, astenturm.com
Weitere Einkehrmöglichkeiten im Ort Altastenberg

ENTDECKEN & ERLEBEN:
Bergwiesen ❶
Astenkick ❷
Heidelandschaft ❸
Renautal ❹
Astenturm ❺
Lennequelle ❼

Hochheide

- 10,4 Kilometer
- 350 Höhenmeter
- 3 Stunden
- Rundweg

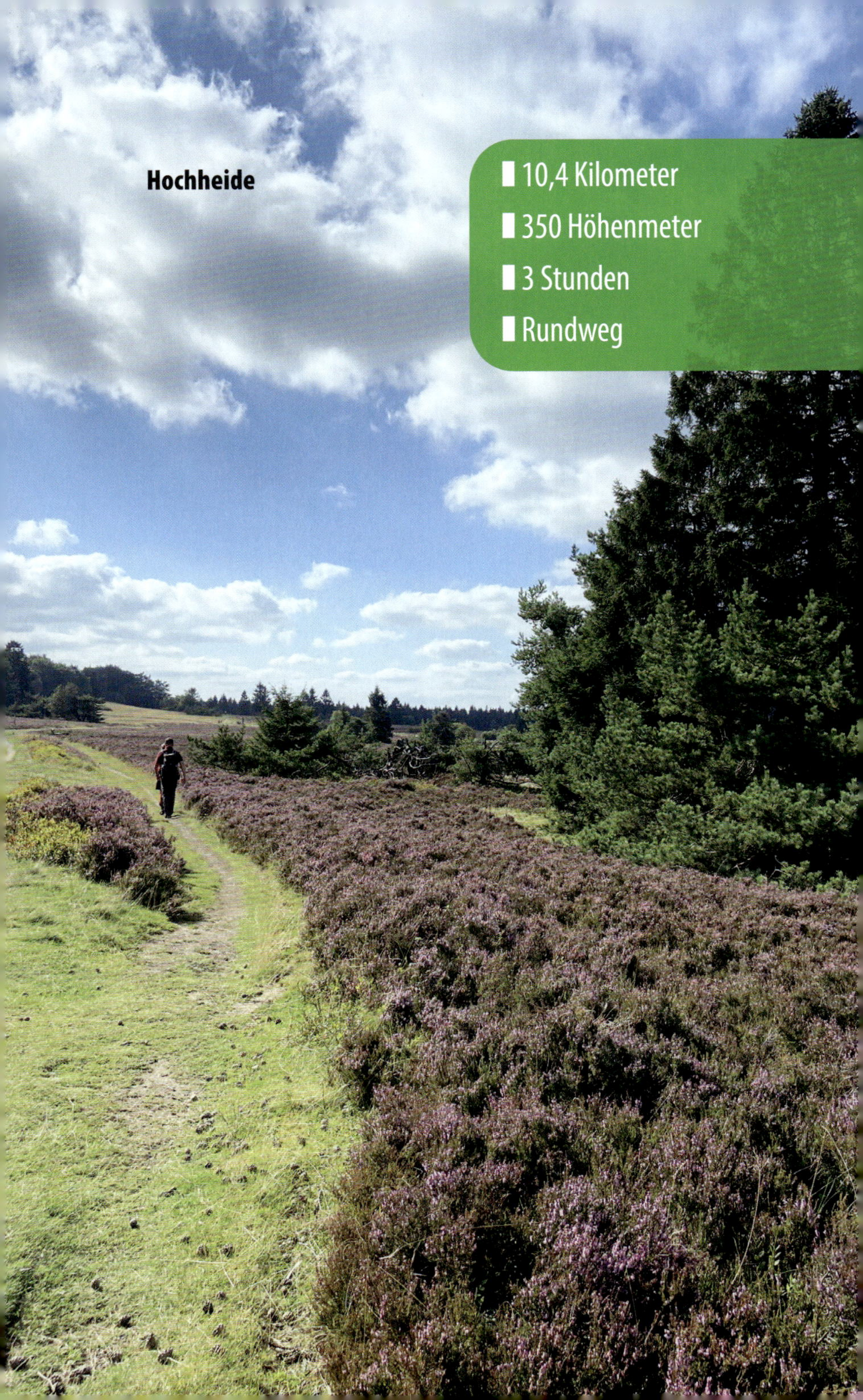

Im lila Paradies

Auf der Niedersfelder Hochheide

Ein Riesenteppich aus rosa- und lilafarbenen Heideblüten: Im Spätsommer verwandelt sich die baumarme Bergheide bei Niedersfeld in ein blühendes Paradies. Sie ist die größte Bergheide in Nordwestdeutschland und das ist nicht der einzige Superlativ dieser Tour: Von der Heide geht es hoch auf den höchsten Berg Nordrhein-Westfalens.

Vom Parkplatz, der in Niedersfeld mit „Hochheide Hütte" ausgeschildert ist, gehen wir einen kurzen Abschnitt durch den Wald und dann liegt die **Hochheide** ① schon vor uns. Der Anblick ist berauschend: ein weites Blütenmeer auf mehr als 800 Metern Höhe mitten im waldreichen Sauerland.

Die Niedersfelder Hochheide ist vor langer Zeit entstanden, als die Menschen den Wald rodeten. Auf

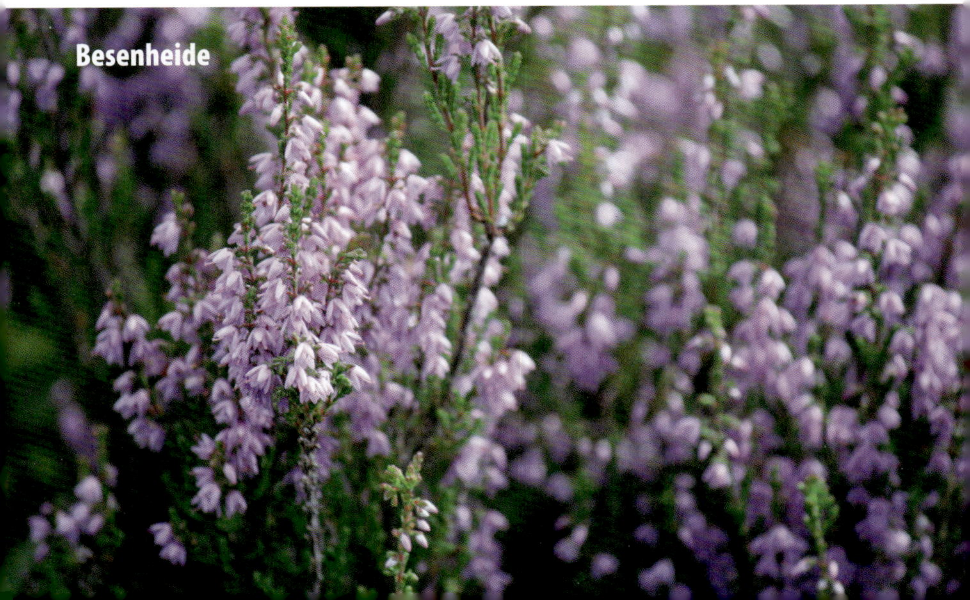

Besenheide

den Flächen gedieh bald schon ein Teppich aus Heidekraut. In der ersten Hälfte des letzten Jahrhunderts wurde die Heidewirtschaft in weiten Teilen aufgegeben. Die Besitzer forsteten lieber Wälder auf. Und auch auf den Flächen, die sich selbst überlassen bleiben, wucherten Bäume und Sträucher. Die Heiden verschwanden nach und nach. Die Niedersfelder Hochheide ist wie ein Kleinod in der Waldlandschaft bestehen geblieben, weil sie den Menschen wichtig ist. Regelmäßig wird die oberste Humusschicht abgetragen. Außerdem weiden Schafe, Ziegen und Heidschnucken hier: Sie knabbern an Büschen und kleinen Bäumen und sorgen so dafür, dass die ursprüngliche Heidelandschaft erhalten bleibt.

*Die prägende Pflanze auf der Niedersfelder Hochheide ist die **Besenheide** (Calluna vulgaris). Der immergrüne Zwergstrauch wächst nur ganz langsam, verholzt und kann an die 40 Jahre alt werden.*

Der grasbewachsene **mit NH markierte Weg** führt uns zunächst am Rand der Hochheide entlang. Wir sehen Heideblüten so weit unser Auge reicht. Die Töne von Zartrosa bis Violett mischen sich wie in einem Aquarellbild. Nur ab und zu ragen einzelne, teils bi-

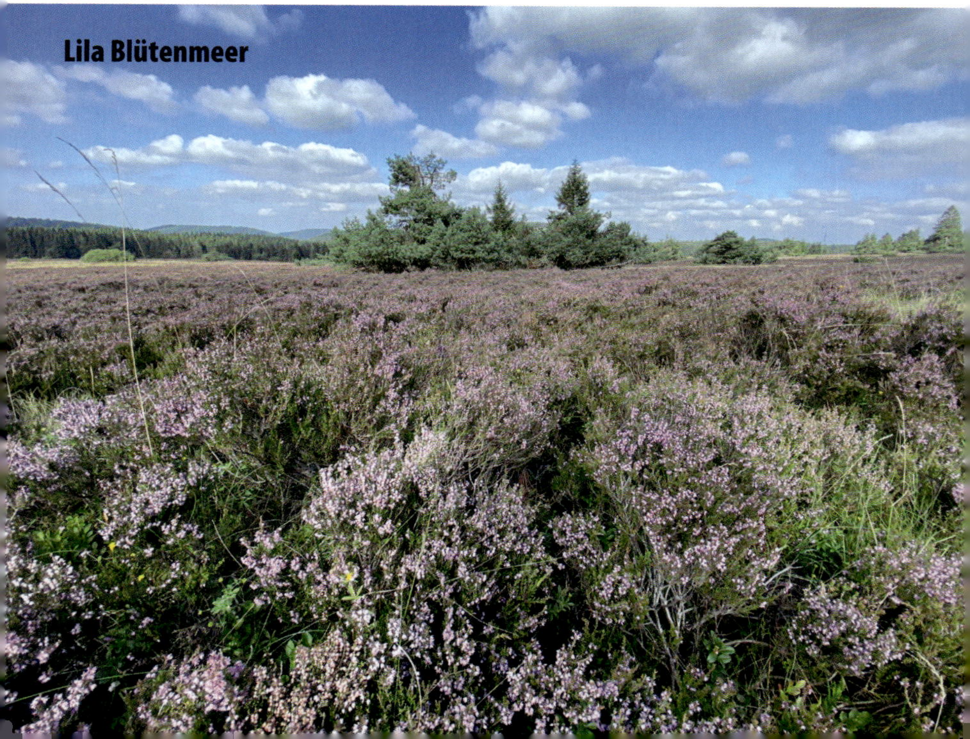
Lila Blütenmeer

Für die Seele

Das Farbenmeer der Niedersfelder Hochheide und der Aufstieg zum höchsten Punkt Nordrhein-Westfalens sorgen für Momente der Vollkommenheit.

zarre Bäume aus dem Blütenmeer hervor. Über die Heide verstreut sehen wir einzelne Kiefern, Birken und Wacholderbüsche. Sie sind vom Wetter gezeichnet. Der Wacholder hat hier nicht die typische Säulenform wie in Gärten. Wind und Regen haben ihn gebeugt, sodass er fast über den Boden zu kriechen scheint. Auch die Birken ein Stück weiter wirken zerzaust.

Von den zauberhaften Farben der Besenheide umfangen gehen wir über die weichen Heidepfade und lauschen: ein melodischer Vogelgesang. Es ist die Heidelerche. Wer sie hört, weiß warum sie den lateinischen Namen *Lullula arborea* trägt: Lullula – so klingt der Gesang der Heidelerche. Aber auch Wiesenpieper und Kuckuck sind hier zu hören.

Über eine Treppe steigen wir rechterhand auf den Clemensberg, der aus dem für das Sauerland typischen Diabas besteht. Es ist ein Blick der Kontraste: Auf der einen Seite sehen wir bäuerliche Idylle, auf der anderen Seite aber auch einen Steinbruch mit blank liegenden Felsen. Wie bei jedem einzelnen Menschen gehören diese Brüche zur Landschaft und bilden ein komplettes Ganzes. Wir sehen das Gipfelkreuz des Clemensbergs, hinter dem sich die Geschichte eines Soldaten verbirgt. Der Hildfelder musste im Zweiten Weltkrieg in Italien kämpfen und gelobte dort, ein Gipfelkreuz auf dem heimischen Clemensberg aufzustellen, sollte er jemals lebend nach Hause zurückkehren. Nach seiner Rückkehr hat er dieses Gelöbnis umgesetzt.

Auszeittour 2

Wir setzen unsere Tour durch die Heide der Markierung NH folgend fort und biegen leicht links und am Ende des Weges nach rechts ab. Neben dem Heidekraut gehören **Heidelbeeren** ❷ zu den typischen Pflanzen der Hochheide. Die dicken blauen Früchte glänzen in der Sonne. Daneben entdecken wir einige knallrote Preiselbeeren. Wir sehen uns die Pflanzen genauer an: Die Blätter der Preiselbeere sind deutlich dunkler und glänzender.

Auch wenn die Hochheideflächen unter Naturschutz stehen, ist das Pflücken der ***Heidelbeeren*** *erlaubt. Um das natürliche Gleichgewicht nicht zu zerstören, dürfen Sammler die Beeren nur mit der Hand und für den Eigenbedarf ernten.*

Etliche Beerensammler mit kleinen Eimerchen hocken zwischen den Sträuchern und pflücken Heidel- und Preiselbeeren. Auch wir können und wollen nicht widerstehen und probieren. Und probieren. Und probieren. Wie einfach und wie köstlich! Der dunkelblaue Saft der Heidelbeeren färbt unsere Lippen und unsere Finger. Dann entdecken wir zwischen den Heidel- und Preiselbeersträuchern eine botanische Rarität: die Rauschbeere. Sie vervollständigt das Trio der Beerenarten auf der Hochheide.

Die Rauschbeere sieht der Heidelbeere zum Verwechseln ähnlich, aber anders als die Heidelbeere hat sie helles Fruchtfleisch und hellen Saft und schmeckt relativ fade. Wir müssen an die Geschichte eines orts-

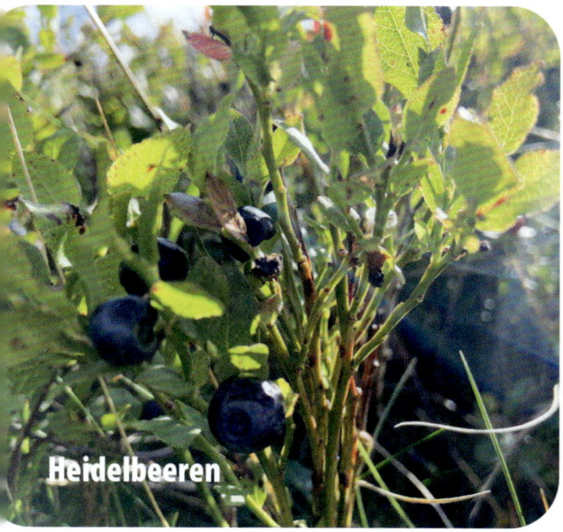

Heidelbeeren

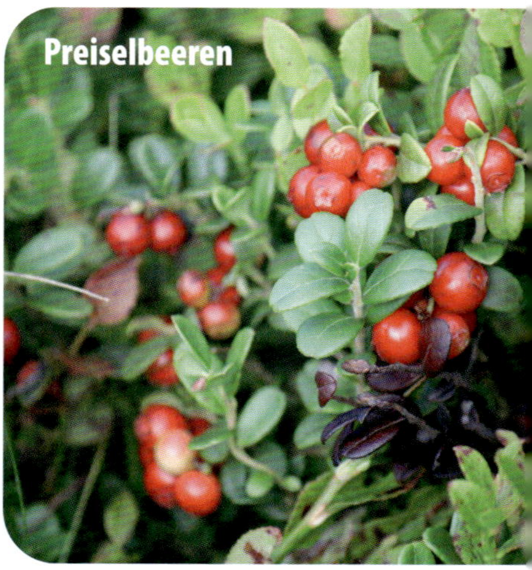

Preiselbeeren

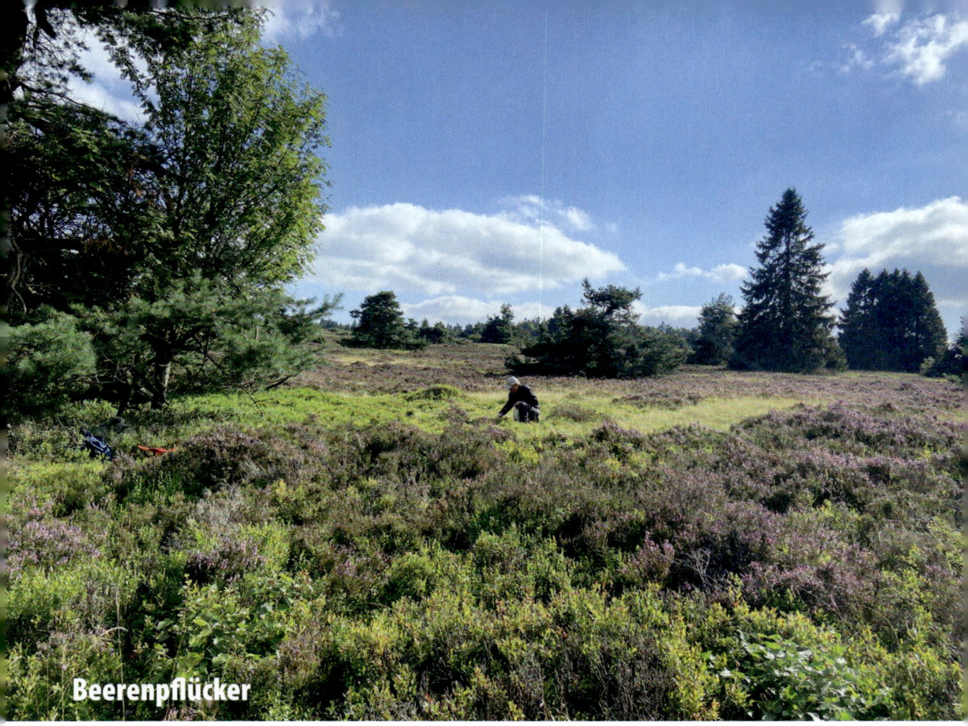

Beerenpflücker

ansässigen Försters denken: Er hat im Selbstversuch getestet, ob die Rauschbeere wirklich berauschende Wirkung hat. Ein halbes Eimerchen habe er gegessen und – nichts gemerkt. Entweder war der Förster so stark oder die Rauschbeeren so schwach.

Die Heidefläche ist von mehreren kleinen Wasserläufen des Bachs Hoppecke durchzogen. Dort ist der Boden feucht und bietet wieder neuen Pflanzen ein Zuhause: Wollgras oder Torfmoose haben sich angesiedelt.

Wir erreichen einen Platz mit einem alten Kreuz und einigen Holzstelen, auf denen Sinnsprüche stehen. Sie gehören zu einer Station des **Goldenen Pfades ❸.** Das ist ein Landschaftstherapiepfad mit zehn Stationen, die die Achtsamkeit fördern sollen. Die Impulse wollen dem Wanderer helfen, sich zu entspannen, sich für die Schönheiten der Natur zu öffnen und zu sich selbst zu finden. Wir lesen die Zitate auf den Holzstelen, setzen uns auf die Bank, schauen auf die Heide und tauschen uns aus: Welcher Sinnspruch berührt uns am meisten? Und warum?

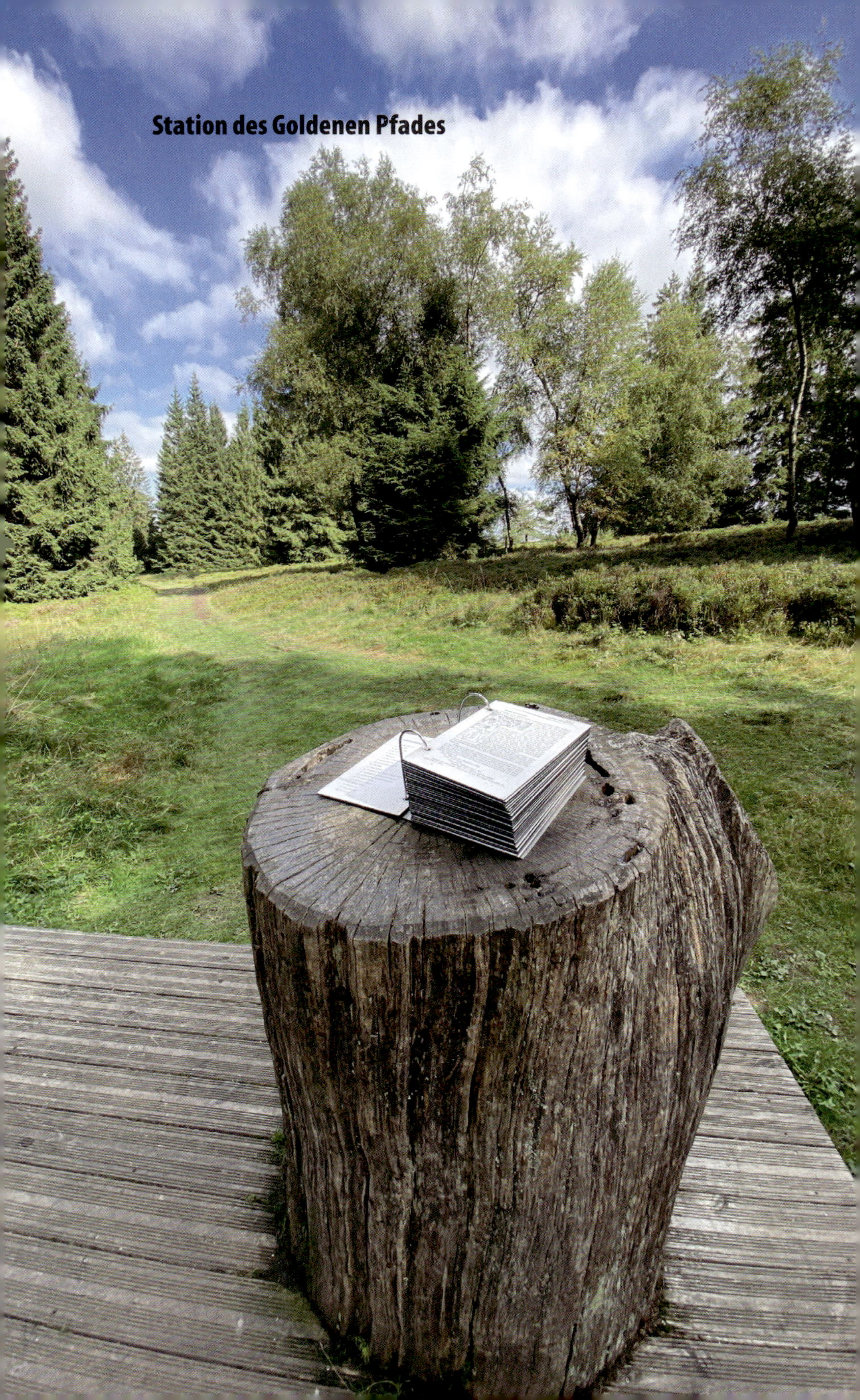

Station des Goldenen Pfades

Am Ende der Heidefläche folgen wir nicht weiter der Markierung NH, sondern gehen geradeaus und wenden uns dann rechts auf **W 4.** Schon nach kurzer Zeit biegt dieser Weg noch einmal nach rechts ab. Wasser plätschert, pinkfarbene Lichtnelken leuchten aus dem Grün am Wasser. Wir genießen die gute und kühle Luft im Wald bis der **Weg N 2** nach rechts zum Langenberg abbiegt. Diesen Abschnitt zum Gipfel werden wir hin- und zurückgehen. Es ist ein unkomplizierter und nicht steiler Aufstieg über einen Waldweg und einen Pfad.

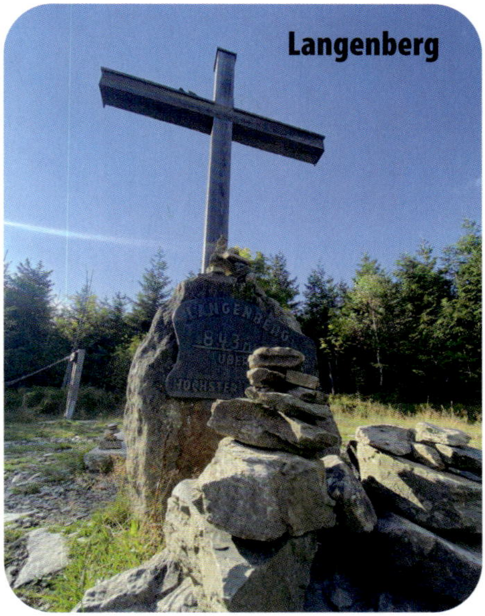

Höher geht es in Nordrhein-Westfalen nicht mehr! Gipfelglück. Wir sind auf dem höchsten Punkt des Landes angekommen: auf dem **Langenberg ❹.** Er liegt an der Grenze zu Hessen, der Landkreis Waldeck-Frankenberg ist nicht weit entfernt. Vor dem Gipfelkreuz haben Wanderer viele kleine Steinmännchen aufgestellt. An einem großen Felsblock ist zu lesen, dass wir uns in 843 Meter Höhe befinden. Nebenan ist eine Waldhängematte: Wir legen uns zufrieden und tiefenentspannt hinein, genießen das leichte Schaukeln, die Wald- und Windgeräusche und die wunderbaren Bäume ringsum. Dass sie uns einen weiten Blick in die Landschaft verwehren – geschenkt.

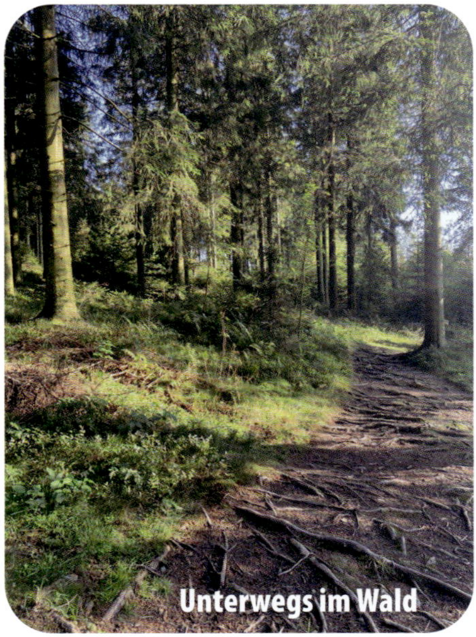

Über den Waldweg, der uns zum Gipfel gebracht hat, wandern wir zurück und folgen dann der Markie-

Auszeittour 2

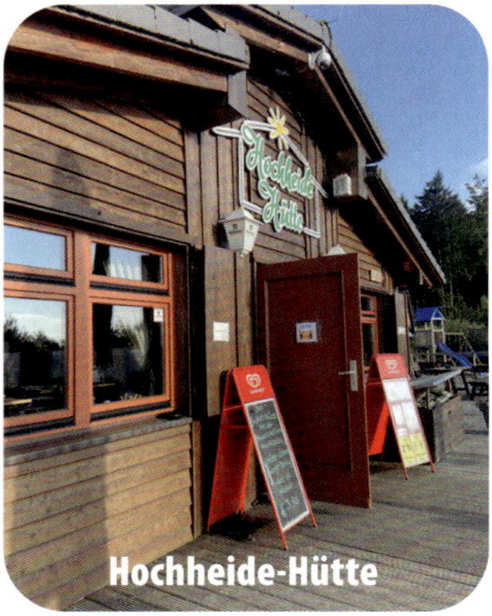

Hochheide-Hütte

rung N 2 nach links. Es geht durch herrliche Wälder, erst über Wege, dann über einen Pfad, der von Wurzeln durchzogen ist. Vielleicht hoppelt ein Hase über unseren Weg, um dann zwischen den Kräutern am Waldrand zu verschwinden.

Schließlich erreichen wir die bewirtete **Hochheide-Hütte 5,** drinnen und draußen ein hübscher Platz für eine kleine Pause. Wir freuen uns über Heidelbeer-Käsekuchen und ein Glas Bio-Buttermilch aus der Bauernmolkerei. Es gibt allerdings auch deftige Hüttenspeisen. Von der Hochheide-Hütte sind es nur noch 300 Meter bis zum Parkplatz.

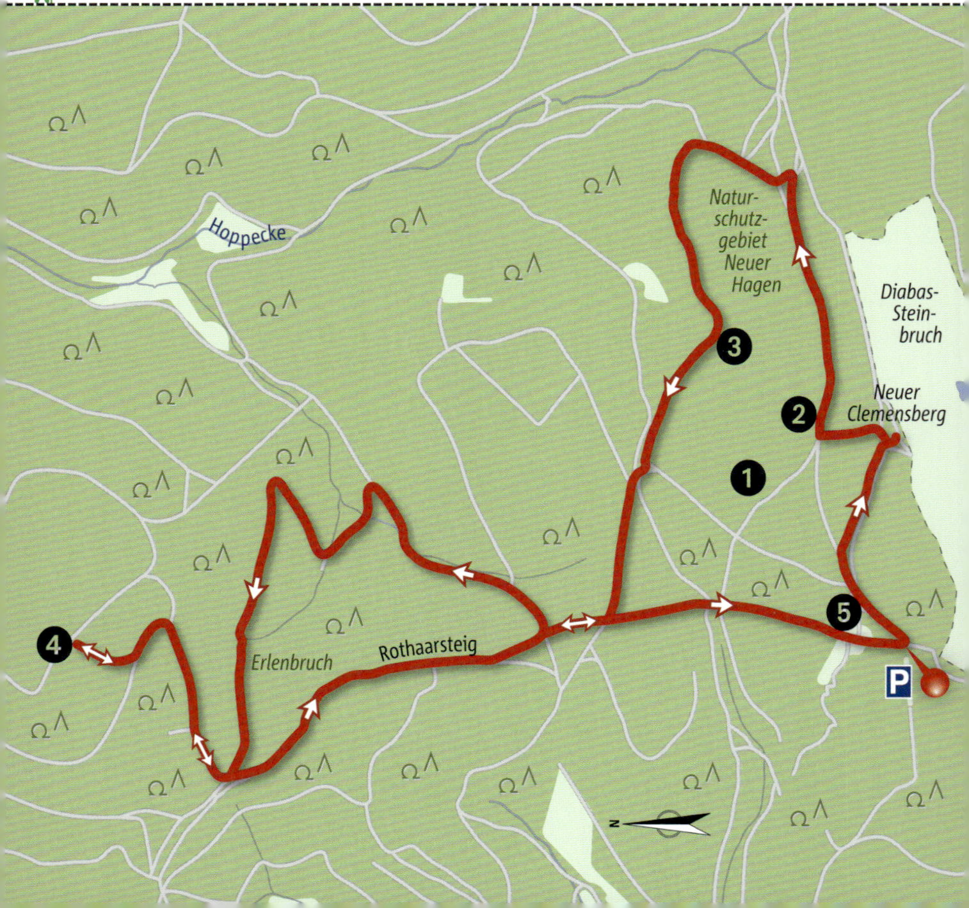

Entspannung ✱✱✱✱✱
Genuss ✱✱
Romantik ✱✱✱✱

WIE & WANN:
Über Pfade, Wald- und Forstwege. Fantastisch ist die Wanderung zur Heideblüte. Die Hochheide blüht einmal im Jahr, in der Regel von Anfang August bis Anfang September. Außerhalb der Blütezeit fehlt das pink-rosa-lila Farbenmeer, aber der Anstieg zum Langenberg lohnt trotzdem.

HIN & WEG:
Auto: Parkplatz Niedersfelder Hochheide, Auf der Knippe, 59955 Winterberg (GPS: 51.2543708, 8.5615932)
ÖPNV: Keine direkte Anbindung an die Strecke

ESSEN & ENTSPANNEN:
Hochheide-Hütte ❺ Auf der Knippe 100, 59955 Winterberg, Tel. (0 29 85) 3 25 03 83, www.hochheidehuette-niedersfeld.de

ENTDECKEN & ERLEBEN:
Hochheide ❶
Heidelbeeren ❷
Goldener Pfad ❸
Langenberg ❹

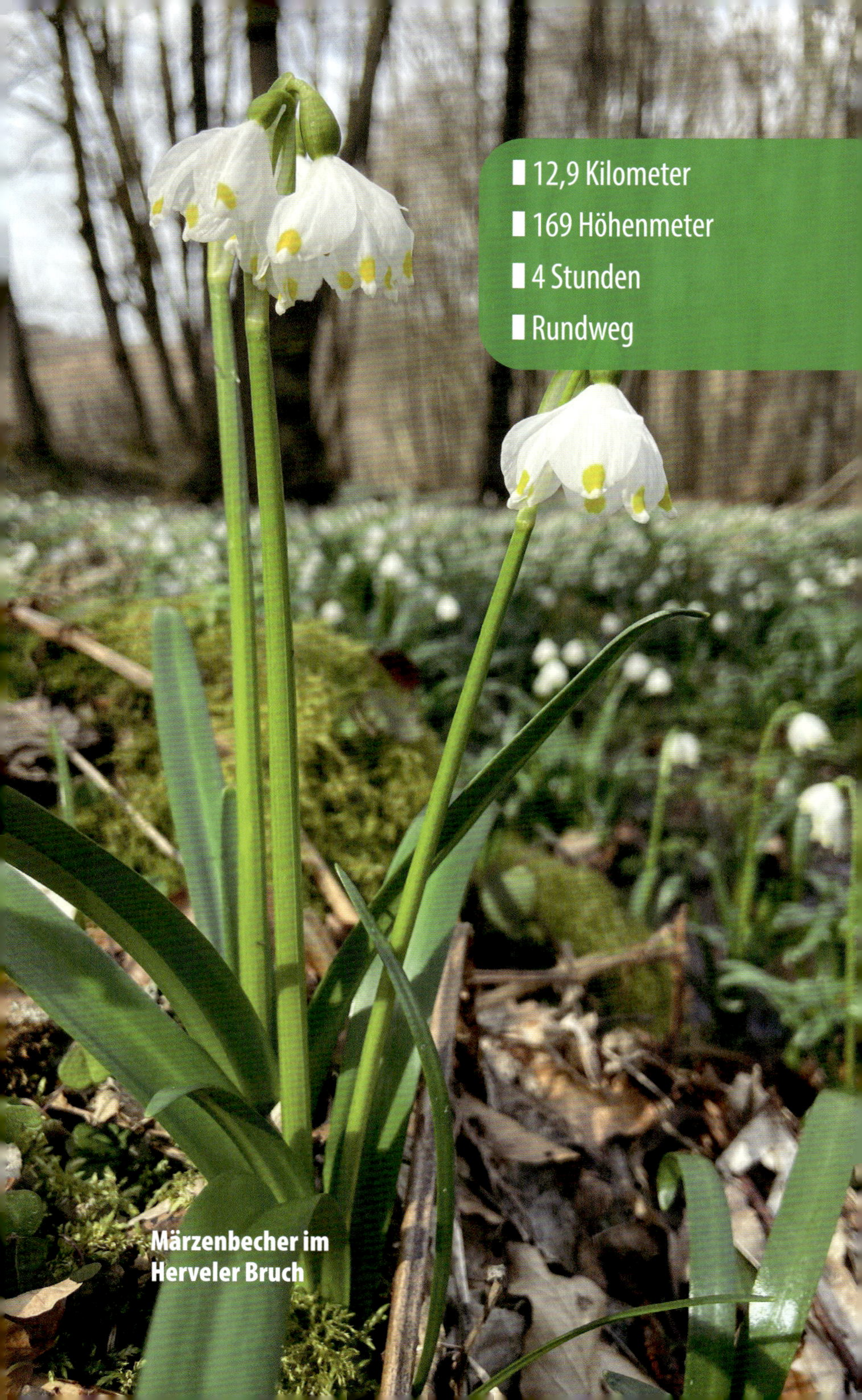

Märzenbecher im Herveler Bruch

Märzenbecherwald

Von den Ebbemooren zur Nordhelle

Die Hang- und Quellmoore im Ebbegebirge sind echte Kostbarkeiten auf dem Höhenzug im Märkischen Sauerland. Zwischen den Wäldern mit kleinen Tümpeln und vielen Bächen können Wanderer in den Mooren viele seltene Pflanzen und Tiere entdecken.

Wir gehen die Strecke im Ebbegebirge Ende März und damit in der Zeit, in der die Märzenbecher blühen. Die Blütezeit der Frühlingsblüher variiert je nach Witterung. Wer auf Nummer sicher gehen möchte, blickt auf die Internetseite des Naturschutzzentrums des Märkischen Kreises: Dort ist die Zeit der Hauptblüte jeweils aktuell veröffentlicht. Die Tour startet am Wanderparkplatz Nordhelle. Die Nordhelle ist der höchste Gipfel im Ebbegebirge, einem Gebirgszug

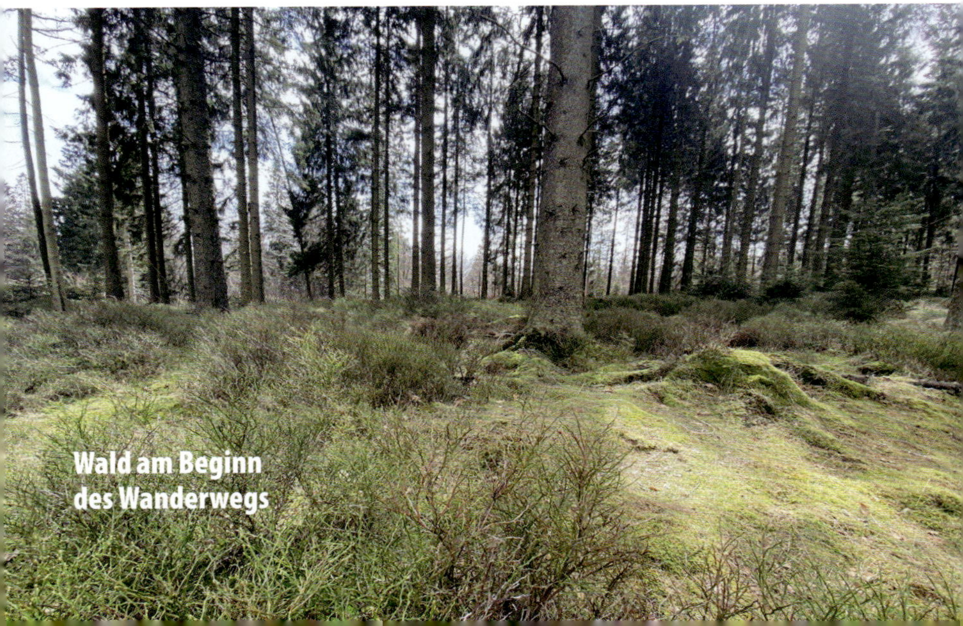

Wald am Beginn des Wanderwegs

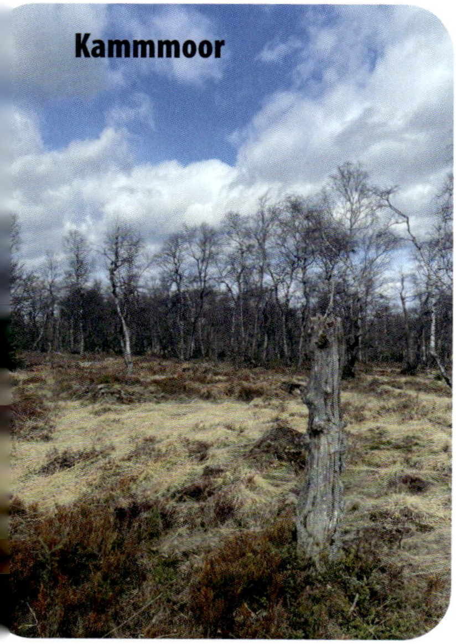

zwischen Meinerzhagen im Märkischen Kreis und Attendorn im Kreis Olpe. Vom Parkplatz überqueren wir zunächst die Straße und gehen dann leicht links auf den Kammweg, auch gekennzeichnet als **Wanderweg A 3.** Im Wald zu unserer linken Seite wachsen alte Bäume. Unter ihnen erstreckt sich ein dichter Moosteppich. Hier und dort ragen Heidelbeersträucher aus dem Grün hervor.

Rechts vom Weg leuchten die schwarzweißen Stämme etlicher Moorbirken: Wir blicken auf das **Naturschutzgebiet Kammmoor ❶,** das im Jahreskreislauf ganz unterschiedliche, aber immer zauberhafte Seiten zeigt: Jetzt im Frühling nimmt uns das zarte Grün gefangen, im Sommer könnten wir hier die sattgelbe Moorlilie sehen, an den Gewässern den Schwarzstorch entdecken und mit etwas Glück den sehr seltenen orange-braunen Hochmoor-Perlmutterfalter beobachten. Seine Raupen sind Feinschmecker: Sie ernähren sich ausschließlich von den Moosbeeren, die auf den Moospolstern der Moore wachsen. Im Herbst, wenn es kälter wird, sind die Rothirsche hier im Ebbegebirge zu hören. Mehr als 100 Tiere leben in den Wäldern. Ihr Kampf zur Brunftzeit um die Vormachtstellung im Hirschrudel ist eines der eindrucksvollsten Schauspiele der Natur im Sauerland. Ruhiger, aber nicht weniger reizvoll ist es im Winter im Ebbegebirge. Dann können Wanderer unter anderem einen Raufußkauz entdecken.

Wir wandern weiter auf dem Waldweg. Unter den hohen Nadelbäumen haben sich unzählige kleine Bäume selbst ausgesät: eine zartgrüne Kinderstube im dunklen Fichtenwald. Sie können die nächste Waldgeneration sein, wachsen, Zapfen und Samen bilden. Ein immerwährender Kreislauf der Natur. Wir folgen dem Wanderzeichen A 3 und biegen rechts ab, auf einen

Für die Seele

Wir wandern durch eine malerische Wald- und Moorlandschaft und erfreuen uns am Blütenmeer der Märzenbecher.

schmalen Pfad. Nach nur kurzer Zeit biegen wir erneut ab; nach links auf den **Märzenbecherweg.** Auf diesem Forstweg gehen wir über den **Ebbekamm ②,** einen der markantesten Höhenzüge des Sauerlands. Wir spüren den Wind, der fast immer über diesen Gebirgszug streift. Es ist leicht, hier auf dem Dach des Ebbegebirges zu wandern. Am Wilddiebesweg, gekennzeichnet durch ein Holzschild, biegen wir rechts ab und folgen dem Wanderzeichen X, einem Dreieck und einem Quadrat. Zur Orientierung: Auf der linken Seite taucht mitten im Wald ein dunkles Holzhaus auf: die Herdecker Hütte des Ruderclubs Westfalen Herdecke. Nach einigen Hundert Metern stoßen wir auf einen weiteren Weg. Dort folgen wir den Wanderzeichen von eben nicht weiter, sondern biegen scharf rechts ab und gehen nun auf dem Forstweg zunächst leicht bergauf weiter. Das Waldgebiet ist von kleinen Bächen durchzogen. Das Gluckern und Plätschern des Wassers mischt sich mit dem Zwitschern der Vögel. So klingt das Frühlingserwachen im

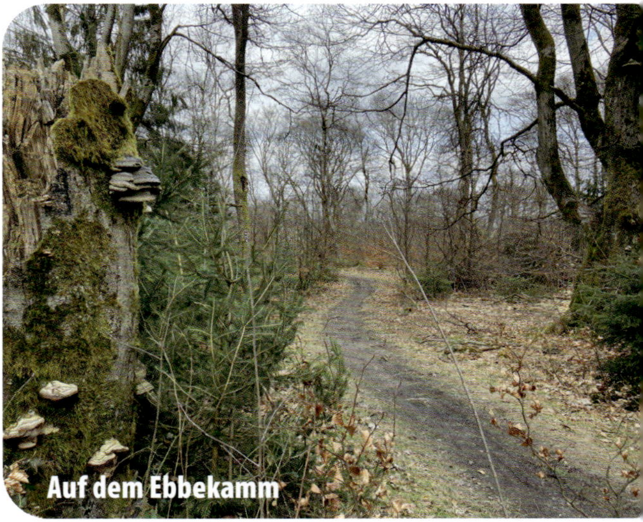
Auf dem Ebbekamm

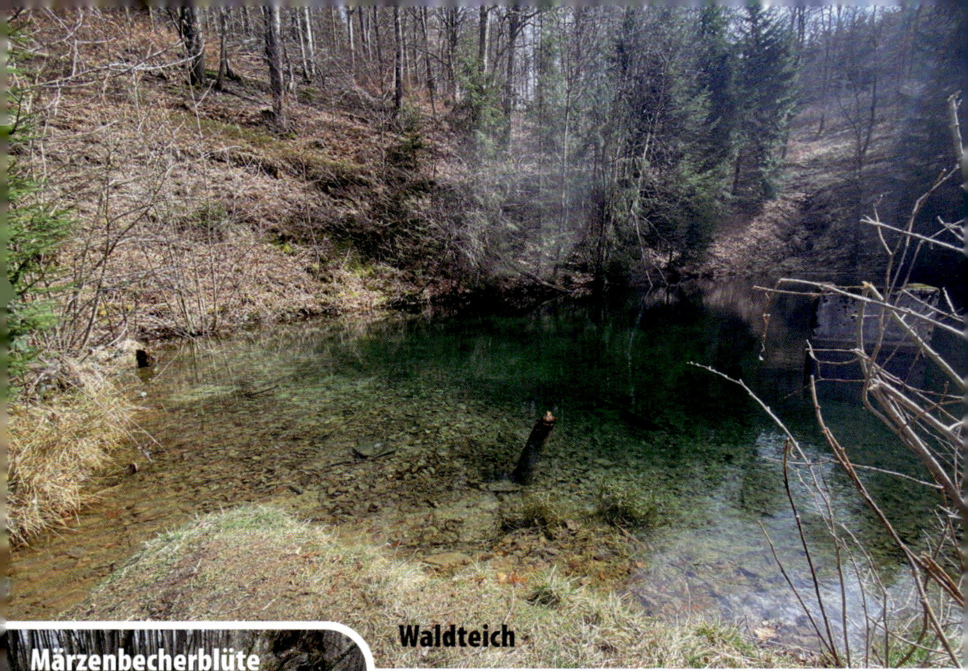

Waldteich

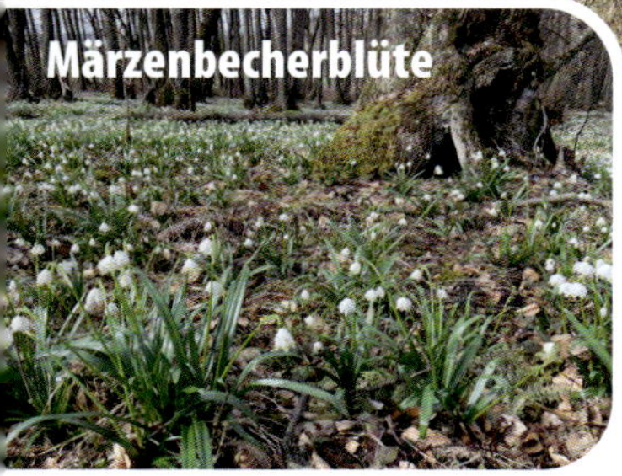

Märzenbecherblüte

Wald. Auf der rechten Seite taucht ein kleiner **Waldteich ❸** auf. Die Bäume ringsum spiegeln sich im glasklaren Wasser. Das Teichwasser läuft in einem winzigen Bächlein über den Weg in den Wald auf der anderen Seite.

„NSG Herveler Bruch" steht auf einem hölzernen Wegweiser, der auf einen schmalen Waldweg zeigt. Diesem Wegweiser folgen wir und gehen in Windungen den Berg hinunter. Zwischen den Baumstämmen taucht das erste leuchtende Weiß auf: Wir nähern uns den Märzenbechern im **Herveler Bruch ❹.**

Zigtausende der Frühlingsblüher bilden unter den alten Bäumen ein dichtes Blütenmeer. Nach dem Winter explodiert die Natur hier regelrecht zu überschäumender Schönheit. Haute-Couture-Schau der Natur. Wir können uns kaum sattsehen. Die weißen glockenförmigen Blüten mit den zartgrünen Zeichnungen an den Zacken sind die Frühaufsteher im Pflanzenreich. Wir setzen uns auf eine der Bänke, schauen auf die Märzenbecher und spüren: Der Winter ist wirklich vorbei.

*Die **Märzenbecher** stammen aus den Auenwäldern und feuchten Laubmischwäldern Süd- und Mitteleuropas. Der Frühlingsblüher wird 10 bis 30 Zentimeter hoch und steht auf der Liste der gefährdeten Pflanzenarten.*

Nach unserer Rast gehen wir zunächst über den Waldpfad zurück und folgen dem Weg den Berg hinauf, bis wir erneut auf den Märzenbecherweg treffen. Hier biegen wir nach links ab und folgen dem **Wanderzeichen A 3.** Auf dem Forstweg **Märzenbecherweg** wandern wir an Wäldern entlang, bis wir wieder die **Landstraße 707** erreichen, die wir überqueren. Den Wanderparkplatz Nordhelle, auf dem auch unser Auto steht, lassen wir allerdings jetzt noch links liegen und gehen auf einer Teerstraße den Berg hinauf. Wir orientieren uns zunächst an dem Wanderzeichen A 4. Nach kurzer Zeit verlassen wir allerdings die Teerstraße und gehen weiter links auf dem **Panoramaweg** am Ebbekamm entlang. Hier führt auch die Ebbekammloipe her, auf der Ehrenamtliche bei guten Wintersportbedingungen eine etwa 20 Kilometer lange **Langlaufloipe** spuren.

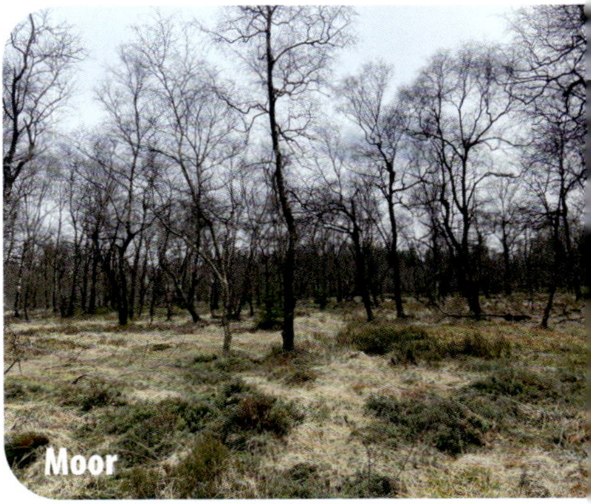
Moor

Über die Wälder können wir weit über die Landschaft des märkischen Sauerlands blicken, bevor wir uns an den Anstieg zum Gipfel machen: Es geht über eine frühere Skipiste steil bergauf. Immer wieder halten wir inne und drehen uns um, um die Weite zu genießen. Oben angekommen erblicken wir den trutzig wirkenden **Robert-Kolb-Turm ⑤.** Schon Kaiser Napoleon hat hier zu Beginn des 19. Jahrhunderts den ersten Turm aus Stein errichten lassen.

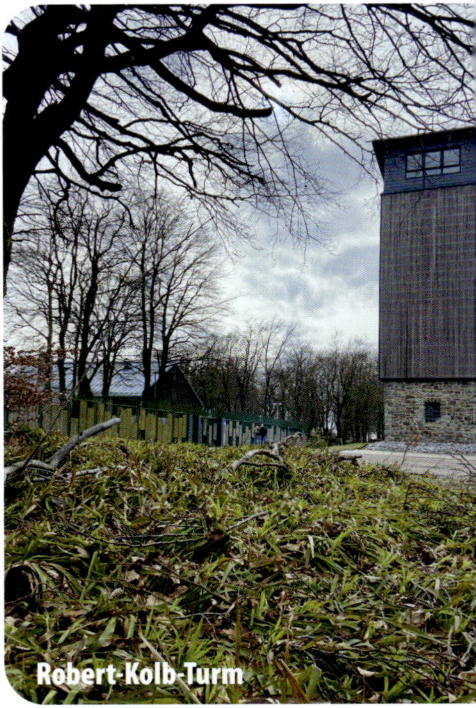
Robert-Kolb-Turm

Der Turm wurde nach Robert Kolb benannt; er war der Initiator des ersten größeren Wanderwegenetzes

Auszeittour 3

> *Der **Robert-Kolb-Turm** überragt die Landschaft und war in einer Zeit ohne Messenger-Dienste, Telefon und Internet wie geschaffen für die Übertragung von Nachrichten. Über Spiegel, die das Sonnenlicht reflektierten, wurden Informationen weitergegeben.*

beim Sauerländischen Gebirgsverein SGV. Für uns bietet der Robert-Kolb-Turm die Möglichkeit, die schon bisher großartige Aussicht vom Dach des Ebbegebirges noch einmal zu toppen. Der Turm kann kostenfrei von dienstags bis samstags jeweils von 12 bis 18 Uhr bestiegen werden, sonntags von 11 bis 18 Uhr. Montags bleibt er geschlossen. Direkt neben dem Robert-Kolb-Turm ist die **Gaststätte Nordhelle 6**, ein beliebtes Ausflugslokal, in dem wir unsere Wanderung ausklingen lassen können, bevor es bergab über die Teerstraße zurück zum Parkplatz geht.

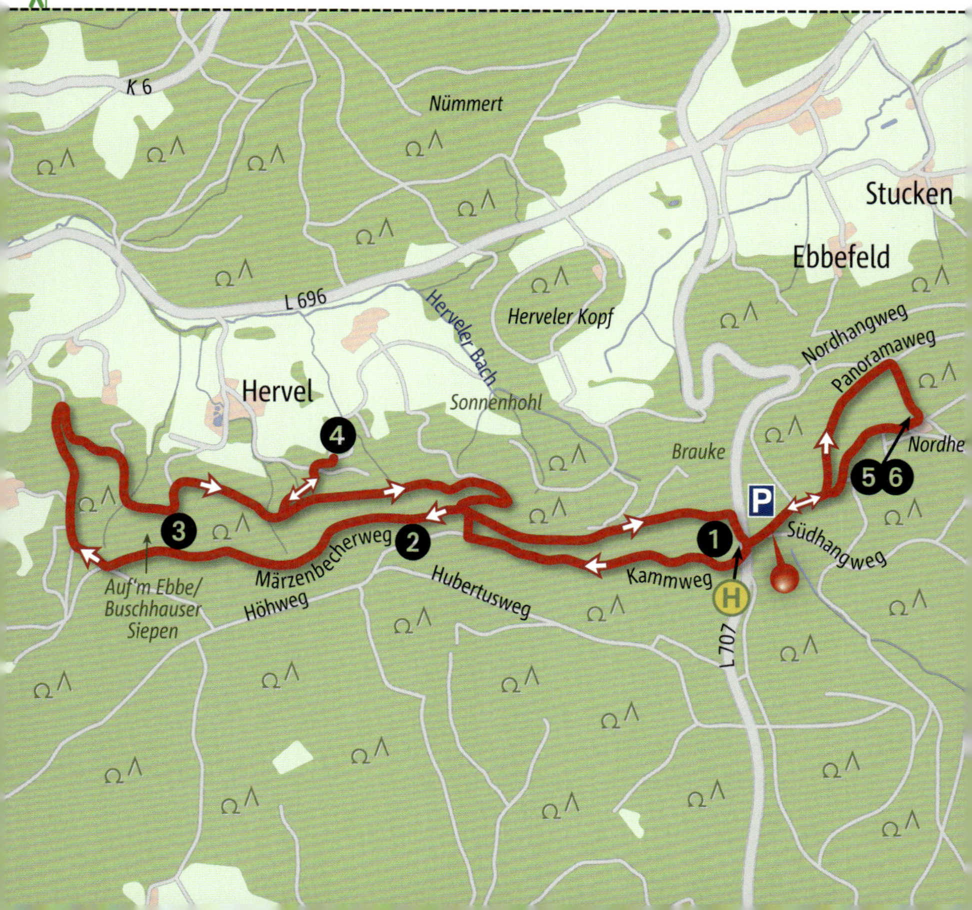

Alles auf einen Blick

Entspannung ✱✱✱✱✱
Genuss ✱✱✱✱✱
Romantik ✱✱✱✱✱

WIE & WANN:
Die Tour verläuft auf Pfaden, Wald-, Forst- und asphaltierten Wegen. Die Wanderung durch die Ebbemoore ist außergewöhnlich schön zur Zeit der Märzenbecherblüte Mitte bis Ende März. Aber auch in den anderen Jahreszeiten ist hier ein intensives Naturerlebnis garantiert.

HIN & WEG:
Auto: Wanderparkplatz Nordhelle (GPS: 51.1442972, 7.7470295)
ÖPNV: MVG Wanderbus 252 ab Lüdenscheid und Meinerzhagen (fährt von Mai bis Anfang Oktober)

ESSEN & ENTSPANNEN:
Gaststätte Nordhelle ❻ Am Robert-Kolb-Turm, 58849 Herscheid, Tel. (0 23 57) 38 76, www.gaststaette-nordhelle.de

ENTDECKEN & ERLEBEN:
Naturschutzgebiet Kammoor ❶
Ebbekamm ❷
Waldteich ❸
Naturschutzgebiet Herveler Bruch ❹
Robert-Kolb-Turm ❺

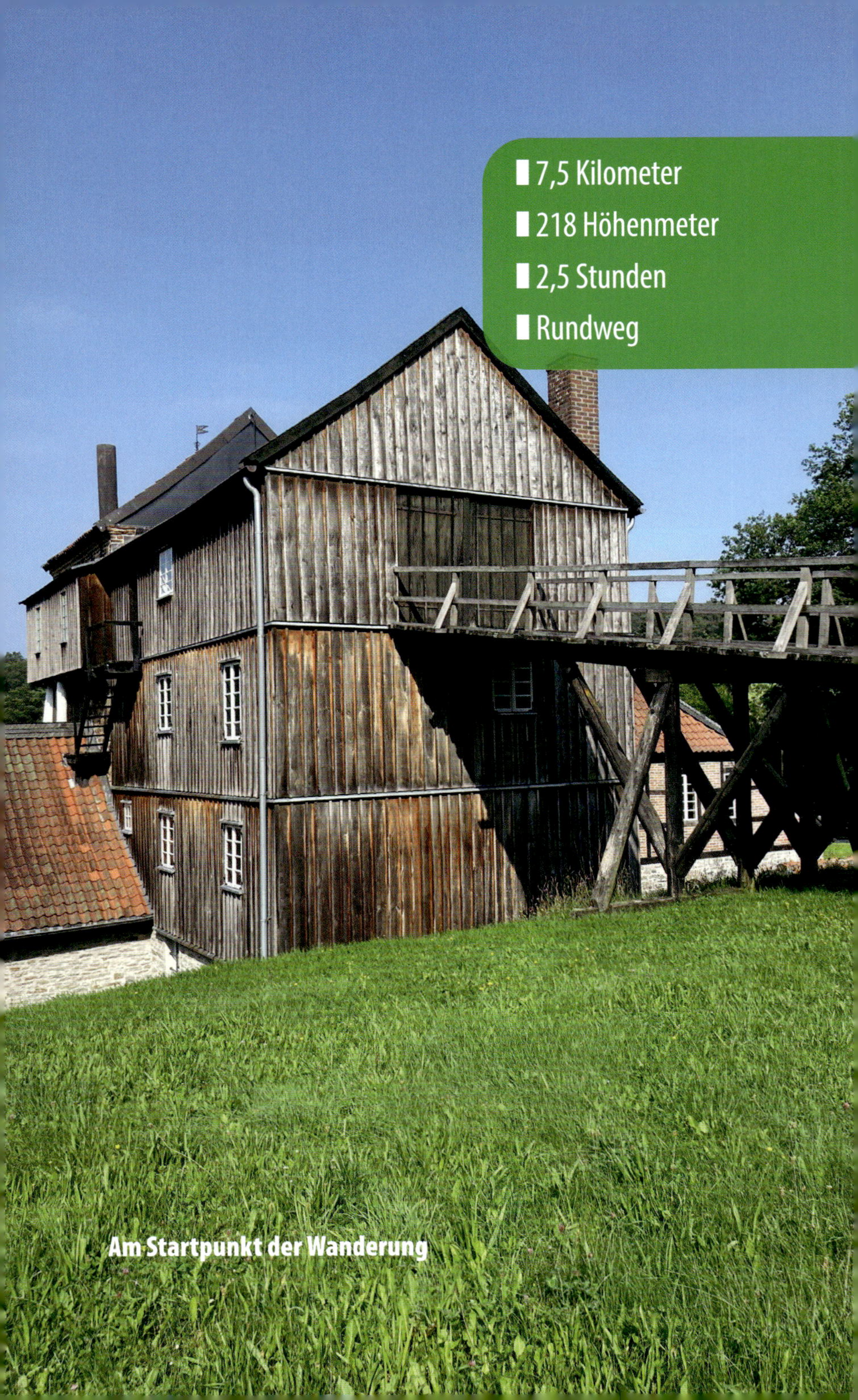

- 7,5 Kilometer
- 218 Höhenmeter
- 2,5 Stunden
- Rundweg

Am Startpunkt der Wanderung

Märchenhafte Idylle

Rund um die Luisenhütte in Balve

Eine Hochofenanlage, das klingt nach Schmutz, nach Rauch, nach industrieller Betriebsamkeit. Tatsächlich ist die Luisenhütte in Balve-Wocklum das komplette Gegenteil: ein beschauliches, gemütliches Gebäude aus Bruchstein, Fachwerk und Holz. Mit gemauerten Bögen und Sprossenfenstern. Die Luisenhütte ist Start- und Zielpunkt unserer Wald- und Feldwanderung an einem Schloss und einer berühmten Reitanlage entlang.

Die **Luisenhütte** ① ist die älteste vollständig erhaltene Hochofenanlage Deutschlands. Hier wurde schon in der Mitte des 18. Jahrhunderts Eisen geschmolzen, lange bevor das Ruhrgebiet zur Industrieregion avancierte. Anders als im Ruhrgebiet betrieb man die Hütte nicht mit Koks, sondern mit Wasserkraft und Holzkohle, die aus dem Holz der riesigen Wälder des Sauerlands gewonnen wurde.

*Unter dem Titel **„Luise heizt ein"** gibt es jedes Jahr ein Festival in und um die historische Hochofenanlage – mit Musik, Gaukeleien und Akrobatik.*

Die Hütte ist heute ein Museum. Wir machen uns auf Spurensuche. Mit allen Sinnen können wir erleben, wie Eisen hergestellt und zu Gussprodukten weiterverarbeitet wurde. Es ist eine Zeitreise: Den Geruch von Holzkohle in der Nase sehen und spüren wir, wie die Menschen in der Luisenhütte Eisen hergestellt haben. Wer mag, kann selbst testen, wie schwer Schubkarren mit Holzkohle und Eisenerz waren.

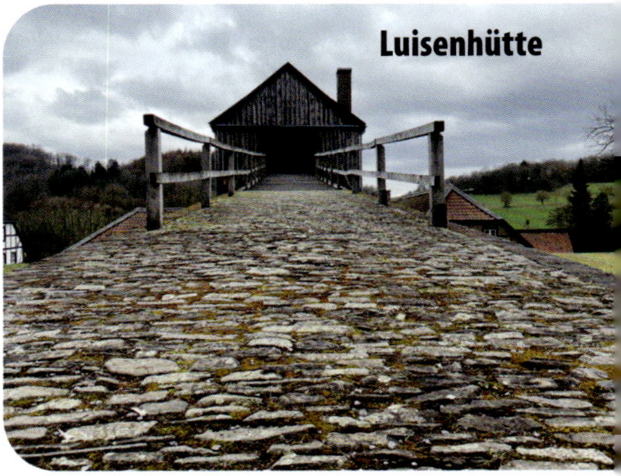

Luisenhütte

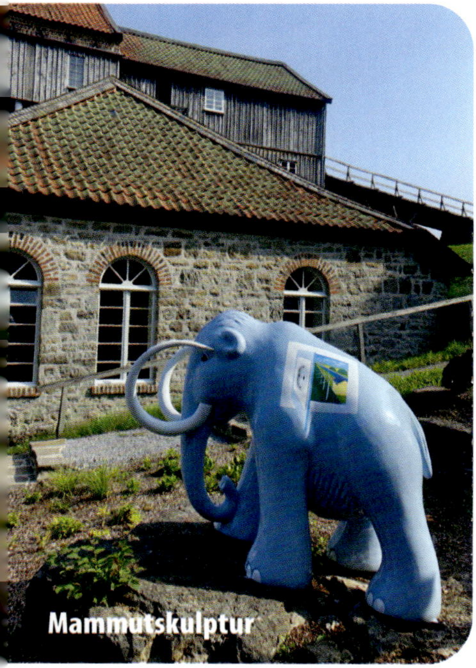

Mammutskulptur

Und wir sehen und hören eine Gebläse-Dampfmaschine. Wir erfahren mithilfe einer Lichtinstallation, wie Schmelzöfen gearbeitet haben. Für den Besuch der Luisenhütte sollte man gut eine Stunde einplanen.

Draußen auf dem Hüttengelände steht direkt am Weg eine hellblaue Mammutskulptur. Hier in Balve hat man einen Mammutzahn gefunden – eine Nachbildung ist im Museum für Vor- und Frühgeschichte, direkt im Fachwerkhaus an der Luisenhütte zu sehen. Beginnen wir nun unsere Wanderung und gehen die Treppe hinauf, am idyllischen **Mühlenteich** entlang, der das Wasserrad für die Luisenhütte angetrieben hat. Auf der Rückseite der Hütte wenden wir uns nach rechts in Richtung Wald. Unser Weg ist mit einem grünen W auf weißem Grund sowie dem Zusatz „Rundweg Luisenhütte" gekennzeichnet. Nach kurzer Zeit haben wir die Möglichkeit, nach links auf den Burgberg abzubiegen. Wir bleiben allerdings auf dem Weg und bestaunen die leuchtend blauen Blüten der Waldglockenblumen am Wegrand. Auf der rechten Seite fällt der Wald ab zu einem Bach. Hier ist eine natürliche Wassertretstelle. Wanderschuhe und Strümpfe aus – gerade im Hochsommer ist Wassertreten in einer natürlichen Tretstelle eine wunderbare Erfrischung! Danach geht es auf einem unbefestigten Waldweg durch den Laubwald weiter. Am Steilufer links sind hier und da schroffe zerklüftete Felsen zu sehen. Wir staunen über die Kraft der Pflanzen: Selbst aus

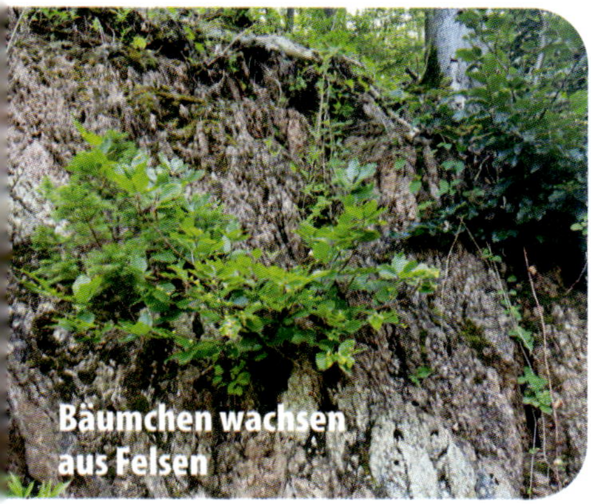

Bäumchen wachsen aus Felsen

Für die Seele

Wir schwelgen in Nostalgie, und zwar kontrastreich zwischen Industriegeschichte, verwunschener Natur, Wasserschloss und einem Türmchen.

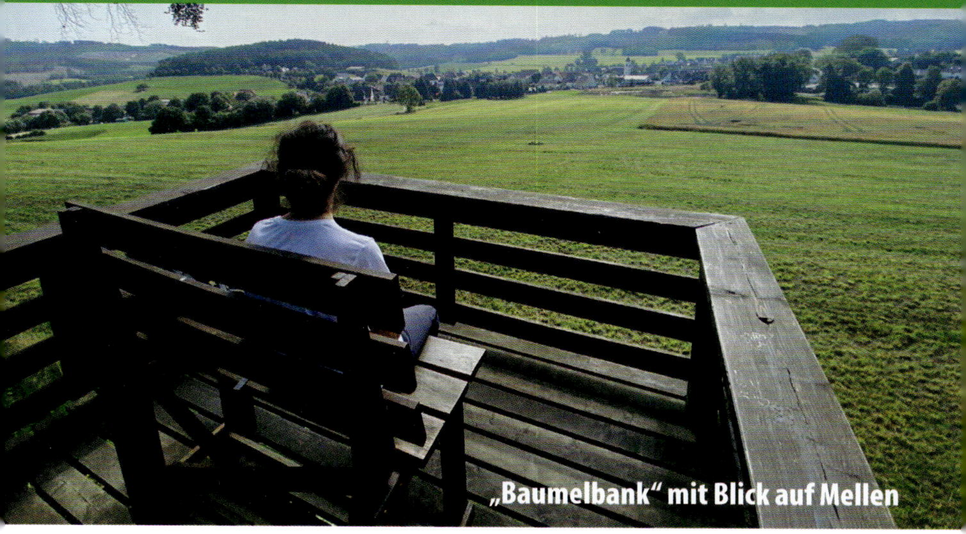

„Baumelbank" mit Blick auf Mellen

winzigen Felsspalten wachsen Farne und sogar kleine Bäumchen.

Nach rund einem Kilometer öffnet sich der alte Laubwald und wir gehen weiter durch ein lichtes Gebiet, um dann nach links erneut auf einen Pfad abzubiegen. Er führt uns steil hoch durch den Wald. Oben angekommen geht der Pfad in einen Feldweg über. Wir folgen weiter dem Zeichen „Rundweg Luisenhütte" und wenden uns am Ende des Weges nach rechts. Über einen Feldweg erreichen wir eine Aussichtsplattform, auf der eine überdimensionale Bank steht: eine **„Baumelbank" 2.** Sie ist so hoch gebaut, dass wir unsere Beine baumeln lassen können. Und nicht nur unsere Beine: Wir lassen unseren Alltagstrott komplett hinter uns und auch die Seele baumeln, genießen unser mitgebrachtes Picknick, den wohligen Schwebezustand und den Panoramablick auf Mellen. Es ist ein schmuckes sauerländisches Dörfchen mit rund 600 Einwohnern, die sich in verschiedenen Initiativen für ihr Dorf engagieren. Unter anderem wurde Mellen als Golddorf ausgezeichnet.

Nach unserer Ruhepause gehen wir über die weiten Felder auf den Ort zu. Über die **Ringstraße** führt unser Weg in Richtung Ortsausgang. Dort biegen wir rechts ab, lassen einen großen landwirtschaftlichen Betrieb links liegen und folgen unserem Weg an alten Obstbäumen entlang. Kurz bevor der Weg leicht bergauf geht, müssen wir darauf achten, die Abzweigung auf einen Wiesenweg nicht zu verpassen. Auf diesem weichen Weg erreichen wir den Orlebach, gehen ein kleines Stückchen nach rechts und überqueren dann die Straße, wo das Naturschutzgebiet **Orlebachtal** ❸ beginnt.

Gerade, wenn die Natur eine Ruhepause eingelegt hat, im Herbst, Winter und in den ersten Frühlingstagen, zeigt sich das Orlebachtal von seiner schönsten Seite. In vielen Schlingen, den sogenannten Mäanderbögen, schlängelt sich der Orlebach talabwärts. Das ist

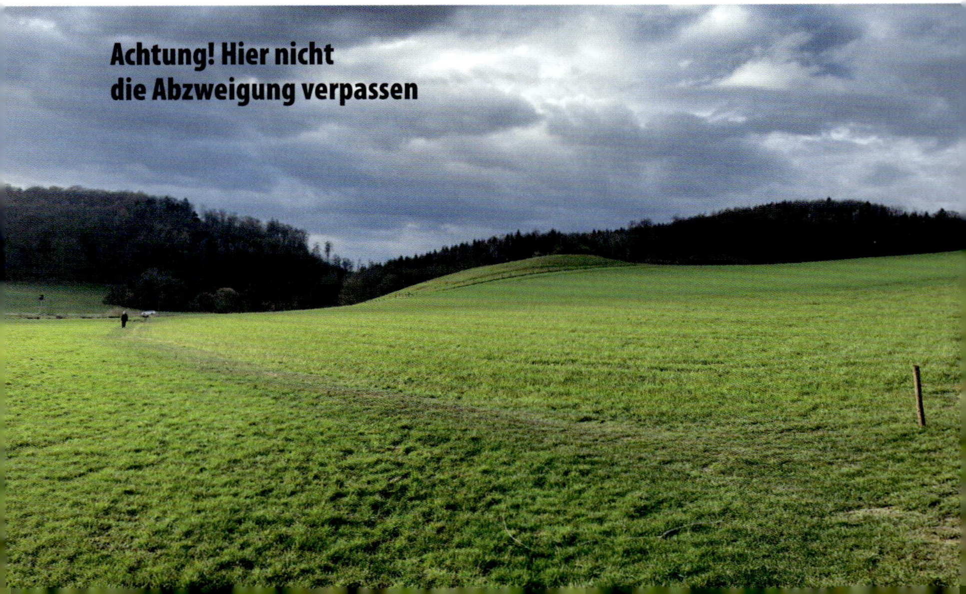
Achtung! Hier nicht die Abzweigung verpassen

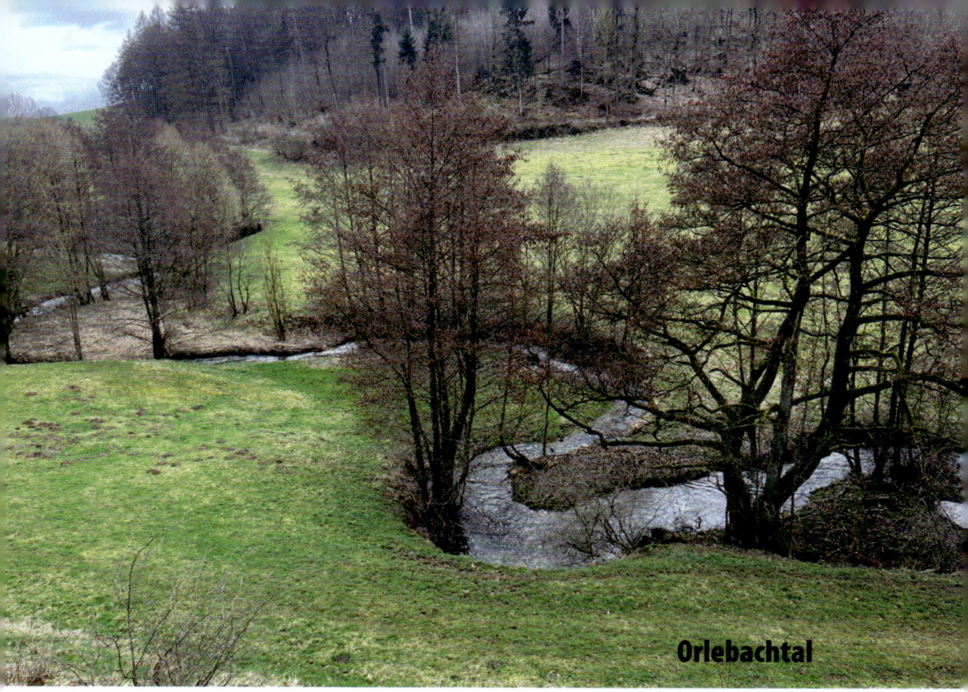

Orlebachtal

besonders gut zu sehen, wenn die Erlen und Weiden am Bachrand die Blätter abgeworfen haben und Winterruhe halten. Im Sommer sind die Bäume am Ufer schützende Begleiter des Bachs, schirmen ihn allerdings vor unseren Blicken ab.

Am Ende des Weges durchs Orlebachtal erreichen wir die Reitanlage am Schloss Wocklum. Aus den Stallboxen rechts schauen uns etliche Pferde neugierig an. Ist wohl ein Champion darunter? Gut möglich. Hier auf der Reitanlage findet in jedem Jahr das Balve Optimum statt, ein traditionsreiches Reitturnier. Es ist Teil der Deutschen Meisterschaften. Alle Reiterinnen, Reiter und Pferde, die im deutschen Reitsport in den letzten Jahren Rang und Namen hatten, sind hier gestartet. Eine große Tafel erinnert an die Gewinnerinnen und Gewinner.

Nur ein paar Meter weiter, und das **Schloss Wocklum** ❹ liegt vor uns. Schloss Wocklum geht auf eine sächsische Wallburg zurück. Seit dem 17. Jahrhundert ist das Wasserschloss im Besitz des alten westfälischen Adelsgeschlechts der Grafen von Landsberg-Velen. Das heute zartgelb gestrichene Schloss ist von einem

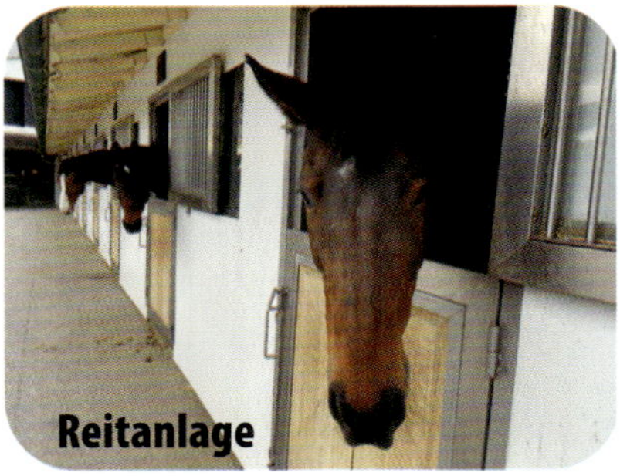

Reitanlage

Wassergraben umgeben. Der Anblick ist zauberhaft: Wir sehen eine kleine Bruchsteinbrücke, die in Bögen über den Wassergraben zum Schloss führt. Auf dem breiten Wasser haben sich Teppiche weiß blühender Seerosen breitgemacht. Das gepflegte Schloss und Schlossgelände bilden heute ein märchenhaftes Ambiente für Firmenevents, Konzerte, Hochzeiten und Ausstellungen.

Nachdem wir uns das Schloss von außen angesehen haben, gehen wir den Berg wieder hinauf und schwenken links in eine alte **Hainbuchenallee** ❺ ein. Verwunschen wirkt dieser rund 250 Meter lange Wegabschnitt. Das Alter der Hainbuchen wird auf gut 300 Jahre geschätzt. Wir sehen uns die knorrigen Stämme der Methusalembäume an: Sie sind verdreht und zum Teil dick mit Efeu bewachsen.

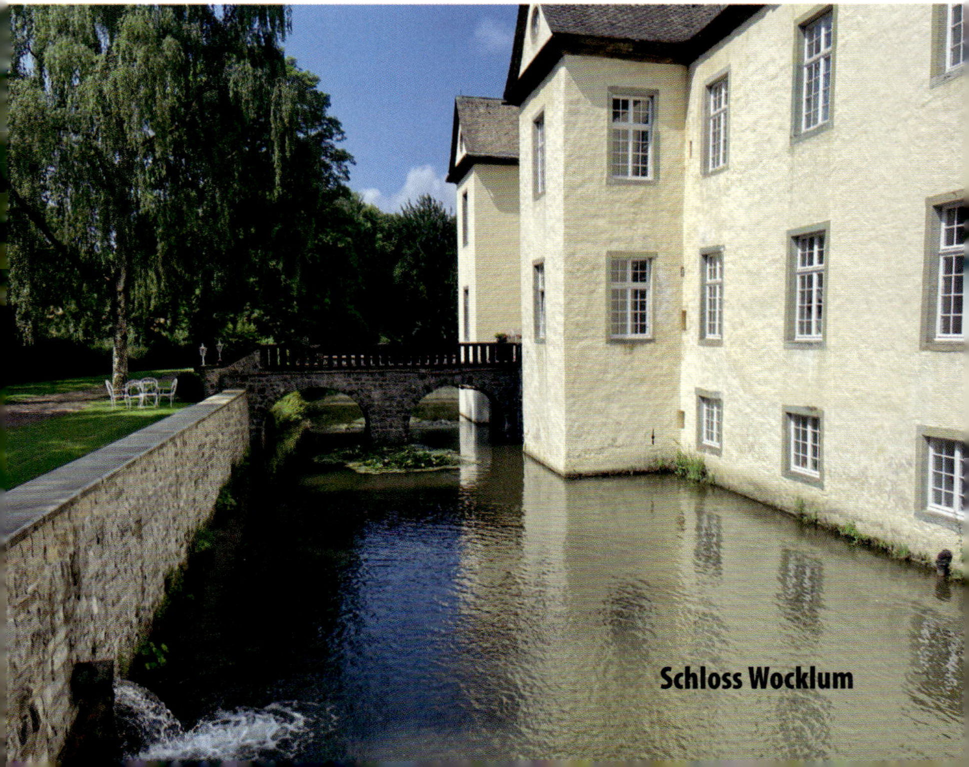

Schloss Wocklum

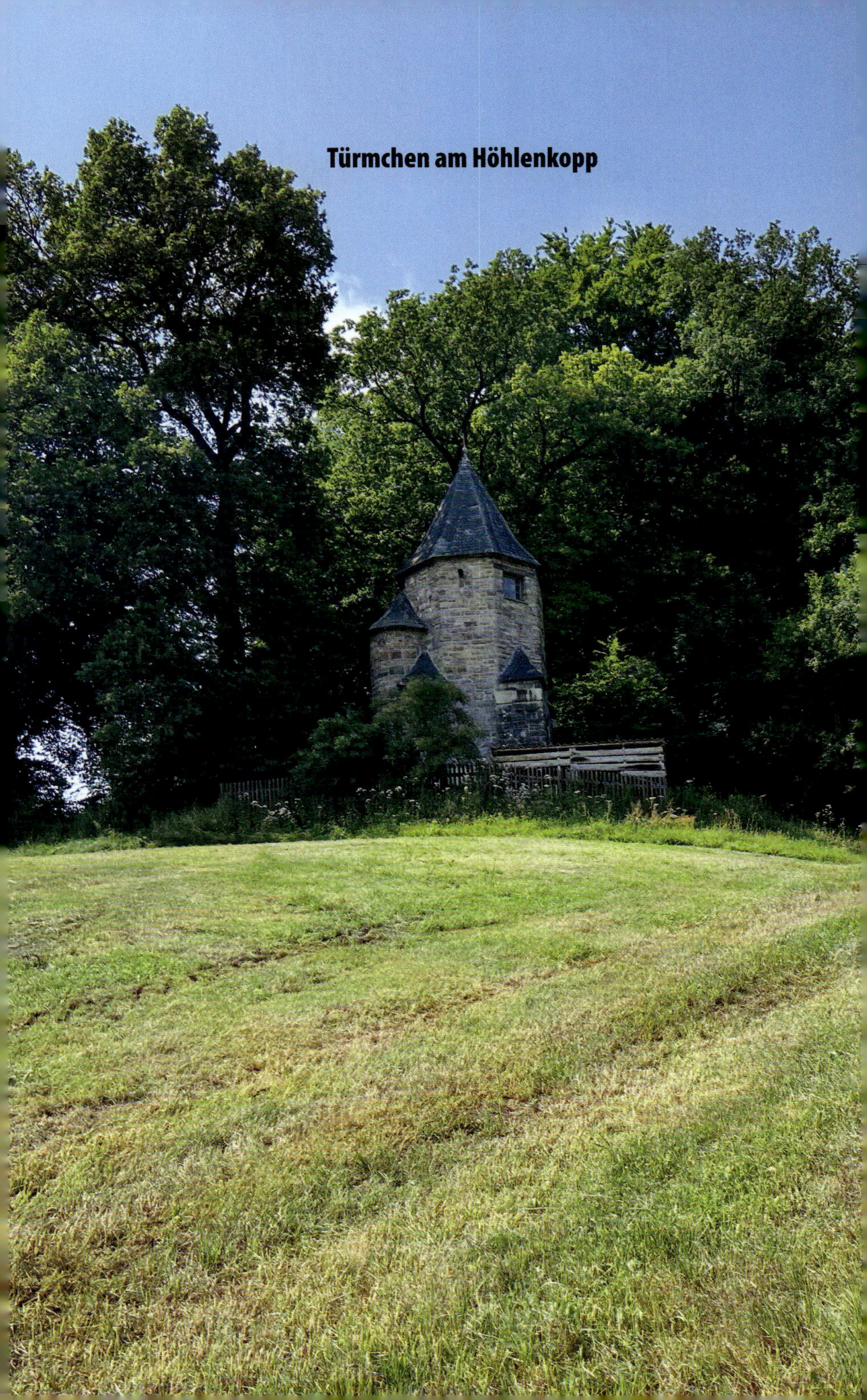
Türmchen am Höhlenkopp

Auszeittour 4

Gewöhnlich werden **Hainbuchen** bis zu 25 Meter groß und erreichen ein Alter von 150 Jahren. Hainbuchen kommen gut mit Trockenheit und Stürmen zurecht. Daher wird ihnen im Klimawandel eine große Bedeutung zugemessen.

Wir folgen dem geschotterten Weg weiter leicht bergab bis wir die Straße erreichen. Gegenüber am Berg fesselt ein weiteres märchenhaft wirkendes Gebäude unseren Blick, das sich perfekt in die Landschaft einpasst: Es wirkt wie ein Rapunzelturm, beinahe wie ein winziges Schlösschen, das **Türmchen am Höhlenkopp 6.** Tatsächlich ist es ein Trafoturm. 1913 gebaut und einzigartig in Deutschland.

Unser Weg führt nach links und schon bald erreichen wir wieder den Parkplatz an der Luisenhütte. Zum Abschluss unserer Tour, bevor wir den Heimweg antreten, bietet sich die gemütliche Hüttenschänke an der **Luisenhütte 7** zur Einkehr an.

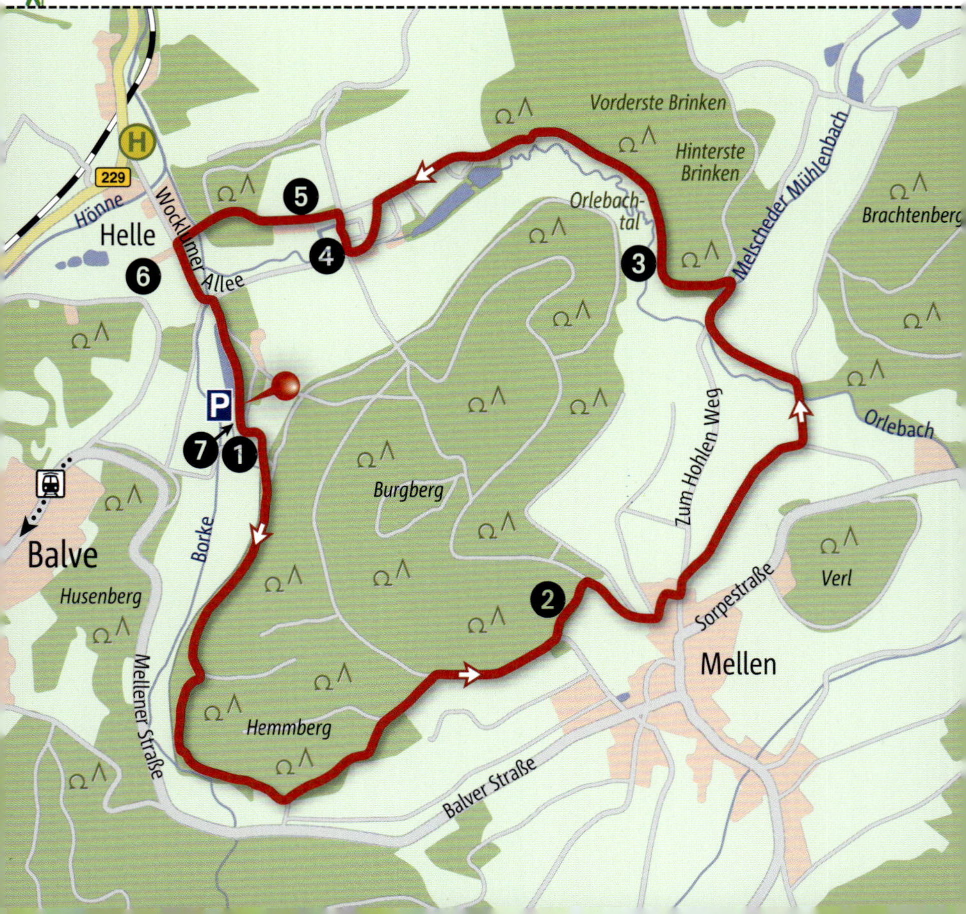

Entspannung ★★★★☆
Genuss ★☆☆☆☆
Romantik ★★★★☆

WIE & WANN:
Es geht über Pfade, Feld- und Waldwege, kurze Strecken durch das Dorf und auf alten Teerstraßen entlang. Die Tour um die Luisenhütte ist besonders reizvoll in der Zeit, in der die Laubbäume keine Blätter tragen. Dann können wir den außergewöhnlichen Verlauf des Orlebachs gut erkennen.

HIN & WEG:
Auto: Parkplatz Luisenhütte, Wocklumer Allee, 58802 Balve
(GPS: 51.3370593, 7.8827655)
ÖPNV: Bahnhof Balve und Bahnhof Sanssouci an der Bahnstrecke Fröndenberg–Neuenrade, von dort 20 Minuten Fußweg, die Bahn fährt regelmäßig, oder bis Bushaltestelle Helle mit Regionalbus 132 aus Richtung Balve und Menden, Citybus 137 aus Richtung Balve und Balve-Eisborn, von dort 10 Minuten Fußweg, die Busse fahren nicht am Wochenende und an Feiertagen.

ESSEN & ENTSPANNEN:
Hüttenschänke an der Luisenhütte ❼ Wocklumer Allee, 58802 Balve
Weitere Einkehrmöglichkeiten in Mellen

ENTDECKEN & ERLEBEN:
Luisenhütte ❶
Baumelbank ❷
Orlebachtal ❸
Schloss Wocklum ❹
Hainbuchenallee ❺
Türmchen am Höhlenkopp ❻

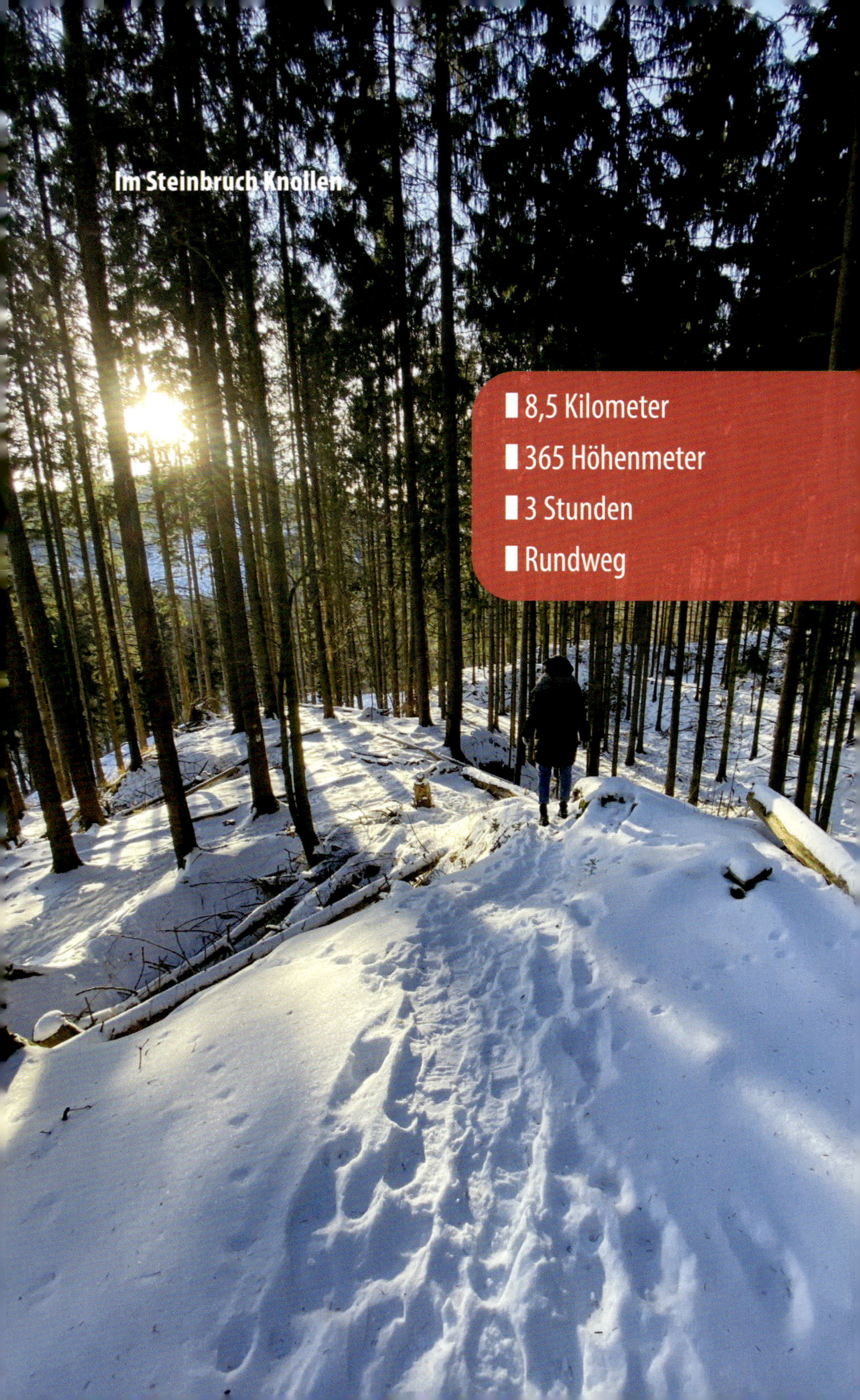
Im Steinbruch Knollen
8,5 Kilometer
365 Höhenmeter
3 Stunden
Rundweg

Die Hardt ist der Hausberg von Oberkirchen, einem schmucken Fachwerkdorf mit langer Geschichte. Hier lebt Meinolf Merkheim, passionierter Hochgebirgswanderer. Er hat sich in seiner Sauerländer Heimat eine eigene Gipfeltour geschaffen: den Meinolf-Merkheim-Steig zum Hardtkopf.

Gipfelglückstour

Auf Oberkirchens Hausberg

Wir starten unsere Winterwanderung zum Hardtkopf in der Dorfmitte mit der barocken Pfarrkirche St. Gertrud. Direkt neben dem Parkplatz zieht ein außergewöhnliches Heiligenhäuschen unsere Aufmerksamkeit auf sich: Es ist achteckig gebaut, aus pechschwarzem Holz mit weißen Spiralverzierungen. Auf dem geschwungenen Schieferdach glänzt eine goldene Kugel in der Wintersonne.

Vom Parkplatz an der **Alten Poststraße** wenden wir uns nach links und gehen ein kleines Stück an der Dorfstraße entlang. Rechts, hinter einer Brücke, sehen wir das hübsche Fachwerkgebäude des traditionsreichen **Landhotels Gasthof Schütte** ❶. Vorfreude: Hier werden wir am Ende unserer Tour einkehren.

Nur ein paar Schritte noch, dann biegen wir links in den **Hardtweg** ein. Es geht bergauf. Zunächst auf einer Teerstraße. Auf der rechten Seite liegt das Familienzentrum Lennetal. Für uns heißt es: immer weiter geradeaus. Bald geht die Straße in einen Feldweg über. Zu beiden Seiten öffnen sich weite Felder und wir wandern den recht steilen Berg hinauf. Gemächlich gehen

*Im **Gasthof Schütte** werden ursauerländische Gerichte modern interpretiert, wie Zander aus Sauerländer Seen im Kartoffelmantel, mit leichter Sahnesauce und raffiniert verfeinertem Sauerkraut, oder auch Wildspezialitäten. Die Gastgeber sind Weinliebhaber – die Gäste profitieren davon.*

wir weiter, drehen uns immer wieder um und genießen den Blick auf das Dorf.

Der erste Forstweg liegt vor uns. Eine große Bank mit Blick auf Oberkirchen lädt zu einer kurzen Verschnaufpause ein. Unser Weg ist durchgängig und gut mit dem **Wanderzeichen 0 3** gekennzeichnet. Dieser erste Abschnitt, auf dem wir jetzt unterwegs sind, ist der **Meinolf-Merkheim-Steig ❷,** der hier durch eine moderne Säule aus Holz und Stahl gekennzeichnet ist. Der Pfad wurde vom alten Oberkirchener Schreiner Meinolf Merkheim angelegt. Er kennt die Dorfwälder seit seiner Kindheit wie seine Westentasche und hat an die zehn Wanderstrecken rund um Oberkirchen geschaffen. Der schönste Pfad ist nach ihm selbst benannt: eben der Meinolf-Merkheim-Steig. Er ist ein echter Steig, ein steiler Weg, eine Gipfeltour, die eng mit der Geschichte Meinolf Merkheims verbunden ist. Der Oberkirchener hatte mit 80 Jahren seine letzte Alpin-Tour gemacht. Weil er das Wandern zum Gipfel aber so liebte, begann er, sich in seinem Heimatort Oberkirchen einen eigenen Gipfelsteig anzulegen.

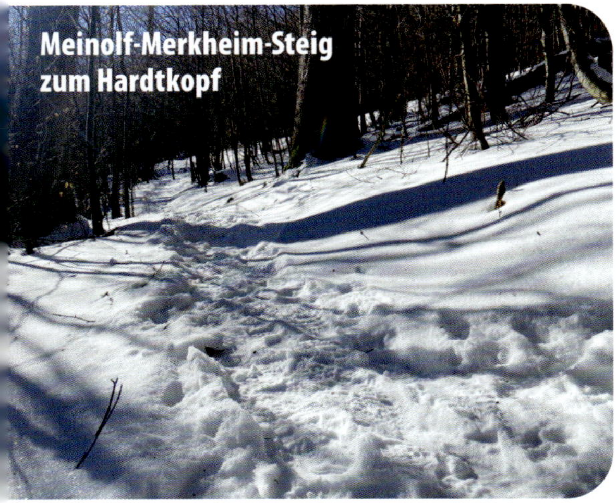
Meinolf-Merkheim-Steig zum Hardtkopf

Der Steig ist so schmal, dass wir hintereinander hergehen müssen. Er führt uns zunächst durch Laubwald. Im Winter hören wir das knarzende Geräusch unserer Schritte im tiefen Schnee, rätseln, welche Tiere wohl hier ihre Spuren hinterlassen haben und machen eine Fantasiereise durch die Jahreszeiten: Wir stellen uns vor, wie hübsch der Kontrast der Buchenstämme zum zarten Frühlingsgrün ist, im Sommer ist es hier unter dem dichten, dann dunkelgrünen Blätterdach angenehm kühl und im Herbst schwelgen wir im Farbenrausch.

Scharf links geht es weiter über den Pfad bis zum zweiten Forstweg. Diese Wege liegen wie Ringe um den Berggipfel. Auch diesen Forstweg überqueren wir,

Für die Seele

Wir genießen die Stille des Winterwaldes und das Gipfelglück, wenn wir auf dem Hardtkopf angekommen sind und weit über die Landschaft blicken können.

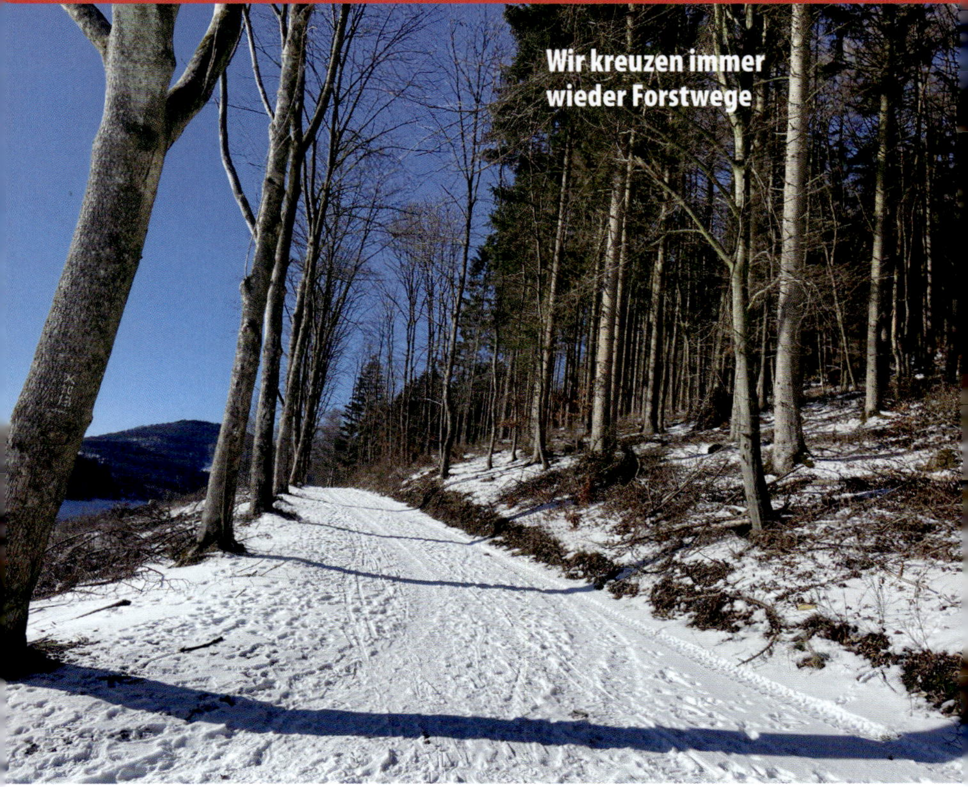

Wir kreuzen immer wieder Forstwege

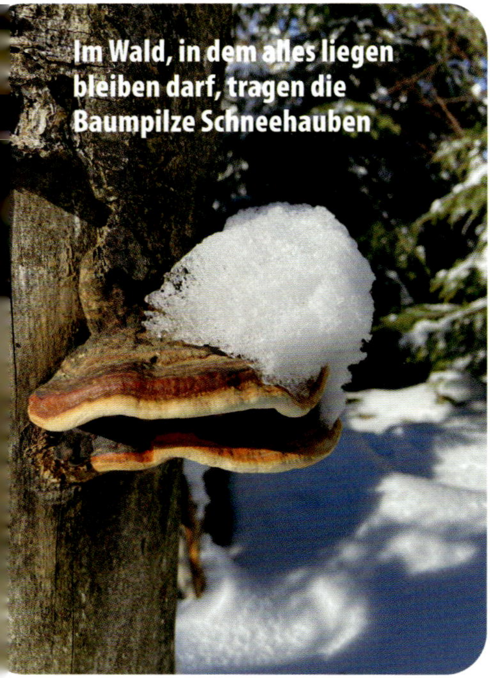

stapfen weiter bergauf, kommen zum dritten Forstweg und kreuzen ihn ebenfalls. Wir gelangen in einen kleinen Fichtenwald und schnuppern, können den besonderen Duft der Nadelbäume wahrnehmen. Wissenschaftler haben herausgefunden, dass die Bäume Terpenoide verströmen: Naturstoffe, die besonders wohltuend sind und gesundheitsfördernd wirken.

Der Pfad durch diesen Abschnitt endet mit einigen Stufen, die Meinolf Merkheim in den Waldboden gearbeitet hat. Wir gelangen zum **Schellhornweg,** kreuzen ihn und machen uns auf die letzte Etappe zum Gipfel.

Rechts und links liegen umgefallene Bäume. Wir klettern über den einen oder anderen Baumstamm, staunen über die Baumpilze, die jetzt kleine Schneehauben tragen, und freuen uns am strahlend grünen Moos, das auf dem Totholz und an den Baumstämmen wächst. Der Wald mutet ein bisschen wie ein Urwald an. Und in der Tat: Dieses Waldstück gehört der Kirche und der Pfarrer hat entschieden, dass hier die Natur sich selbst überlassen bleibt. Eine gute Entscheidung. Hier können wir Wanderer den Kreislauf des Waldlebens erfassen: Bäume, Kräuter und Sträucher wachsen, strotzen vor Kraft und vergehen, aber nicht, ohne vorher für Nachwuchs zu sorgen.

*An vielen abgestorbenen Buchen wachsen **Zunderpilze.** Das Innenmaterial der konsolenartigen Gebilde kann durch kleine Funken zum Glimmen gebracht werden. In früherer Zeit nutzten die Menschen die Pilze, um Glut aufzubewahren und zu transportieren.*

Geschafft! Wir sind in 659 Metern Höhe am **Gipfelkreuz** ❸ angelangt. Es ist ein großes Holzkreuz auf einem Hügel aus Feldsteinen. Das Sauerland ist eine christlich geprägte Region: Es wirkt stimmig, wenn die Berge hier ein Kreuzzeichen tragen. Das Kreuz hier auf dem Hardtkopf ist ebenfalls in der Werkstatt von Schreiner Merkheim entstanden: Den letzten Abschnitt hat er es zu Fuß über die Pfade auf die Bergspitze gebracht.

Vom Kreuz biegt der Weg sanft links ab. Jetzt sind wir quasi auf dem sonnenverwöhnten Balkon der Hardt. Am Weg stehen Nadelbäume, jetzt dick mit Schnee bedeckt. An den Spitzen haben sich lange Eiszapfen gebildet. Ginsterbüsche biegen sich unter der Schneelast. Im Sommer verwandeln sie den Waldrand in ein sonnengelbes Meer. Wir freuen uns am Weitblick über das Schmallenberger Sauerland bis hin zur Homert, einem weiteren Gebirgszug. An einem der benachbarten Berge machen wir den Fernwanderweg Sauerland Höhenflug aus, schauen direkt unter uns in das hübsche Sorpetal und entdecken die gepflegte parkähnliche Fläche des 27-Loch-Golfplatzes in Winkhausen.

Der Weg O 3 biegt nun nach links unten ab. Wir allerdings machen einen Abstecher und gehen gerade-

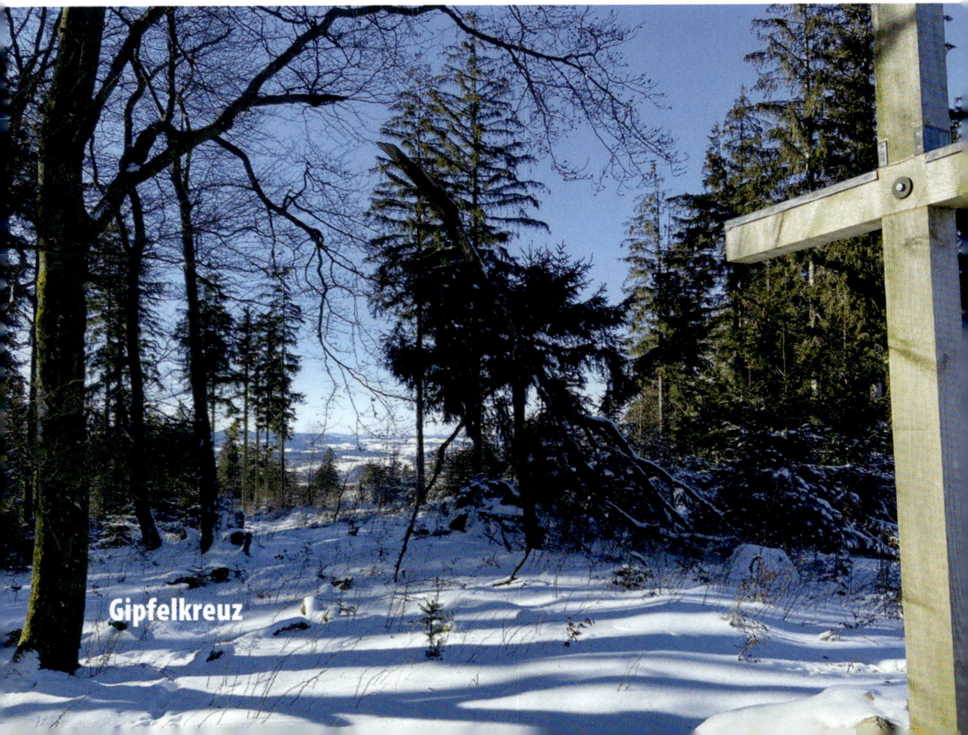

Gipfelkreuz

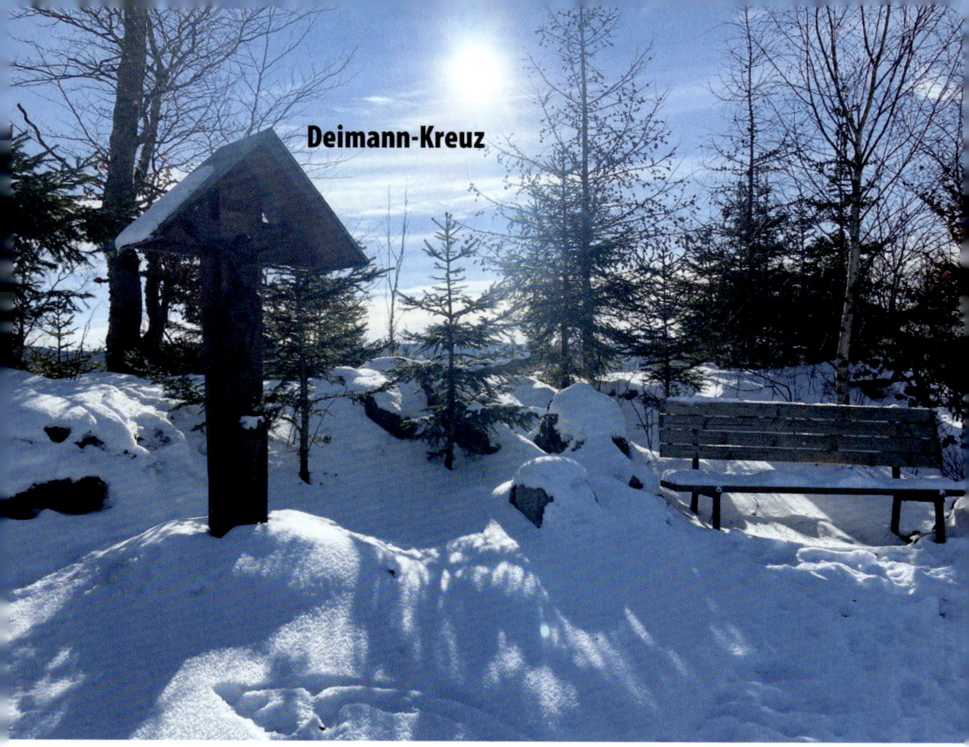

aus. Nur ein paar Minuten, dann erreichen wir das **Deimann-Kreuz** ❹. Es stand in früheren Zeiten auf dem Grab der alteingesessenen Hoteliersfamilie Deimann in Gleidorf. In diesem Nachbarort Oberkirchens wurden alle Verstorbenen aus Oberkirchen beigesetzt. Als Oberkirchen allerdings selbst zum Kirchenstandort wurde, ebnete man die Gräber der Oberkirchener auf dem Gleidorfer Friedhof ein. Das Deimann-Kreuz landete auf einem Dachboden. Jahrzehntelang blieb es dort liegen, bis Meinolf Merkheim es entdeckte. Der Schreiner restaurierte und stellte es hier auf der Hardt auf. Eine Bank macht den Platz zu einem perfekten Ort für eine kleine Pause mit Panoramablick.

Nach unserem Abstecher kehren wir zurück zu dem Punkt, an dem wir den Weg O 3 verlassen haben, und gehen durch den Laubwald bergab. Wir treffen auf einen Forstweg und achten darauf, nicht nach rechts auf diesen abzubiegen, sondern den Weg zu überqueren und auf dem leicht versteckten Pfad durch den Wald weiterzulaufen. Zum Teil bilden die Bäume

*Vor der Schutzhütte, zum Tal hin ausgerichtet, lädt ein **Waldsofa** zur gemütlichen Pause ein. Diese Sofas sind von der Form her der geschwungenen Mitttelgebirgslandschaft und dem Markenzeichen des Fernwanderwegs Rothaarsteig nachempfunden.*

einen Tunnel für uns. Der Weg führt uns zu einem weiteren Kreuz am Wegesrand, das **Weiße Kreuz.** Hier finden wir auch eine Schutzhütte, in der es sich bei jedem Wetter gut rasten lässt.

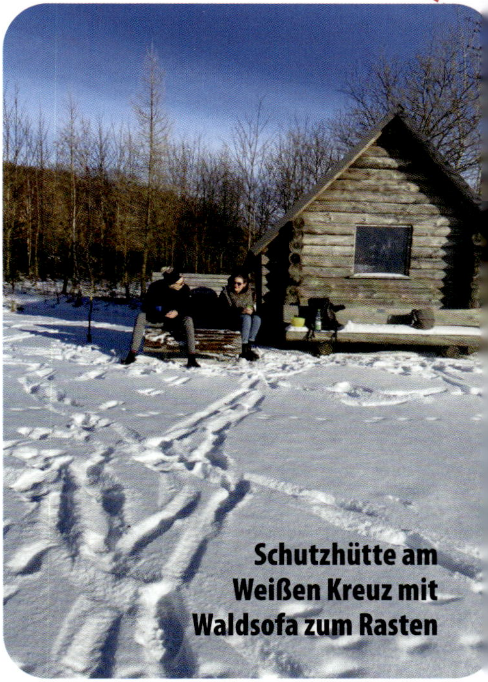

Schutzhütte am Weißen Kreuz mit Waldsofa zum Rasten

Von der Hütte biegt ein Weg rechts nach Niedersorge ab. Wir entscheiden uns jedoch für den linken Waldweg und folgen weiter dem Zeichen O 3. Nach einigen Metern ist der Weg zusätzlich mit einem liegenden weißen R gekennzeichnet. Es geht kurz bergan, wir werfen einen Blick auf eine Fotopanoramakarte, die uns die Namen der umliegenden Berge verrät und tauchen dann ein in die geheimnisvolle Welt des stillgelegten **Steinbruchs Knollen ❺.** Auf schmalen Pfaden schlängeln wir uns an Felswänden entlang, die teils moosbewachsen, teils von Efeu überwuchert sind.

Wir verlassen das urige Steinbruchgelände, kreuzen die Forststraße, gehen auf einem Pfad bergab und erreichen schließlich die **Knollenhütte ❻.** Das Holzgebäude trägt ein begrüntes Dach. Waldkräuter und sogar kleine Fichten wachsen darauf. Es fügt sich wunderbar in die Umgebung ein und ist ein idealer Platz, um sich verwöhnen zu lassen. An Wochenenden und an Feiertagen bietet hier Gastronom Deimann aus dem benachbarten Winkhausen Getränke, hausgemachten Kuchen und deftige Vesperspezialitäten wie Sauerländer Rinderwurst an.

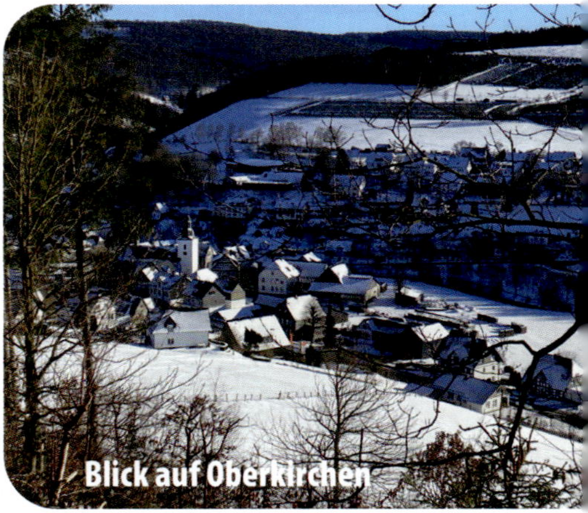

Blick auf Oberkirchen

Gestärkt biegen wir nach links ab und folgen weiter dem O 3 auf einem Waldweg. Wir sehen den Ort Winkhausen rechts unten im Tal liegen. Bei der nächsten Abzweigung, gekennzeichnet mit einem X und O 3, wählen wir noch nicht den Abstieg zurück ins Dorf Oberkirchen. Stattdessen machen wir uns weiter auf dem O 3 an unseren letzten Anstieg. Zwischen den Bäumen taucht unten im Tal Oberkirchen auf der rechten Seite wieder auf. Dieses Ziel vor Augen wandern wir über den Feldweg und den kurzen Straßenabschnitt zurück in die Dorfmitte und lassen es uns im Gasthof Schütte grundentspannt gutgehen.

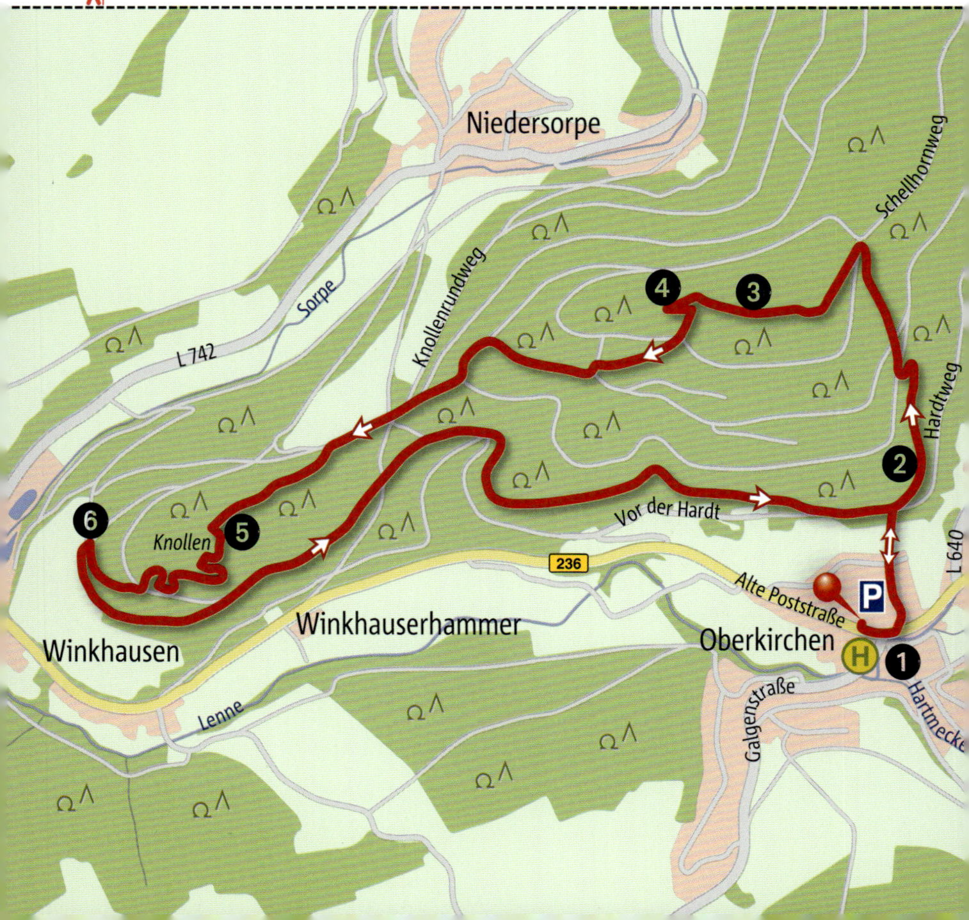

Alles auf einen Blick

WIE & WANN:
Über Pfade, Wald-, Feld- und Forstwege, kurze Wegstücke auf Asphalt. Die Tour ist das ganze Jahr über begehbar, besonders auch im Winter, weil die dann nicht belaubten Bäume einen schönen Panoramablick ermöglichen. Außerdem lässt sich es sich auf den Pfaden auch bei Schnee gut gehen. Festes Schuhwerk ist allerdings wichtig.

Entspannung ★★★★☆
Genuss ★★★★★
Romantik ★★★★☆

HIN & WEG:
Auto: Galgenstraße 12, 57392 Oberkirchen (GPS: 51.1589288, 8.3723884)
ÖPNV: Buslinie S 40, die Haltestelle Kirche, Oberkirchen liegt direkt am Start der Wanderroute.

ESSEN & ENTSPANNEN:
Landhotel Gasthof Schütte ❶ Eggeweg 2, 57392 Schmallenberg, Tel. (0 29 75) 82-0, www.hotel-schuette.de
Knollenhütte ❻ Alte Handelsstraße, 57392 Schmallenberg, www.deimann.de/kulinarik/knollenhuette
Weitere Einkehrmöglichkeiten im Dorf Oberkirchen

ENTDECKEN & ERLEBEN:
Meinolf-Merkheim-Steig ❷
Gipfelkreuz auf dem Hardtberg ❸
Deimann-Kreuz ❹
Steinbruch Knollen ❺

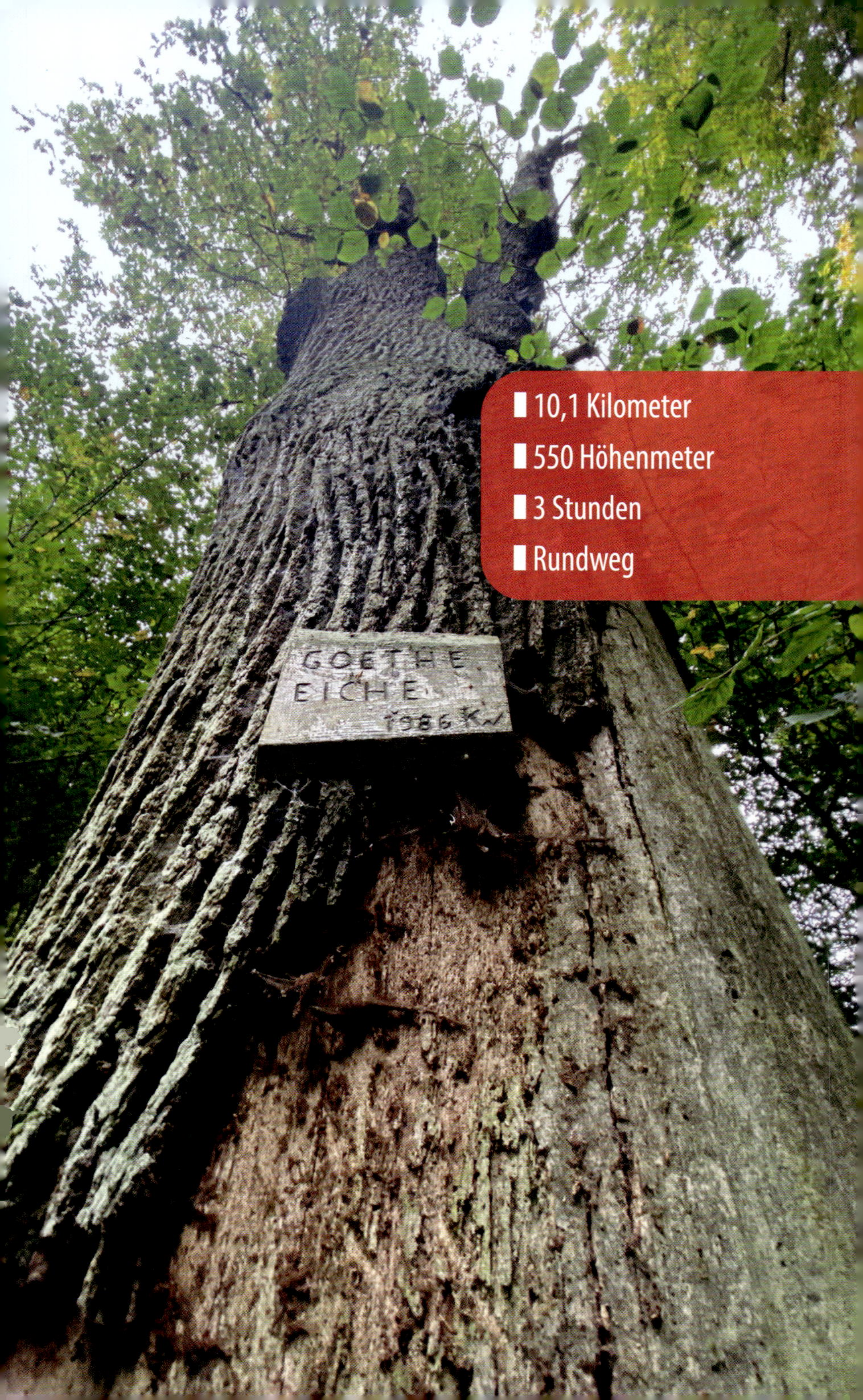

- 10,1 Kilometer
- 550 Höhenmeter
- 3 Stunden
- Rundweg

Thiergarten, das klingt nach Zoo oder Wildpark, ist jedoch keines von beiden. Der Arnsberger Thiergarten ist vielmehr ein riesiges Areal, in dem im 17. Jahrhundert Wild gehegt und gepflegt wurde. Daher rührt die alte Schreibweise mit „th". Kurfürst Maximilian Heinrich von Bayern und seine Gäste konn-

Wo der Adel jagte

Im Thiergarten Arnsberg

ten dort bequem und mit allerhand Pomp jagen. Heute ist der Thiergarten eine stille Oase unweit der Stadt, mit vielen kulturellen und botanischen Highlights.

Der Weg durch den Kurfürstlichen Thiergarten startet beim alten Jägerhaus an der **Jägerbrücke,** in dem zu kurfürstlichen Zeiten der Jäger wohnte. Weil zum Jagderfolg immer auch gut ausgebildete Hunde nötig sind, hielt der Jäger hier eine Hundemeute. Wir überqueren die Straße und gehen über die **Tiergartenstraße** weiter in Richtung Obereimer. Nachdem wir die letzten Häuser der Tiergartenstraße hinter uns gelassen haben, fließt die Ruhr auf unserer Seite. Weiden säumen das Ufer, mit etwas Glück erblicken wir einen Silberreiher mitten im Wasser. Dann biegen wir nach links ab und sehen das alte **Rittergut Obereimer ❶,** dessen Geschichte bis ins Mittelalter zurückreicht. Hinter den dicht wachsenden

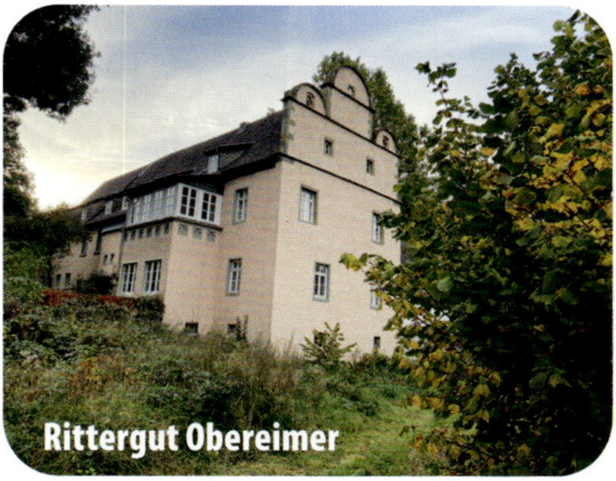

Rittergut Obereimer

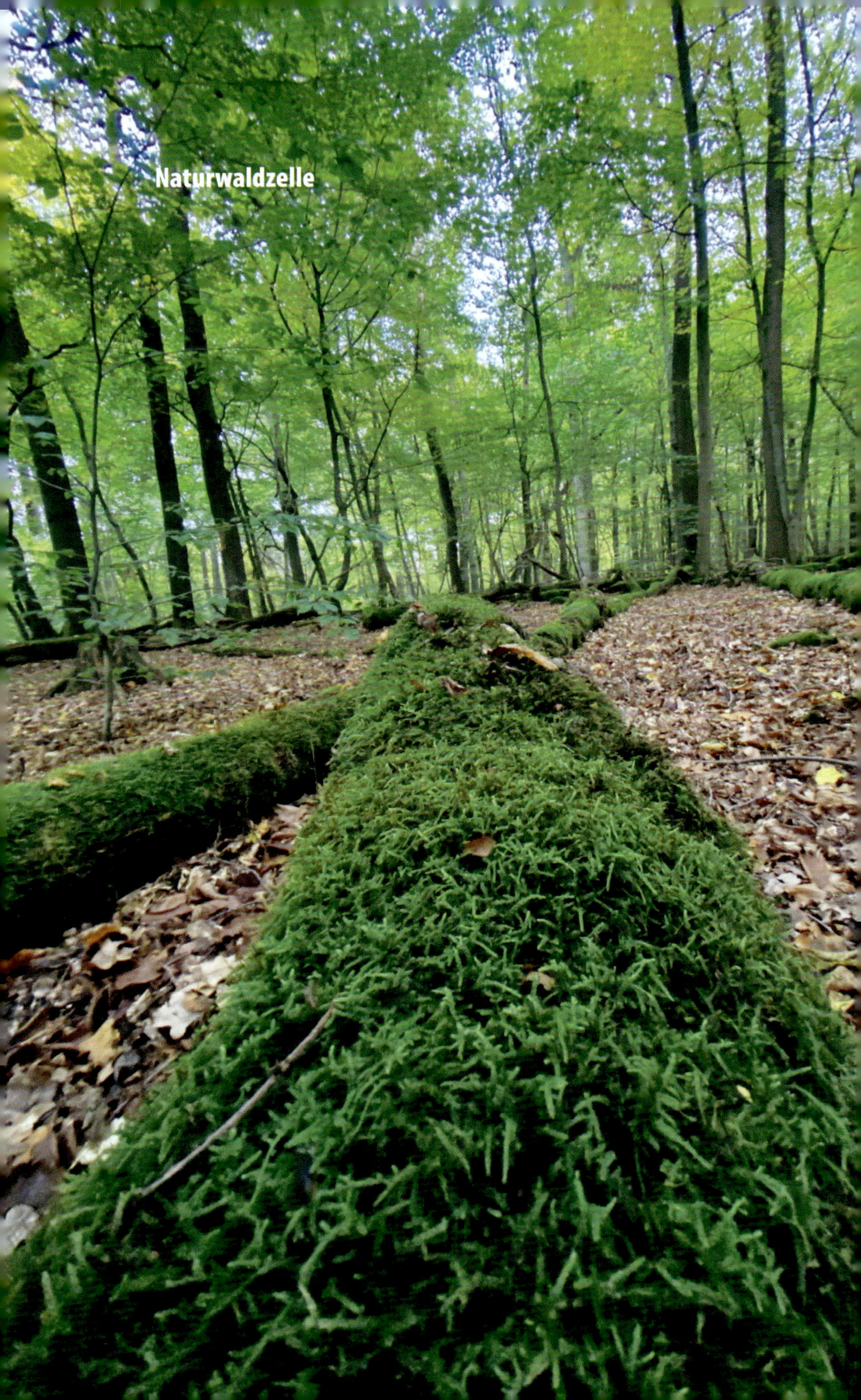
Naturwaldzelle

Sträuchern, Bäumen und Kräutern wirkt das zart roséfarbene Gebäude mit seinem Renaissancegiebel wie ein Märchenschloss. Tatsächlich arbeiten hier seit mehr als 200 Jahren Förster. Aktuell ist das Gebäude Sitz des Lehr- und Versuchsforstamts im Landesbetrieb Wald und Holz.

Für die Seele

Auf der Tour durch den Thiergarten fühlen wir uns in die Zeiten von Burgherren, Edeldamen und Kurfürsten versetzt und freuen uns über den imposanten Blick auf Arnsberg.

Vom Rittergut führt unser Weg zunächst geradeaus und nach der Einbahnunterführung nach rechts in die **Straße Herbreme.** Die heute asphaltierte Straße ist ein alter historischer Weg. Nach 300 Meter erreichen wir eine Schranke. Dort wandern wir in den Wald hinein und kommen nach rund 150 Metern an ehemaligen Teichanlagen vorbei. Von hier aus wurde der kurfürstliche Hof mit Fischen versorgt.

Uns fallen Spuren im Wald auf: Hohlwege, die dadurch entstanden sind, dass die Menschen sie mit schweren Fuhrwerken immer wieder genutzt haben. Auf dem freien Feld wären solche Wege längst verschwunden; die Bäume ringsum allerdings schützen diese Zeugnisse der Vergangenheit.

Der Wald wird zunehmend wilder. Kreuz und quer liegen hier zig Stämme und Äste auf dem mit Blättern bedeckten Boden. Ein alter Baum knarzt und wir hören einen Specht, der unermüdlich an seiner Höhle in einem toten Baum arbeitet. Es ist ein alter Wald aus Stieleichen und Hainbuchen. Moos erobert die Stämme, die am Boden liegen. Wie ein dicker Mantel umhüllt es das alte Holz. Wir sind in einer **Naturwald-**

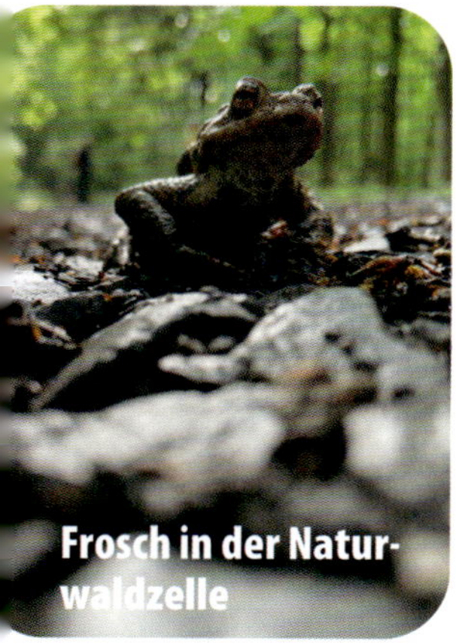

Frosch in der Naturwaldzelle

zelle ❷. Hier bleibt die Natur sich selbst überlassen. Der Mensch greift nicht mehr in den Kreislauf der Natur ein. Er wird nur zum Beobachter des natürlichen Werdens und Vergehens. Intakte Natur, die man hier sehen, hören und riechen kann.

Über den Waldweg folgen wir weiter der Markierung mit dem weißen Hirsch und erreichen einige **Teiche ❸**, die verlockend im Wald schimmern. Forstmeister Goebel hat sie Anfang des 20. Jahrhunderts hier angelegt. Im Gockelsteich, benannt nach einem ehemaligen Förster, angelten und badeten Arnsberger früher. Etwas weiter aufwärts liegt der Teufelsteich, der seinen Namen vom Teufelssiepen bekommen hat. Auch er ist das Werk des Forstmeisters Goebel. Er liebte Wasser im Wald so sehr, dass er Furten, Stege und kleine Wasserfälle baute, die zum Teil heute noch hier im Teufelssiepen zu sehen sind.

Über Wege und Pfade wandern wir weiter durch den Wald. Wir folgen dem Hinweis zur Station 24 un-

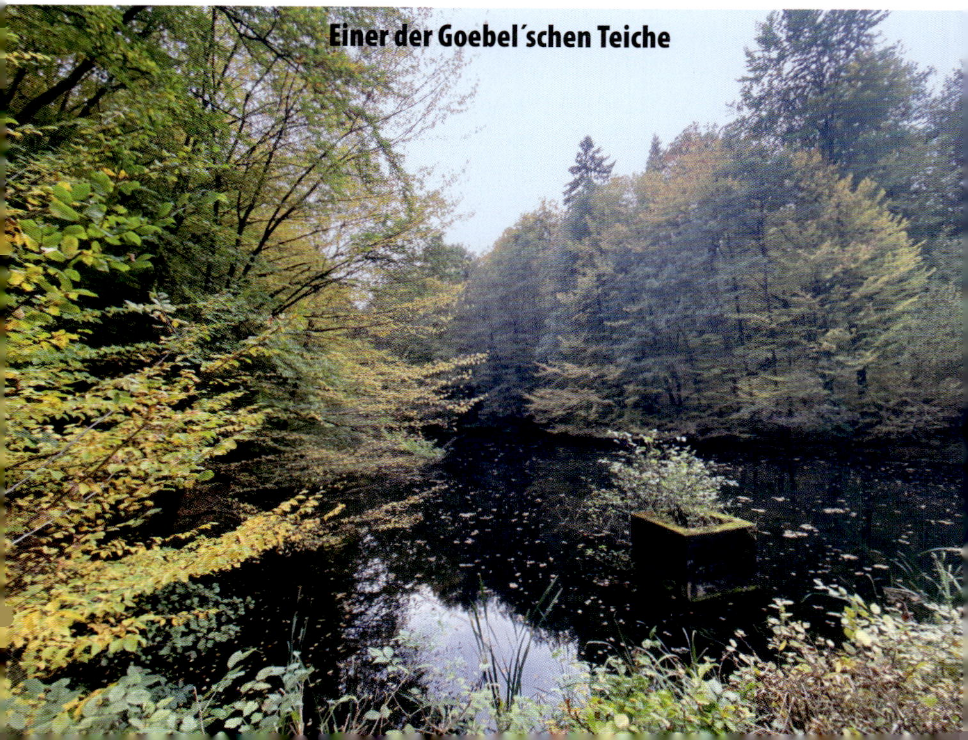

Einer der Goebel´schen Teiche

seres Rundwegs. Zwischen den Bäumen sehen wir tiefe geheimnisvolle Trichter und Kuhlen, bis zu 2 Meter tief: Wir stehen mitten in einem historischen Bergbaugebiet. Schon im Mittelalter haben die Menschen hier nach Eisenerz geschürft. Die Kuhlen oder Pingen, wie sie fachmännisch heißen, sind die Reste der Tagebauten.

Nach unserem Abstecher zum Pingenfeld sehen wir Kapune, ein ehemaliges Jagd- und Köhlerhaus und gehen weiter zum Kurfürstlichen Tempelberg, dem höchsten Punkt des ehemaligen Thiergartens. In unserer Fantasie machen wir eine Zeitreise und stellen uns vor, wie Kurfürst Maximilian Heinrich und seine Gäste hier oben unter Jagdschirmen oder sogar unter einem prächtigen Pavillon residierten und das Wild beobachteten. Die Arnsberger, so wird erzählt, trieben der adeligen Jagdgesellschaft mit Tüchern das Wild aus dem Thiergarten zu. Die Redewendung „durch die Lappen gehen" steht für Wildschweine, Rehe und Hirsche, die es geschafft haben zu fliehen.

Wir folgen unserem Waldweg und erreichen schon nach kurzer Zeit einen **Kohlenmeiler ❹** und eine Köhlerhütte. Beide sind von außen mit Moos und Erde bedeckt. Grasbüschel wachsen hier und da. Wir gehen hinein: Im Kohlenmeiler riecht es intensiv nach Holzkohle. Die Köhlerhütte ist klein, sehr klein.

Von dem Kohlenmeiler aus wandern wir über den naturbelassenen Weg direkt durch den Wald. Dann stehen wir vor einem riesengroßen, majestätischen Baum: der **Goethe-Eiche ❺.** Die Rinde ist in Teilen abgeplatzt, aber der alte dicke Baum trotzt der Zeit. An die 390 Jahre wächst die Goethe-Eiche hier schon. Sie ist seit über 100 Jahren Naturdenkmal. Weiter im Wald entdecken wir einen zweiten Baumriesen, allerdings umgestürzt: Das ist die Schiller-Buche, genauso alt wie die Goethe-Eiche, aber beim Orkan Kyrill 2007 gefallen. Nur wenige Meter entfernt, direkt an unserem Pfad durch den Wald, gelangen wir zum nächsten

Weltweit gibt es 450 ***Eichenarten.*** *In Deutschland kommen die Traubeneiche, die Stieleiche und zunehmend auch die aus Nordamerika stammende Roteiche vor. Eichen können mehrere Hundert Jahre alt werden. An ihnen leben viele Insekten, Pilze und Vögel.*

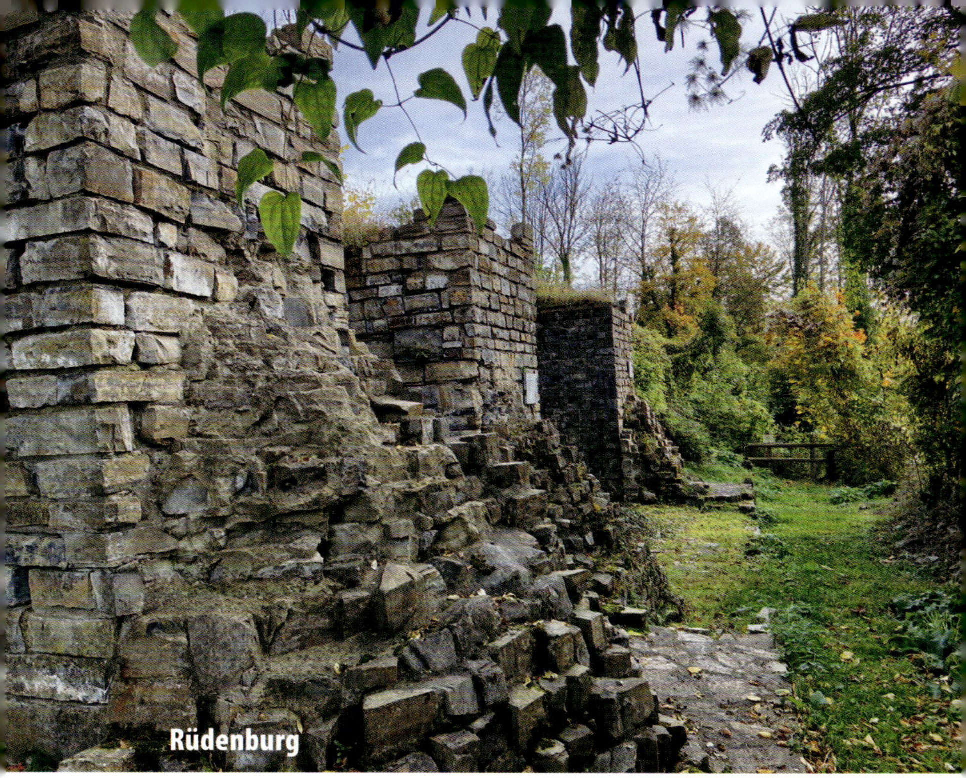
Rüdenburg

Methusalem-Baum: die Max-Heinrich-Buche, deren Alter auf 360 Jahre geschätzt wird.

Bergabwärts führt unser Weg parallel zur Straße. Wir sehen ein Stück des Walls, der den Thiergarten begrenzte, und überqueren zunächst die Kreisstraße und dann die Landstraße, die von Arnsberg nach Wennigloh führt. Wir sind im Seufzertal. Hierher brachten die Arnsberger die Menschen, die an Pest, Lepra und Cholera erkrankt waren. Man versorgte sie mit Kleidung und Nahrung, hatte aber sonst keinen Kontakt zu ihnen.

Aus dem Seufzertal wandern wir auf einem geschotterten Weg auf den Kreuzberg, biegen links ab und erreichen die Ruine der **Rüdenburg 6,** einer der schönsten Orte Arnsbergs, wenn nicht sogar der schönste. Die Burg wurde 1060 gebaut und ist das älteste Arnsberger Bau- und Kulturdenkmal. Wir schlendern zwischen den Mauerresten der alten Gebäude und Türme umher, zwischen denen Efeu berankte Bäume stehen. Die Aussicht ist überragend, von hier aus wird ein großer Teil der Arnsberger Geschichte lebendig. Wir schauen gegenüber auf die Ruine des Schlosses, in dessen Schutz sich die Arnsberger Altstadt einst entwickelt hat. Wir sehen den historischen Weinberg unterhalb des Schlosses und den zwiebelförmigen Glockenturm, das Wahrzeichen der Stadt. Schräg links hinter dem Glockenturm entdecken wir das gelb gestrichene, lang gezogene Gebäude der Bezirksregierung. 1816 machten die Preußen Arnsberg zum Sitz der Behörde in der Provinz Westfalen. Beamte aus Berlin zogen ins Sauerland, sahen sich die Arnsberger Altstadt an und rümpften die Nase: In den kleinen Fachwerkhäusern mochten sie nicht leben. Sie ließen sich neue, repräsentative Häuser bauen. In Arnsberg entstand eines der größten Klassizismus-Viertel überhaupt.

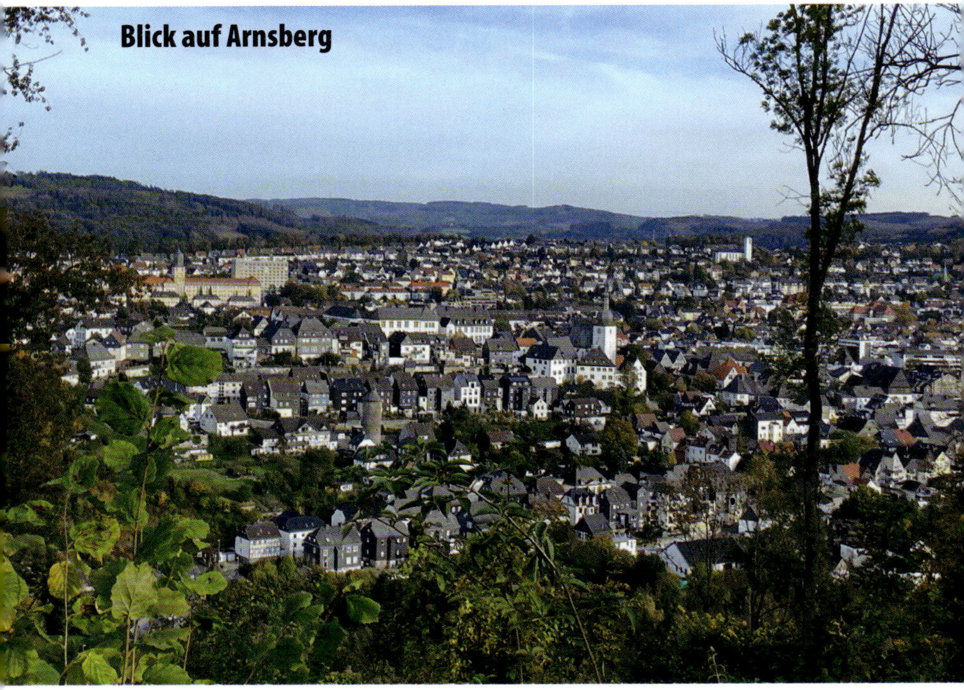

Blick auf Arnsberg

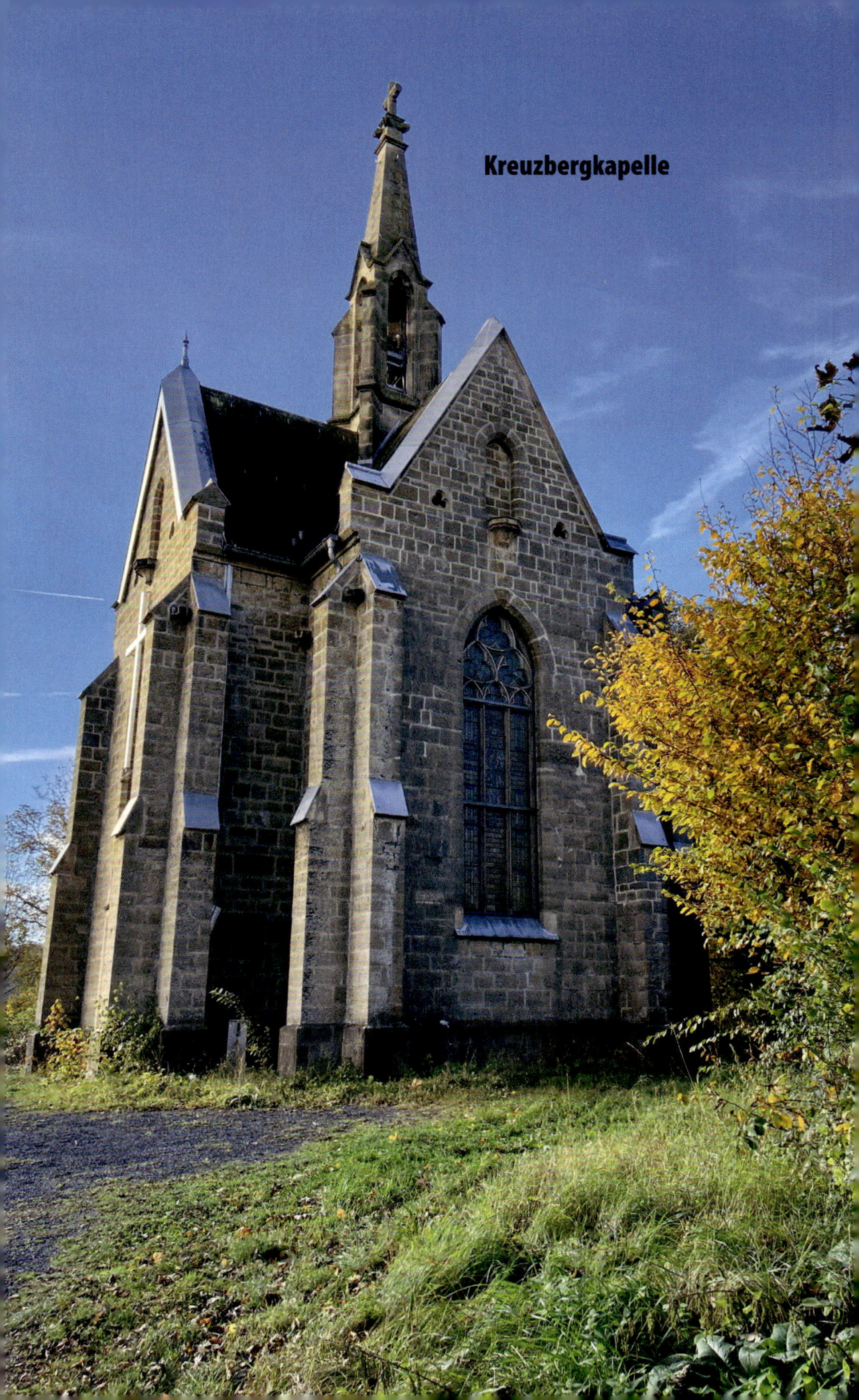

Kreuzbergkapelle

Mit einem fantastischen Blick auf die Altstadt sitzen wir auf einer Bank und denken, dass eine Brücke die Burg- und Schlossruine leicht verbinden könnte. Diese Idee wird immer mal wieder in Arnsberg diskutiert und folgt aus der Sage von der ledernen Brücke: Der Herr der Rüdenburg soll einen schwarz gekleideten Fremden im Wald getroffen und mit zu sich nach Hause genommen haben. Nach einer Feier verabschiedete der Fremde sich mit den Worten: „Gastfreundschaft wird drunten selbst geachtet". Wenige Zeit später wurde die Burg von Feinden bedroht. Da spannte sich plötzlich wie durch ein Wunder eine lederne Brücke von der Rüdenburg zum Schloss und der Herr der Rüdenburg konnte mit Tochter und Gefolge fliehen. Nach ihnen riss die Brücke entzwei und die Verfolger stürzten in die Tiefe.

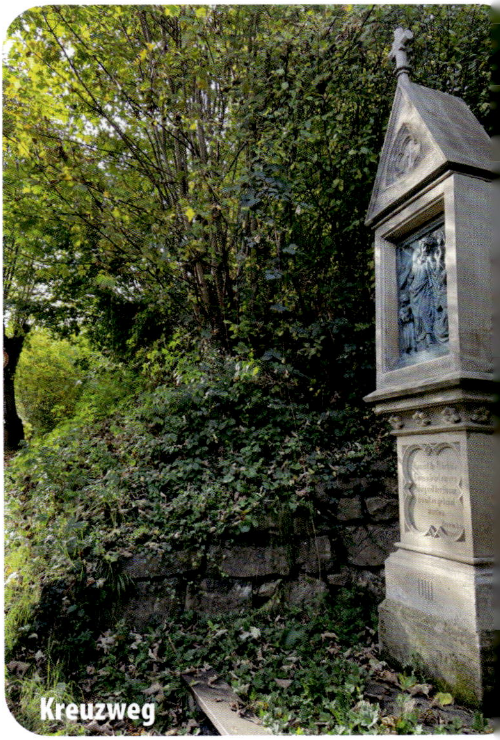
Kreuzweg

Nach unserer geschichtsträchtigen Schleife über die Rüdenburg biegen wir nach links auf den Weg ab und nach kurzer Zeit schon wieder nach rechts, um uns die **Kreuzbergkapelle 7** anzusehen. Vorbild soll die Apollinariskirche in Remagen sein. Auch von dieser Oase über der Stadt ist der Blick auf Arnsberg zauberhaft.

Die Kreuzbergkapelle markiert das Ende des **Kreuzwegs 8**, den auch wir nun hinuntergehen. Auf der rechten Seite flankieren uns alte Linden. Auf der linken Seite stehen die Stationen des Kreuzwegs. Er ist Mitte des 19. Jahrhunderts auf Wunsch der Arnsberger Bürger entstanden und mit ihren Spenden finanziert worden: Eine Station ist von den Frauen, eine

!

*Am Ostersonntag zieht ein Fackelzug zu Beginn der Dämmerung den Kreuzweg hinauf. Oben angelangt wird auf der Wiese zwischen der Rüdenburg und dem Kreuzberg eines der größten **Osterfeuer** im Sauerland angezündet. Der Abend endet mit einem Feuerwerk.*

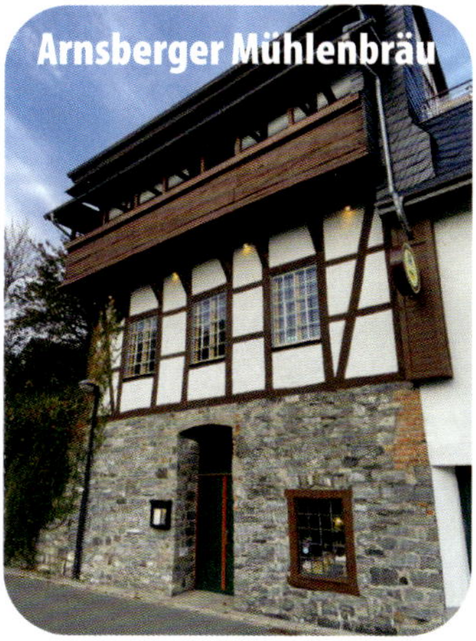

zweite von den Männern der Stadt Arnsberg gestiftet worden.

An der Straße wieder angekommen, gehen wir an unserem Parkplatz vorbei rechts über die Brücke und biegen wiederum rechts in die **Jägerstraße** ein. Wir folgen der Straße bis zum **Arnsberger Mühlenbräu 9.** Ein altes, hübsch restauriertes Gasthaus, in dem der Gastwirt uns nach unserer kulturhistorischen Route ein deftiges Essen serviert. Spezialität sind die selbst gebrauten Biere.

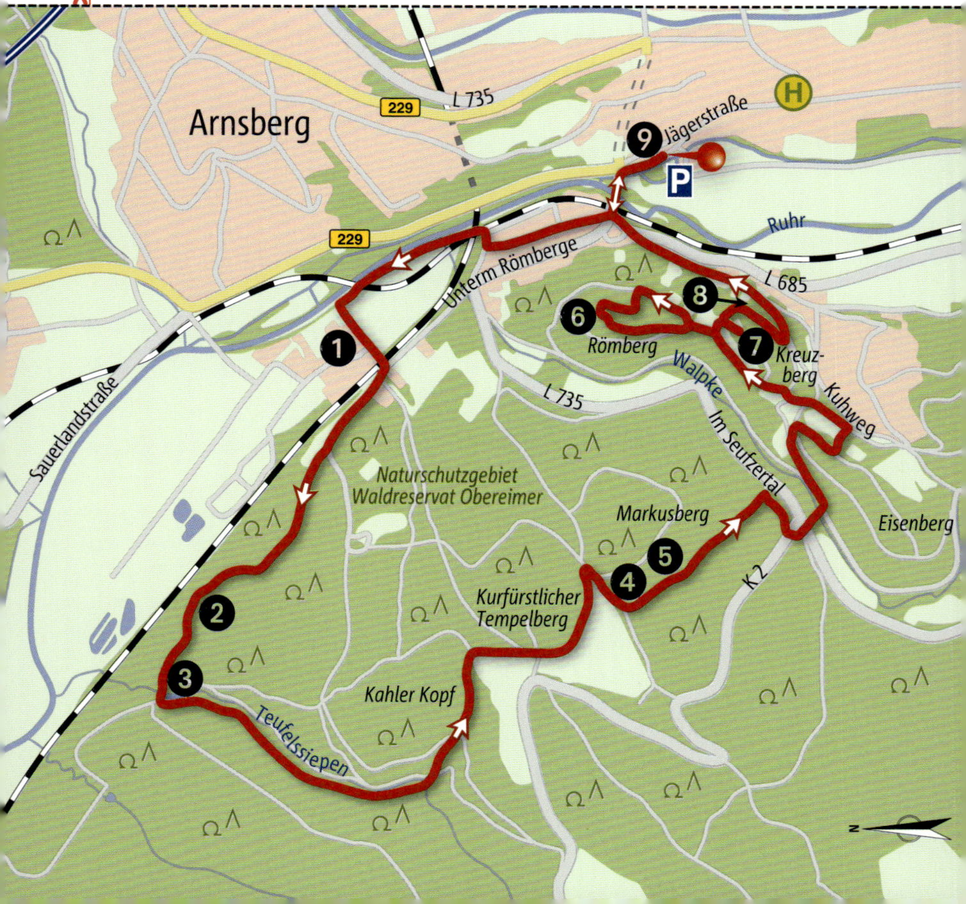

Alles auf einen Blick

WIE & WANN:
Es geht über Pfade, Wald- und Forstwege, Feldwege, am Anfang ein Stück durch ein Wohngebiet über Asphalt. Die kulturhistorische Route durch den Kurfürstlichen Thiergarten Arnsberg kann immer gegangen werden, ist aber besonders schön von April bis Oktober.

Entspannung ★★★★☆
Genuss ★★★☆☆
Romantik ★★★★☆

HIN & WEG:
Auto: Jägerbrücke, Ecke Wenniglоher Straße/Tiergartenstraße, 59821 Arnsberg (GPS: 51.3993683, 8.0574772)
ÖPNV: RE bis Bahnhof Neheim-Hüsten, dann weiter mit dem Bus bis Arnsberg Neumarkt, von dort zu Fuß in Richtung Parkplatz Jägerbrücke

ESSEN & ENTSPANNEN:
Arnsberger Mühlenbräu ❾ Mühlenstraße 20, 59821 Arnsberg, Tel. (0 29 31) 5 32 77 16, www.arnsberger-muehlenbraeu.de
Weitere Einkehrmöglichkeiten in der Stadt

ENTDECKEN & ERLEBEN:
Rittergut Obereimer ❶
Naturwaldzelle ❷
Teiche ❸
Kohlenmeiler ❹
Goethe-Eiche ❺
Rüdenburg ❻
Kreuzbergkapelle ❼
Kreuzweg ❽

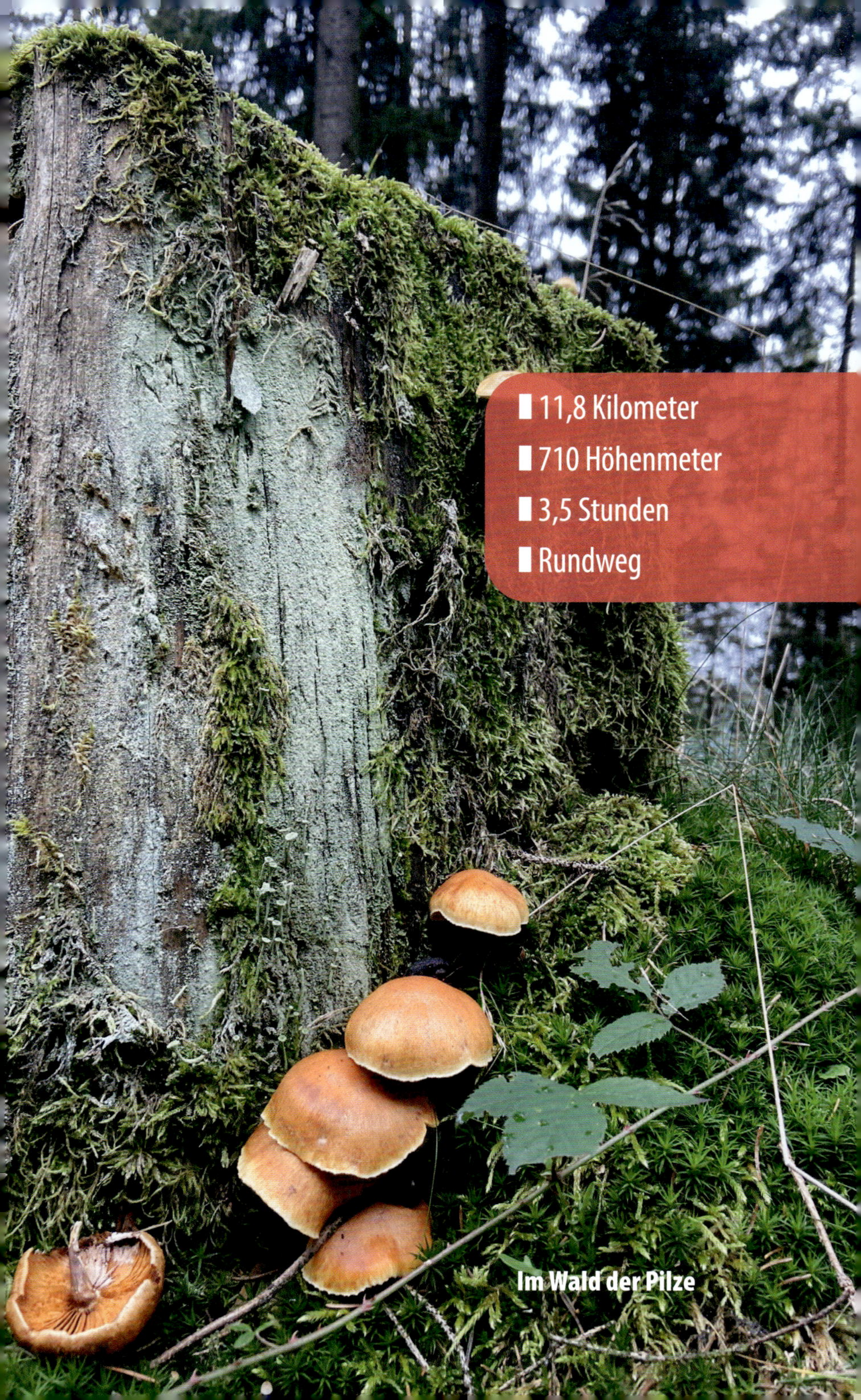

- 11,8 Kilometer
- 710 Höhenmeter
- 3,5 Stunden
- Rundweg

Im Wald der Pilze

Alpenflair im Mittelgebirge. Das geht auch im Sauerland. Und zwar auf der Oberhundemer Bergtour. Die Strecke ist eine sogenannte Rothaarsteig-Spur mit herrlichen Aussichten und hohem Naturpfadanteil. Gute Kondition und feste Schuhwerk sind wichtig. Unsere Bergtour beginnt am **Oberhundemer Kurpark.**

Auf Eselspfaden

Über die Oberhundemer Bergtour

Sie ist durchweg sehr gut mit einem weißen auf dem Rücken liegenden R auf schwarzem Grund gekennzeichnet. Es ist ratsam, den Rundweg in der vorgeschlagenen Richtung zu gehen. Wer andersherum wandert, muss noch steiler ansteigen. Im Kurpark führt der Weg vorbei an einem Kräuterbeet und über einen plätschernden Bach. Ein kleiner Abschnitt über Asphalt steht an, dann geht es steil bergauf aus dem Dorf hinaus. Auf unserer rechten Seite wachsen Nadelholzkulturen. Links hören wir plötzlich ein Blöken. Zwischen den Tannen tauchen Schafe auf und kommen auf uns zu. Schafe sind in ökologischen Weihnachtsbaumkulturen die tierischen Helfer der Weihnachtsbaumproduzenten: Sie fressen die Pflanzen, die um die kleinen Bäume herumwachsen und ihnen Luft und Licht nehmen.

Shropshire-Schafe

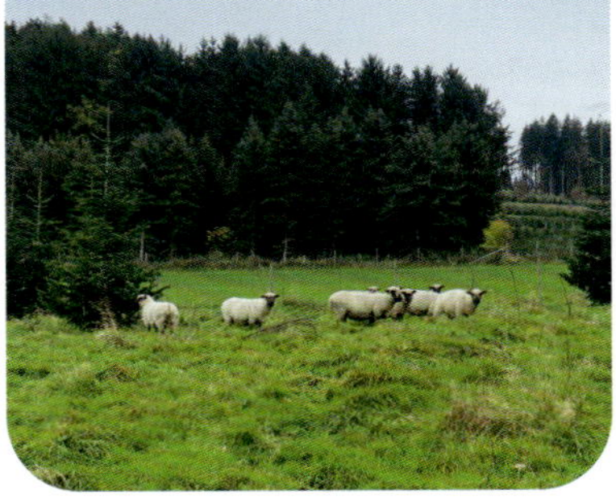

Über einen schmalen Waldpfad wandern wir bergab. Wie beschützt liegen Baumwurzeln unter einer dicken Moosdecke. Fingerhut und Steinpilz wachsen nebenan. Ganz still ist es. Dann plätschert erst

*Das **Shropshire-Schaf** wird in Öko-Weihnachtsbaumkulturen eingesetzt, eine alte Schafrasse aus Großbritannien und das Aushängeschild für eine umweltschonende Weihnachtsbaumproduktion.*

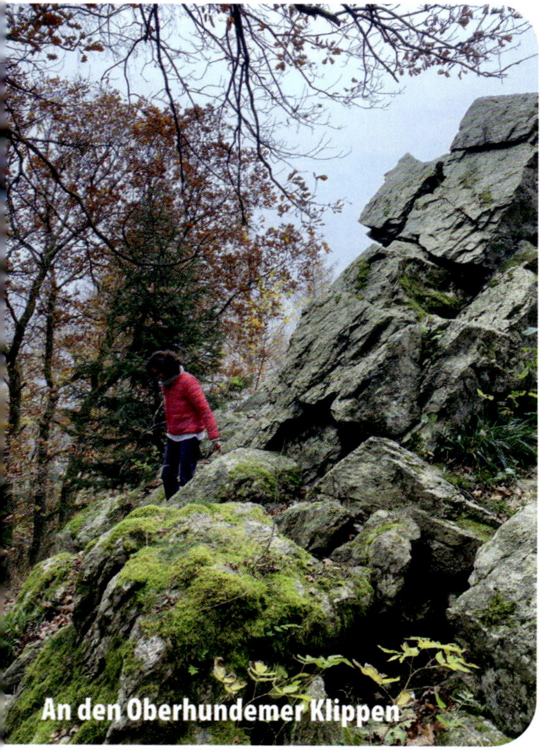
An den Oberhundemer Klippen

leise, dann immer lauter ein Bach durch den Wald. Auf einem breiten Forstweg gehen wir durch den Fichtenwald bergauf, bis der erste Sattel erreicht ist. Dann wandern wir weiter am Hang entlang und entdecken feuerrote Fliegenpilze im Moos.

Nach einer guten halben Stunde erreichen wir den ersten Höhepunkt unserer Bergtour: die **Oberhundemer Klippen 1.** Die aus dem Wald herausragenden Felsen bestehen aus Quarzkeratophyr. Das ist ein Millionen Jahre altes Gestein, das von Moosen und Flechten überzogen ist. An einigen Stellen allerdings glitzert und glimmert der Fels durch den grünen Moosmantel, wenn die Sonne darauf scheint.

Wir setzen uns auf eine Bank, packen eine kleine Leckerei aus und genießen die Poesie der Natur. Dann wandern wir von den Klippen weiter und treffen auf den Rothaarsteig, dem wir ein Stück folgen.

Es geht steil bergauf. Oben angekommen werden wir belohnt: Die Aussicht ist fantastisch. Bei sehr guter Sicht könnten wir weit über das Sauerland bis zum Kahlen Asten, dem zweithöchsten Berg NRWs, schauen. Wir sind im Herbst unterwegs. Die Laubwälder der Umgebung leuchten in Orange, Gelb und Rot weithin sichtbar. Sie sind kleine strahlende Inseln im dunklen Nadelwald. Wir sind fasziniert von der Fülle der **Pilze 2,** die hier überall aus dem Boden sprießen: Und sie sind nur die Fruchtkörper, die wir Wanderer sehen. Wir schauen auf den weichen Waldboden und stellen uns vor, was im Boden passiert. Dort ist ein riesiges

!

*Der Fernwanderweg **Rothaarsteig** ist 154,7 Kilometer lang und verläuft von Brilon nach Dillenburg. Er gehört zu den beliebtesten Wanderwegen Deutschlands. Für Tagestouren wurden die Rothaarsteigspuren wie die Oberhundemer Bergtour geschaffen.*

Netzwerk, ein Pilzgeflecht, in dem ununterbrochen Stoffe hin- und hergeschickt werden. Und in dieses Netzwerk, diese Lebensgemeinschaft, sind obendrein auch noch die Bäume eingebunden: Die Pilze liefern den Bäumen Wasser und die Bäume versorgen die Pil-

Für die Seele

Ein geheimnisvoller Wald und eine zünftige Berghütte lassen uns abtauchen und auftanken.

ze im Gegenzug mit Zucker, damit sie wachsen können.

Unser Weg führt weiter an Nadelbäumen entlang, die wie Rebstöcke in geraden Reihen am Hang stehen. Sie sind unten kahl und haben nur oben noch dicht benadelte Äste. Die Bäume liefern das Grün, aus dem für die Gedenktage im November und die Adventszeit Kränze und Gestecke gemacht werden.

Oben auf dem Berg angekommen erreichen wir unser Einkehrziel: **das Alpenhaus ❸**. Wir wundern uns, ein Alpenhaus im Sauerland? Das Haus hat seinen Namen von der Sektion Essen des Deutschen Alpenvereins bekommen. Die passionierten Wanderer aus dem Ruhrgebiet konnten infolge des Ersten Weltkriegs nicht mehr im Seebertal in Südtirol unterwegs sein und die Anreise zu den neuen Hütten

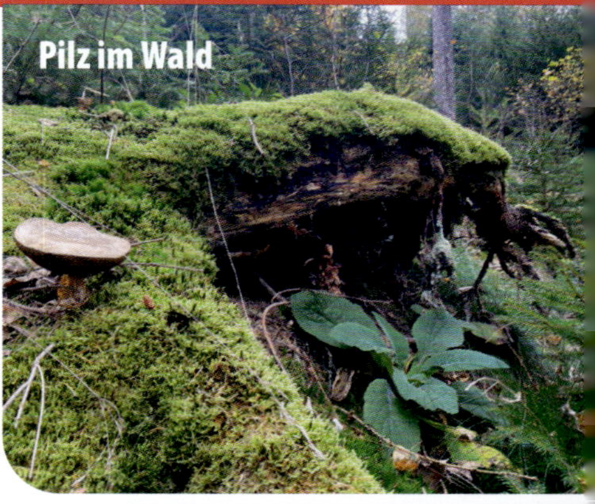

Pilz im Wald

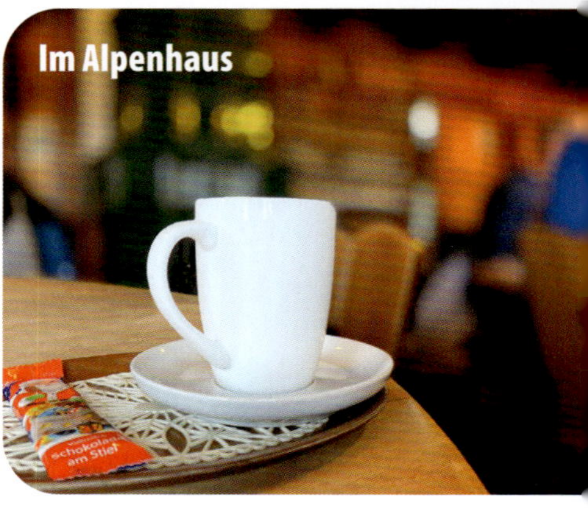

Im Alpenhaus

im österreichischen Umbaltal war zu aufwendig. Also beschloss man, eine Hütte im gebirgigen Sauerland zu bauen und fand ein attraktives Stück Land hier bei Kirchhundem. Zur Jahreswende 1934/1935 wurde die Hütte eröffnet. Sie bietet neben Getränken und Speisen auch ein Bettenlager und mehrere Doppelzimmer.

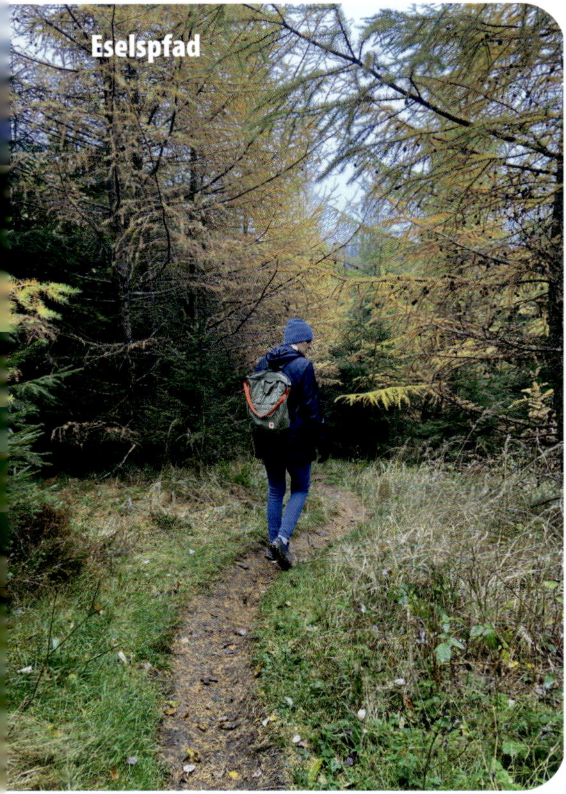

Das Alpenhaus wirkt gemütlich: aus Bruchstein und Schiefer, mit roten Fensterläden und einem hölzernen Edelweiß über der Tür verströmt es urige Hüttenromantik. Drinnen im Gastraum mit dem dunkelgrünen Kachelofen hängen rot-weiß karierte Gardinen vor den Fenstern, die niedrige Decke ist mit Holz vertäfelt. Wir genießen unsere heiße Schokolade und fühlen uns gut aufgehoben. Im Sommer würden wir uns auf der Sonnenterrasse vor der Hütte über ein kühles Getränk freuen.

Gestärkt machen wir uns an den letzten Abschnitt unserer Bergtour. Etwas versteckt liegt der Einstieg, er ist gekennzeichnet mit dem liegenden R, aber auch mit einem Holzschild, auf dem die Silhouette eines Esels zu sehen ist. Wir sind auf dem **Eselspfad ④,** einem historischen Versorgungsweg. Über diesen schmalen Weg brachten früher Esel die Lasten auf den Berg hinauf. Auch das Alpenhaus wurde über diesen Pfad versorgt, als es noch keine Forststraße den Berg hinauf gab. Der Eselspfad ist zauberhaft: Er führt kreuz und quer durch den

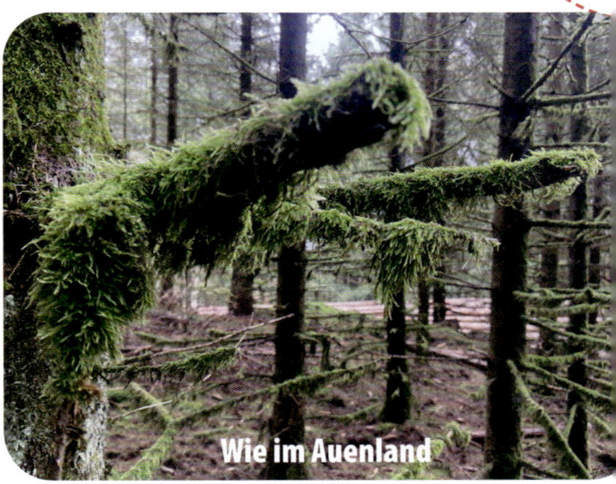

Wald. Wir gehen über einen weichen Nadelteppich, Wurzeln und Tannenzapfen. Die Natur ist üppig hier: Bäume, Sträucher, Kräuter und Gräser wuchern an den Seiten. Unberührt, wie ein Dschungel – Urwaldvokabeln kommen uns in den Sinn. Zum Teil ist der Pfad so schmal, dass die Bäume wie dichte Tunnelwände wirken.

Und unsere Fantasie wird weiter beflügelt auf dieser Oberhundemer Bergtour: **Auenland** **5** fährt uns durch den Kopf, als wir den Fichtenwald im weiteren Verlauf unserer Strecke sehen. Nadelbäume kommen im Sauerland häufig vor, aber das hier ist ein ungewöhnliches Bild: Der Boden ist von einer dicken Moos-

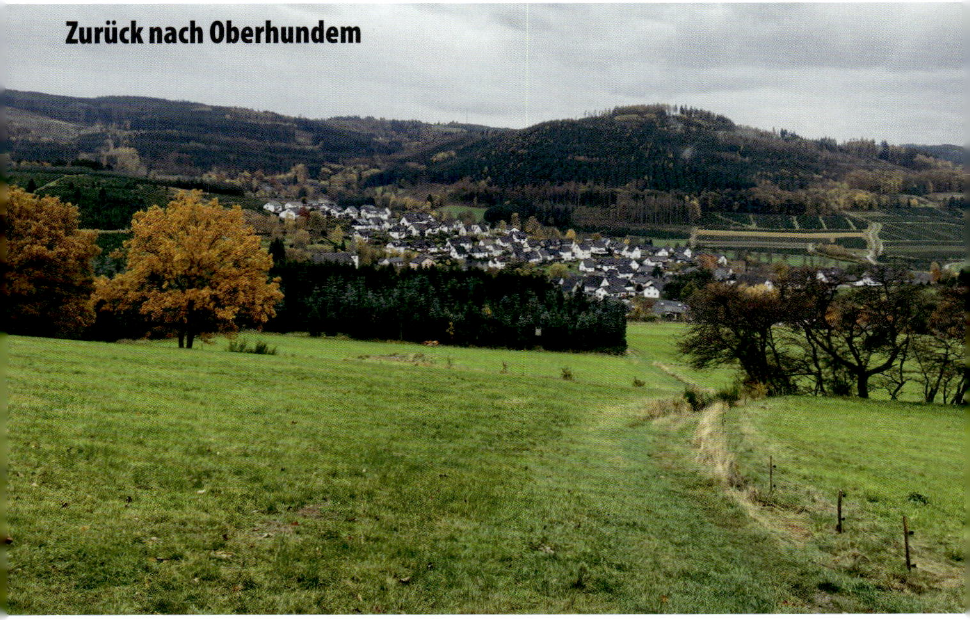

schicht bedeckt, Nebel wabert zwischen den Bäumen, die von oben bis unten mit Moos bezogen sind. Zum Teil wehen lange, zarte Moosstücke wie Zuckerwatte im Wind. An den Stämmen und Ästen krabbeln zwischen den Moosflecken helle Flechten hoch. Mystisch.

Nach dem Wald öffnet sich unser Blick wieder. Oberhundem liegt vor uns. Zum 900-Einwohner-Ort hier mitten im Rothaargebirge gehören viele hübsche Fachwerkhäuser und das Schloss Adolfsburg am Ortseingang. Es ist ein barockes Wasserschloss aus dem 17. Jahrhundert. Mit dieser Aussicht vor Augen gehen wir über einen weichen Feldweg bergab und zurück zu unserem Startpunkt am Kurhaus.

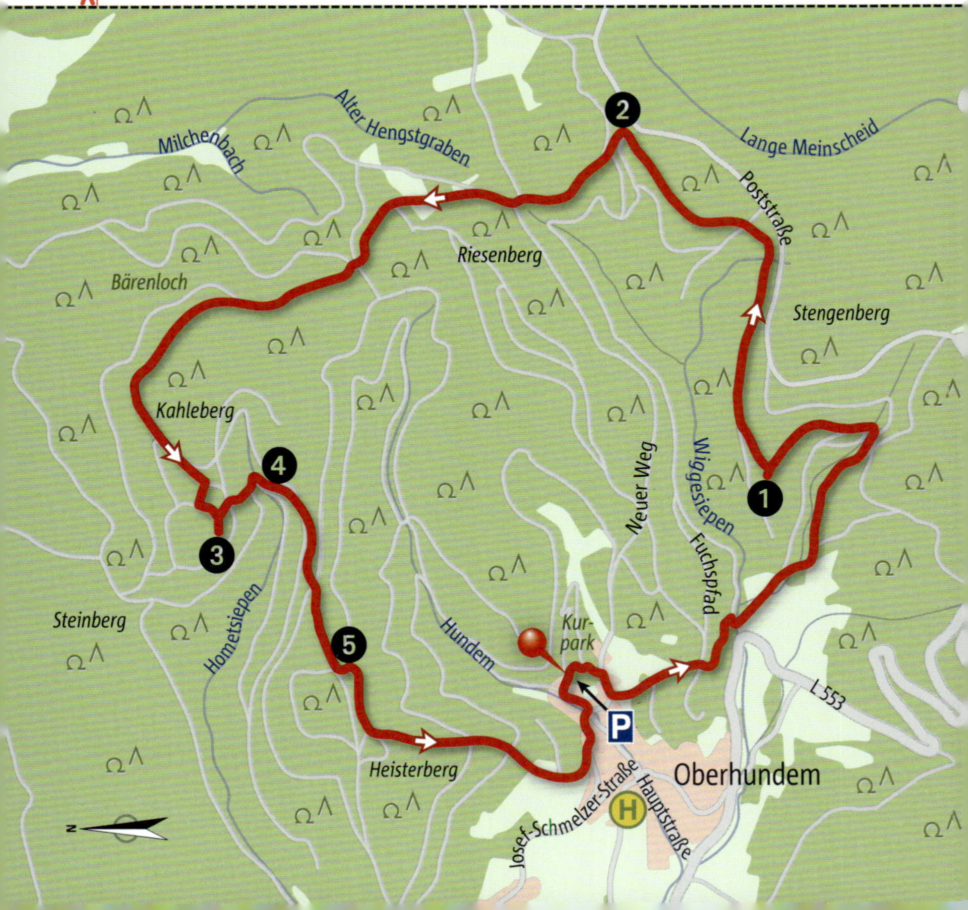

Alles auf einen Blick

WIE & WANN:
Wir wandern auf Pfaden, Wald- und Forstwegen und Mini-Abschnitten auf Asphalt. Der Weg ist ein Ganzjahresweg. Weil er passagenweise aber recht steil ist, sind Wanderstöcke von Vorteil.

Entspannung ★★★★☆
Genuss ★★★☆☆
Romantik ★★★☆☆

HIN & WEG:
Auto: Parkplatz am Haus des Gastes, Grubenweg 18, 57399 Kirchhundem
(GPS: 51.0892783, 8.1793548)
ÖPNV: Mit Linie 36 ab Bahnhof Lennestadt-Altenhundem bis Bushaltestelle Oberhundem, Kirchhundem, von dort ca. 500 Meter Fußweg zum Haus des Gastes

ESSEN & ENTSPANNEN:
Alpenhaus ❸ Alpenhaus 1, 57399 Kirchhundem,
Tel. (01 71) 4 22 38 84, www.alpenhaus.de
Weitere Gastronomiebetriebe im Ort

ENTDECKEN & ERLEBEN:
Oberhundemer Klippen ❶
Pilze ❷
Eselspfad ❹
Auenland ❺

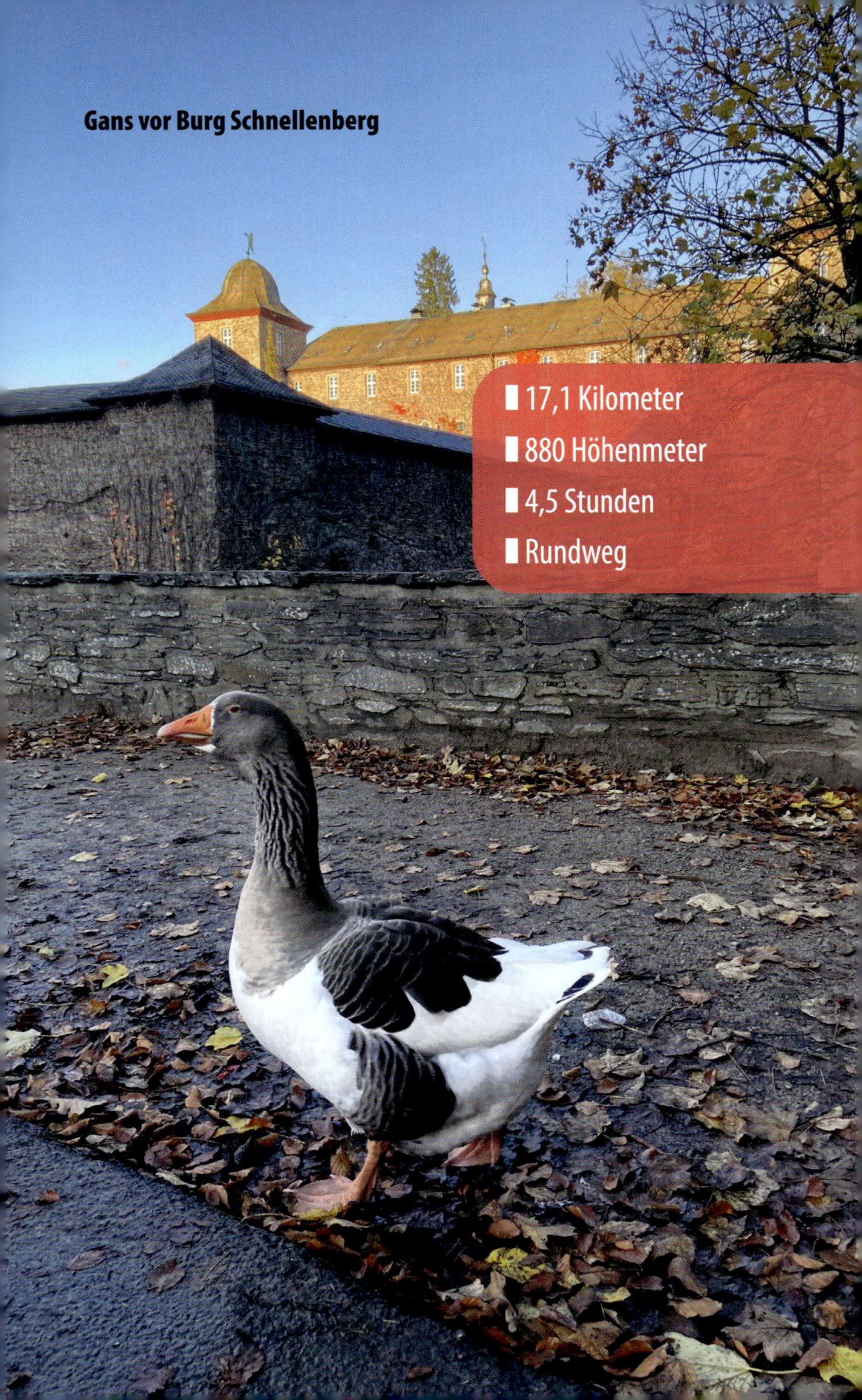

Gans vor Burg Schnellenberg

- 17,1 Kilometer
- 880 Höhenmeter
- 4,5 Stunden
- Rundweg

Historische Gemäuer, ein faszinierendes Panorama und eine futuristische Aussichtsplattform: Der Zwei-Burgen-Weg bei Attendorn ist ein Rundwanderweg im Herzen des Südsauerlands, der uns durch eine wunderschöne Wald- und Seelandschaft führt. Startpunkt ist die **Burg Schnellenberg 1.** Komplett erhalten thront

Zauberhafte Aussicht

Zwei-Burgen-Weg bei Attendorn

sie mit ihren Mauern und hohen Türmen geradezu majestätisch auf einem Berg weithin sichtbar hoch über Attendorn. Sie ist eine der größten, wenn nicht sogar die größte Höhenburg Nordrhein-Westfalens. Die Burg Schnellenberg wurde 1222 als Schutzburg für Attendorn angelegt. Von hier aus sollte die Heidenstraße, eine wichtige Handelsstraße, gesichert werden. Die Anlage gehört heute der Familie des Freiherrn von Fürstenberg. Ein Pächter betreibt in der Burg ein Hotel und ein Restaurant, in das wir am Ende unserer Zwei-Burgen-Tour einkehren wollen.

Wir werden von einigen laut schnatternden Gänsen begrüßt, die sich den Burggraben mit einigen Eseln teilen. In der Herbstsonne leuchtet der rote Wein an der Burgmauer wie loderndes Feuer. Wir gehen durch die Torbögen in den Burghof und machen eine Zeitreise: Mit jedem Schritt über das alte Pflaster fühlen wir uns ein Stück mehr in die Vergangenheit versetzt. Unsere Schritte hallen in dem Innenhof. Wir schlendern zwischen den Burggebäuden umher und freuen uns über den wunderbaren Blick auf Attendorn.

*Eine der Sehenswürdigkeiten in Attendorn ist die **Atta-Höhle,** eine der größten begehbaren Tropfsteinhöhlen Deutschlands. Die Höhle wurde 1907 entdeckt. Eine Besonderheit der Höhle sind die vielen Sinterfahnen, die wie Gardinen von der Höhlendecke hängen.*

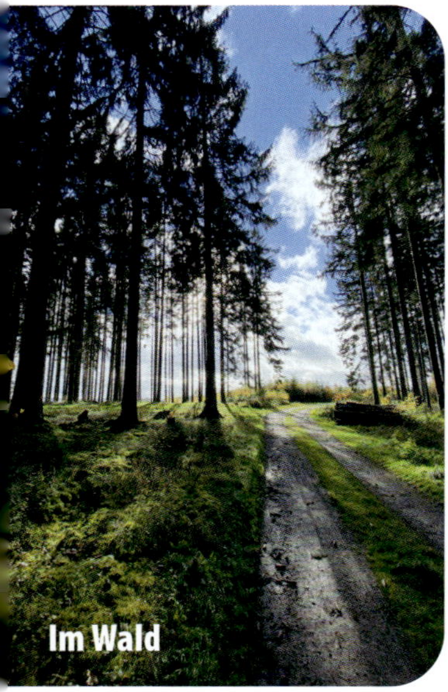

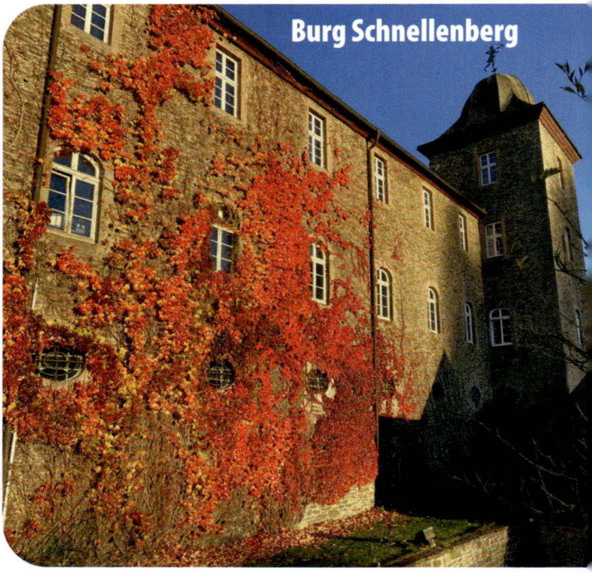

Von der Burg aus wenden wir uns nach links und gehen in den Wald hinein. Der Weg ist durchweg und sehr gut mit der Markierung „Zwei-Burgen-Weg" gekennzeichnet. Wir sehen schräg unter uns an der Burg entlang einige Teiche liegen. Wir halten inne, hören das Plätschern des Wassers, das nun nur noch leise Schnattern der Gänse und das Rascheln der Buchen- und Eichenblätter unter unseren Füßen. An der nächsten Kreuzung biegen wir nicht nach rechts ab. Stattdessen wandern wir weiter geradeaus den Berg hinauf. Immer wieder wechseln die Waldbilder ab: mal gehen wir unter hohen Buchen, dann führt der unbefestigte Weg durch einen Nadelwald. Die Sonne bricht durch den Fichtenwald und lässt den grünen Moosteppich unter den Bäumen leuchten. Dann öffnet sich der Wald und wir können weit über die Berglandschaft im südlichen Sauerland blicken. Wir schauen wieder auf die alte Hansestadt Attendorn, sehen den barocken Zwiebelturm der Pfarrkirche St. Johannes Baptist, die auch Sauerländer Dom genannt wird. Die Gewerbegebäude am Rand der Stadt sind Zeugnis für die wirtschaftliche Potenz; Attendorn ist eine der reichsten Kommunen Nordrhein-Westfalens.

In einigen Abschnitten wird der Weg schmaler. Wir schlendern auf einem Pfad durch den Wald, gehen über Wurzeln, nehmen die kühle harzige Luft

Für die Seele

Altehrwürdige Gemäuer, ein glänzender See und eine futurische Plattform sorgen für eine reizvolle Off-On-Balance.

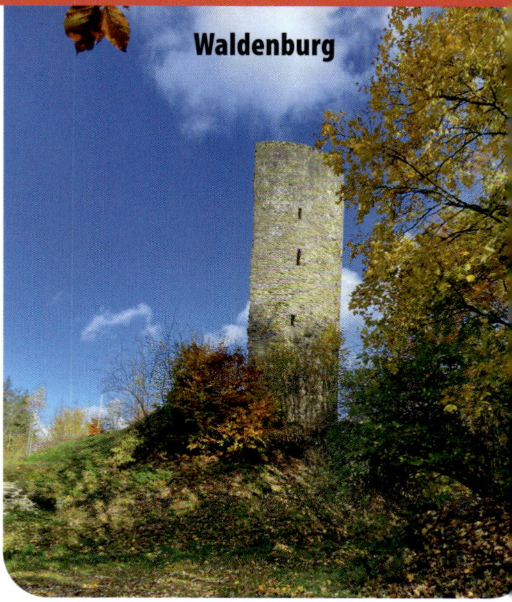

wahr, die Baumstämme werfen lange Schatten und wir erfreuen uns an den Lichtspielen der Sonne zwischen den Bäumen. Dieser Wald umfängt uns und tut gut. Im sich anschließenden Laubwald tauchen Felsen am Waldweg auf, dicht überzogen von Moosen und Farnen. Neugierig folgen wir dem Weg, bis der sandfarbene Turm der **Waldenburg** ❷ zwischen den gelben und orangefarbenen Blättern der Herbstbäume auftaucht. Sie ist die Ruine einer Höhenburg, die um das Jahr 1000 entstanden ist, und das älteste bekannte Bauwerk im Kreis Olpe.

Wie wir jetzt konnten auch damals die Bewohner der Burg weit in das Biggetal schauen und vor allem den bedeutenden Handelsweg Heidenstraße überblicken. Die Sicht auf die nur wenige Kilometer entfernte Burg Schnellenberg ist dagegen durch den Rappelsberg versperrt. Wir stellen uns das Treiben auf der Burg vor: Sie bestand aus mehreren Wohngebäuden, einem Turm, Stallungen und Scheunen und einem Back- und Brauhaus. Erhalten und restauriert steht heute noch ein Teil des markanten Bergfrieds hier. Das Burggelände ist ein idealer Platz für eine Ruhepause mit fantastischem Ausblick über das Biggetal.

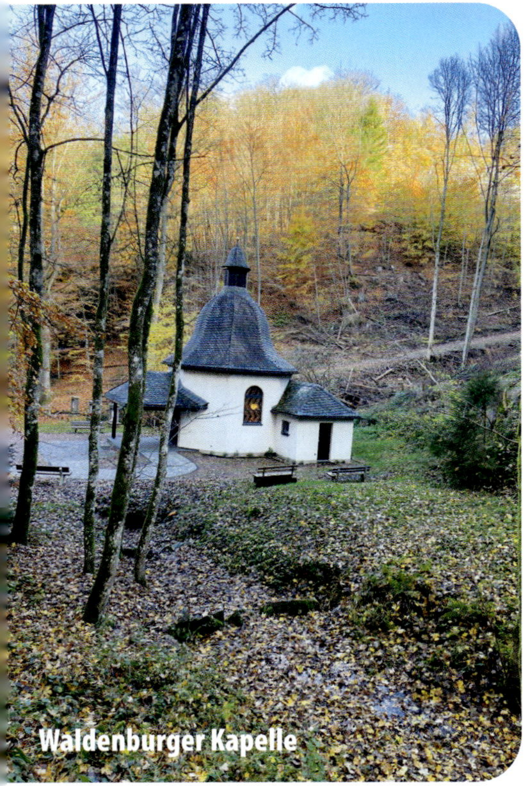

Waldenburger Kapelle

Von der Waldenburg aus gehen wir weiter durch das Naturschutzgebiet Waldenburg. Mächtige Rotbuchen bilden hier den Laubwald. Wir hören das Klopfen des Spechts und gehen bergab, bis auf der rechten Seite, umgeben von Wald, die achteckige **Waldenburger Kapelle** ❸ auftaucht. Schon im 11. Jahrhundert gab es eine Waldenburger Kapelle, die allerdings abgebrannt ist. Um 1715 wurde unterhalb des heutigen Standorts eine neue Kapelle gebaut, die 1965 aber dem Bau der Biggetalsperre weichen musste. Weil die Waldenburger Kapelle den Menschen wichtig ist, wurde das heutige Gebäude gebaut. Wir werfen einen Blick in das Innere der Kapelle und sind sofort angerührt vom Schein der unzähligen Kerzen und Teelichter, die den Kapellenraum warm erleuchten. 60.000 Kerzen, so heißt es, werden jährlich in der Waldenburger Kapelle entzündet.

*Jedes Jahr in der Adventszeit wird in der **Waldenburger Kapelle** eine große Krippe aufgebaut. Mehr als 70 Figuren stehen dann in einer 35 Quadratmeter großen Krippenlandschaft. Unter anderem auch ein Miniaturbau der Waldenburger Kapelle.*

Von der Waldenburger Kapelle aus liegt der **Biggesee** ❹ fast vor uns. Er gehört zu den größten Stauseen Deutschlands und wurde, wie die anderen Talsperren im Sauerland auch, gebaut, um die Wasserversorgung des Ruhrgebiets zu sichern. Der Biggesee ist allerdings deutlich jünger als die anderen großen Seen: Der Bau begann erst 1956 und wurde 1965 beendet. Um das Wasser in dem Tal anzustauen, zogen 2550 Menschen in eine neue Heimat um.

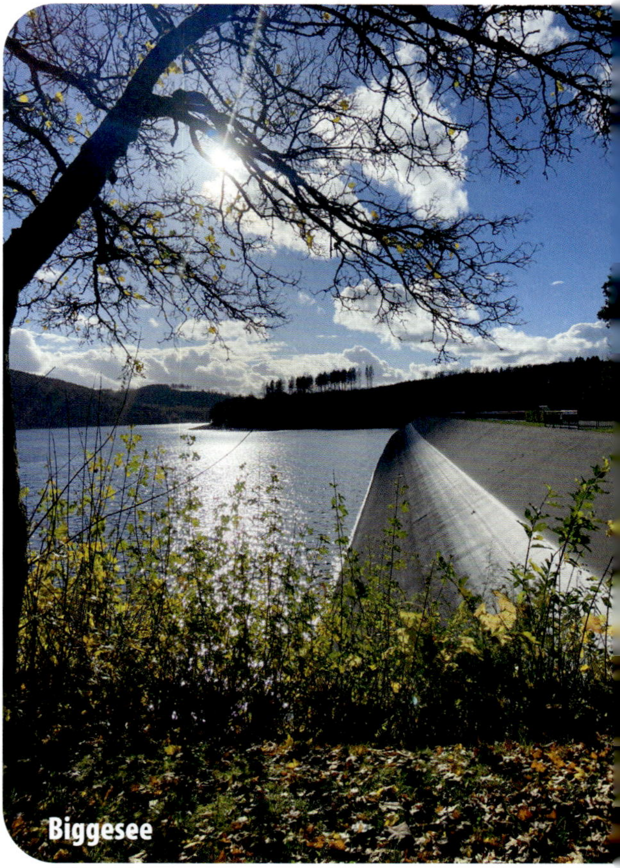
Biggesee

Wir blicken auf das Wasser des Sees, auf dem jetzt noch einige Segelboote ihre letzten Runden vor dem Winter drehen. Sommertags tummeln sich hier auch Ruderer, Surfer und Angler. Wir gehen am See entlang in Richtung Staumauer. Es ist ein eindrucksvolles Bauwerk; ein 52 Meter hoher Schüttdamm, der mit Asphaltbeton abgedichtet ist.

Die Staumauer lassen wir allerdings links liegen und wandern rechts steil durch den Wald hinauf in Richtung SGV-Hütte und Aussichtsplattform auf dem Südwestsporn des Dünneckenbergs. Die **Aussichtsplattform Biggeblick ❺,** auch Skywalk genannt, wirkt futuristisch: Die künstlerisch gestaltete Stahlkonstruktion ragt scheinbar schwerelos über den Wald hinaus. Ein Steg führt zu einem horizontalen Ring, in dessen Mitte eine freischwebende Nadel hängt. Je weiter wir uns über den 10 Meter langen Steg nach vorn auf den Ring zubewegen, desto mehr

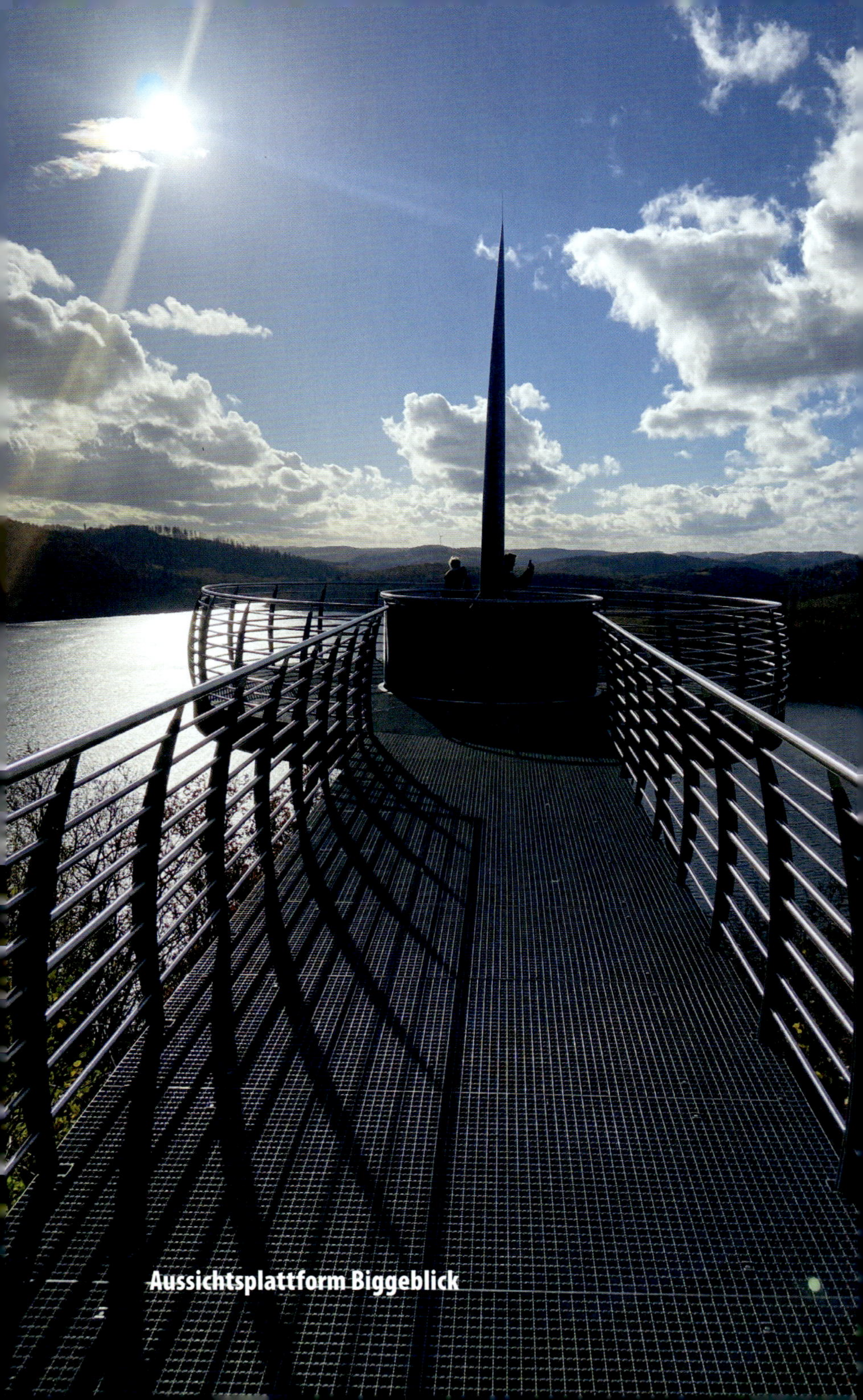

Aussichtsplattform Biggeblick

nehmen wir die Weite und Freiheit wahr. Wir blicken auf die Dammkrone, die Gegend um die Waldenburg und die Gilberginsel. Diese unbewohnte Insel ist ein Paradies für Wasservögel. Deswegen wird sie im Volksmund auch Vogelinsel genannt: Dort brüten unter anderem eine Graureiher-Kolonie, Kormorane und Schwarzmilane.

Zurück vor der SGV-Hütte setzen wir uns auf eine der vielen Bänke und genießen den Blick auf diesen Zusammenklang von Natur und Kunst. Nachts ist der Biggeblick beleuchtet: Die Aussichtsplattform strahlt dann blau und die Nadel in der Mitte schneeweiß. Das sieht fantastisch aus und gehört zu den Foto-Hot-Spots in Nordrhein-Westfalen.

Unser Zwei-Burgen-Weg ist in diesem Abschnitt identisch mit dem Julius-Ursell-Weg. Julius Ursell war jüdischer Bewohner Attendorns und bis zur Machtergreifung der Nationalsozialisten Kassen- und Wegewart im Sauerländischen Gebirgsverein (SGV). Er war für die Auszeichnung der Wanderwege in und um Attendorn verantwortlich. Der nach ihm benannte Themenweg führt an wichtigen Punkten jüdischen Lebens in der Hansestadt entlang.

Von Aussichtsplattform und SGV-Hütte gehen wir durch den Wald bergab, bis wir auf die Straße stoßen. Halten uns dann links, gehen ein Stück die Straße entlang, überqueren sie am Ende des Parkplatzes und gehen nach rechts den Berg hoch. Über eine schmale Teerstraße geht es steil weiter, bevor wir der **Markierung Zwei-Burgen-Weg** folgend auf einen Waldweg einbiegen, der uns auf die Höhen bringt. Wir genießen wieder das großartige Panorama. Pfade, befestigte und unbefestigte Wege wechseln sich ab, wir überqueren auch einige Male die Straße. Immer mal wieder gibt es kurze Anstiege, die aber jedes Mal durch fantastische Aussichten oder Waldbilder belohnt werden. Durch den Laubwald kehren wir schließlich zur Burg Schnellenberg zurück. Die schwarz-weißen

Panoramatour 8

Gänse haben ihren Burggraben und die beiden Esel verlassen und kommen uns laut schnatternd entgegen. Als würden sie uns willkommen heißen. Bis zur Burgeinfahrt watscheln sie neben uns her. Wir kehren im Restaurant der Burg ein: ein Gewölbe, das von dicken Säulen getragen wird. Säulen aus dunklem „Sauerländer Marmor", am Biggefluss gebrochen. Ein rustikaler Stein mit feinen Adern, ein wunderbar passendes Material für dieses Ambiente. Mit hübschen Gläsern und Silberbesteck tafeln wir im Rittersaal. Weil schon Herbstende ist, prasselt das Kaminfeuer. Wir fühlen uns verwöhnt, wie Burgfräulein und Ritter. Ein genussvoller Abschluss einer Zwei-Burgen-Tour, bei der wir zum Staunen und zur Ruhe kommen.

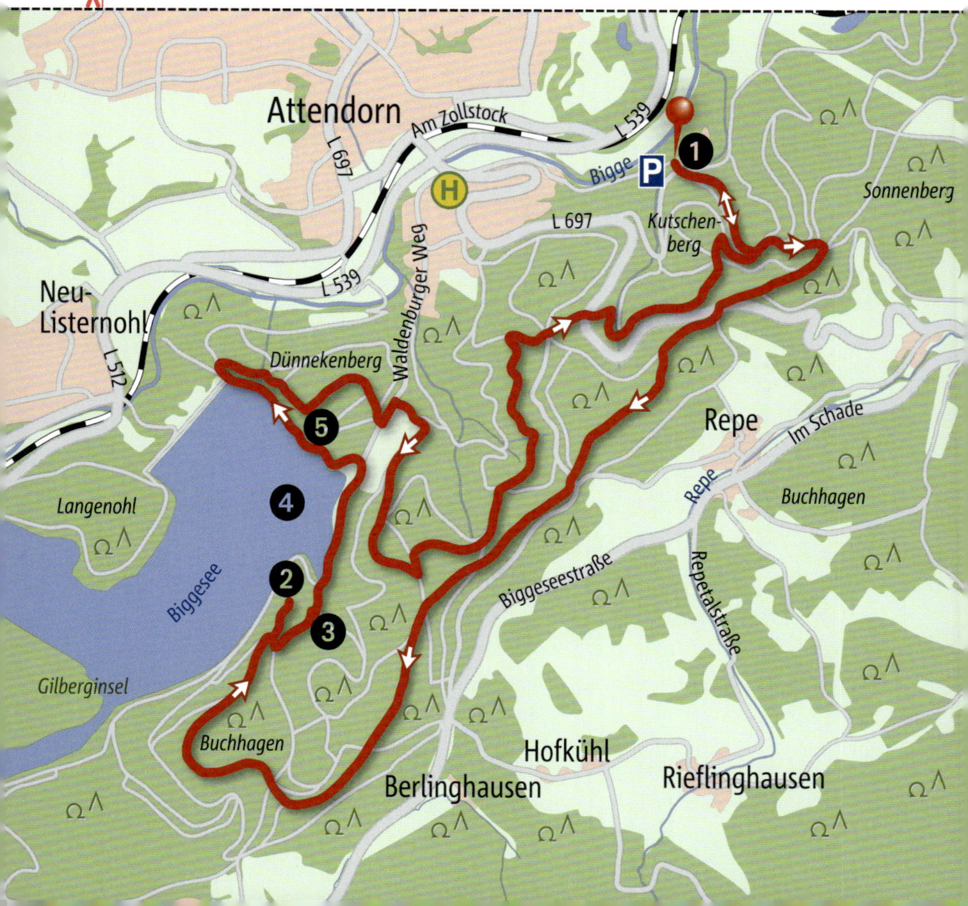

WIE & WANN:
Man wandert über schmale Pfade, Wald- und Feldwege und kleine Abschnitte auf Asphalt. Die Zwei-Burgen-Tour kann in allen Jahreszeiten gegangen werden. Am schönsten ist es im Herbst, wenn das Weinlaub die Burg leuchtend rot färbt und der Wald in viele Farben getaucht ist.

Entspannung ✱✱✱✱✱

Genuss ✱✱✱✱✱

Romantik ✱✱✱✱✱

HIN & WEG:
Auto: Schnellenberger Weg 1, 57439 Attendorn (GPS: 51.1228743, 79239304)
ÖPNV: Bahn bis Plettenberg Bahnhof, dann weiter mit dem Bus bis Hallenbad Attendorn oder Waldenburger Weg, dann zu Fuß bis Schnellenberger Weg 1

ESSEN & ENTSPANNEN:
Burg Schnellenberg ❶ Schnellenberg 1, 57439 Attendorn, Tel. (0 27 22) 69 40, www.burg-schnellenberg.de

ENTDECKEN & ERLEBEN:
Waldenburg ❷
Waldenburger Kapelle ❸
Biggesee ❹
Aussichtsplattform Biggeblick ❺

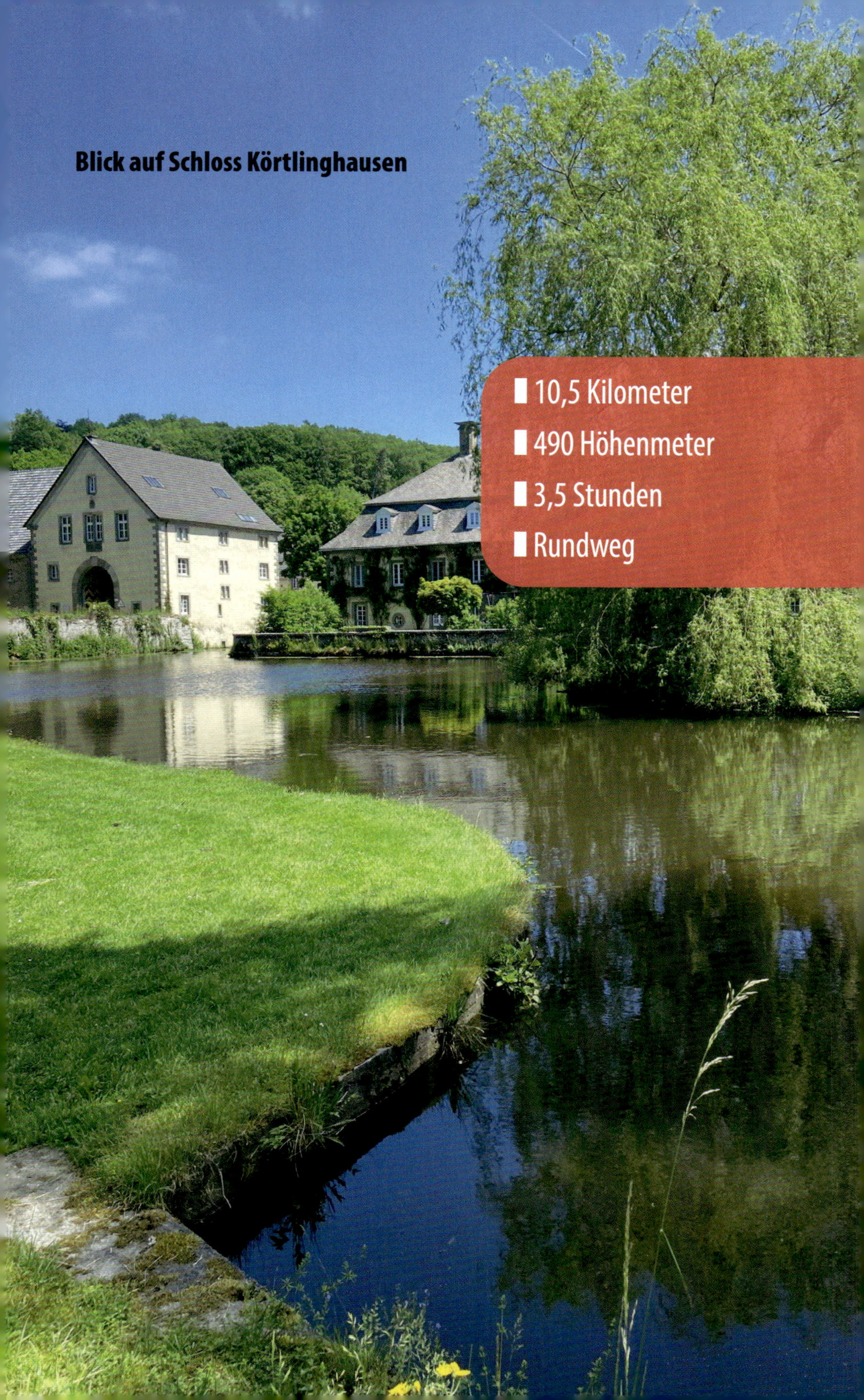

Blick auf Schloss Körtlinghausen

Ein romantisches Schloss, weite Felder und ein historisches Rathaus, das wie ein Hexenhaus aussieht – Rüthen-Kallenhardt wirkt wie die perfekte Kulisse für einen Märchenfilm. Perfekt ist die Landschaft rund um den Ort auch für eine Wanderung, bei der wir mit jedem Schritt ein bisschen mehr entschleunigen.

Verträumte Tour

Auf der Schlossroute Kallenhardt

Die Schlossroute Kallenhardt startet an der **St.-Clemens-Kirche ❶.** Von hier aus haben wir einen weiten Blick über den Arnsberger Wald. Wir gehen in die Kirche hinein, sehen uns den Altarraum und die Orgel an. Und wenden uns dann einem Tablet zu, das eine spezielle Licht- und Klanganlage steuert: Als Besucher können wir dort eine Stimmung auswählen, in der wir uns gerade befinden. Daraufhin wird die Kirche in ein zu dieser Gefühlslage passendes farbiges Licht getaucht. „Trost schöpfen" oder „fröhlich sein" stehen zum Beispiel zur Auswahl. Wir entscheiden uns für „fröhlich sein". Der Kirchenraum wird rot illuminiert. Musik ertönt. Wir setzen uns in eine der Kirchenbänke, hören zu, genießen das Licht und kommen in eine geradezu meditative Stimmung. Die Tür zu unserem Alltag schließt sich und wir treten anschließend mit wohltuender Ruhe unsere Wanderung an.

Wir gehen nun die Kirchstraße hinunter und folgen immer dem weißen W auf grünem Untergrund mit dem Zusatzvermerk Schlossroute. An der **Straße Hinter der Mauer** biegen wir rechts ab und folgen dem Weg bis zu einer Treppe. Nach links geht es in die

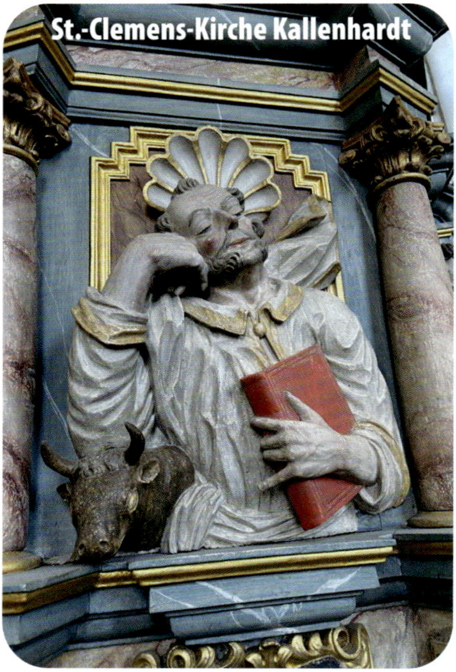

Straße Untere Steinpforte an vielen Fachwerkhäusern entlang. Ein erster Hinweis auf einen Weg in Richtung Schloss Körtlinghausen taucht auf. Dem folgen wir aber nicht, sondern gehen weiter durch das Dorf, bis wir schließlich zur Abbiegung **Alte Kreisstraße** kommen. Dort biegen wir nach rechts in die **Straße Am Hunneskamp** ab und gehen noch ein Stück durch ein Wohngebiet, dann geht die geteerte Strecke in einen Wiesenweg über. Diesen Weg laufen wir bis zum Ende und wenden uns nach dem Haus auf der rechten Seite nach links. Dort stoßen wir wieder auf den **Körtlinghauser Weg.** Talabwärts geht es durch eine Allee. Mit den weiten Feldern, auf denen kleine Laubbaumgruppen wachsen, erinnert die Gegend an südenglische Landschaften. Hinter einer Allee aus Ahornbäumen und Linden taucht zum ersten Mal rechter Hand und noch relativ weit entfernt das **Barockschloss Körtlinghausen** **2** auf. Der Glanz des alten Adelssitzes verzaubert uns. Wir können wunderbar auf den Schlosspark sehen. Er ist terrassenförmig angelegt. Überall stehen Rhododendronbüsche; wenn sie im Mai und Juni blühen, gleicht das einem Feuerwerk.

Wir machen einen kleinen Abstecher zu einem Heiligenhäuschen am Wegesrand und gehen dann in einem langen Bogen auf das Schloss Körtlinghausen zu. Links steht ein altes graues Gebäude, dessen Schornstein an eine historische Kapelle erinnert. Tatsächlich war hier allerdings die ehemalige Gärtnerei des Schlosses untergebracht; mit einem großen Ofen, um die Gewächshäuser für südländische Früchte zu beheizen.

*Das **Schloss** ist in der ersten Hälfte des 18. Jahrhunderts erbaut worden. Der Baumeister Justus Wehmer war durchaus so etwas wie ein Stararchitekt seiner Zeit: Er hat einige Schlösser in Westfalen entworfen und unter anderem auch den Dom in Hildesheim barock umgestaltet.*

Weiter geht es Richtung Schloss. Vor dem mächtigen Torhaus halten wir inne. Das Schloss ist malerisch von Gräften umgeben, steht allerdings nicht auf Eichenpfählen, sondern auf Fels. Seit 1830 ist es im Besitz der Adelsfamilie von Fürstenberg, die auch hier lebt. Das Schloss war nach dem Zweiten Weltkrieg ein

Für die Seele

Ein romantisches Wasserschloss, Felder mit Mohn- und Kornblumen und das geschichtsträchtige Bergdorf Kallenhardt verzaubern uns.

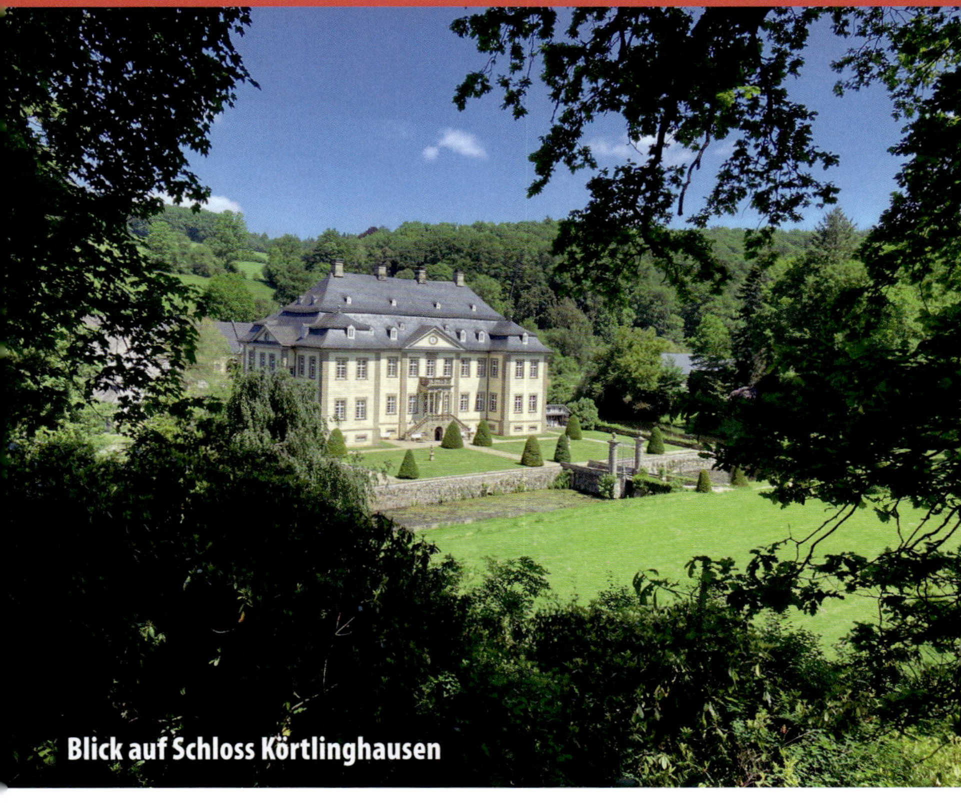

Blick auf Schloss Körtlinghausen

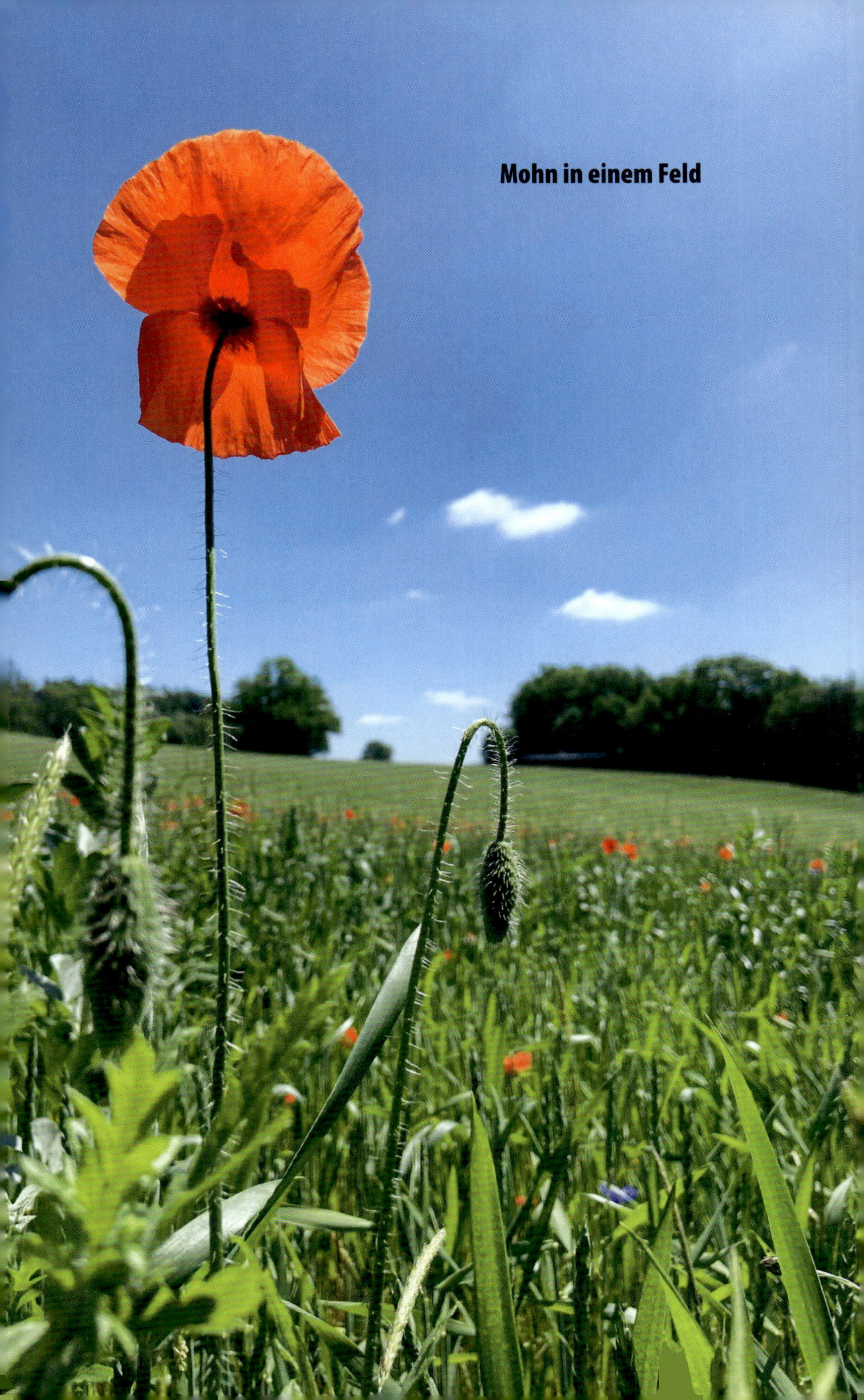

Mohn in einem Feld

Flüchtlingsheim und wird heute für Hochzeiten, Geburtstage und Filmproduktionen vermietet. Gruppen können sich das Schloss nach Terminvereinbarung ansehen. Im Hochzeitszimmer stehen alte Möbel und auf der Tapete ist ein Scherenschnittmuster zu sehen. Im großen Saal sind die Wände mit einer Tapete mit Blumenmotiven bespannt. Wir können uns gut vorstellen, wie die Herren und Damen in weiten Kleidern an der Fensterfront entlangschritten und in den Garten schauten.

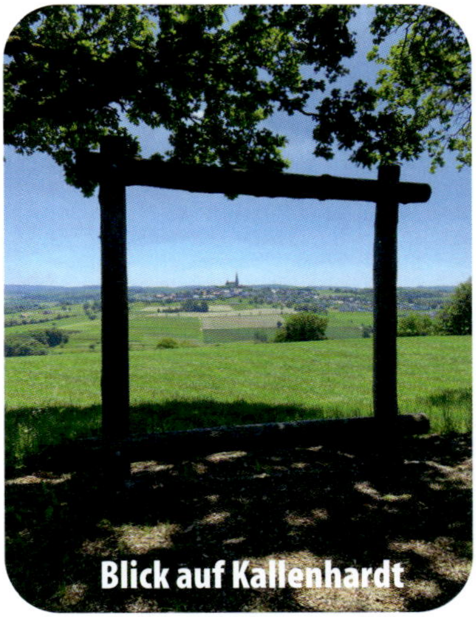
Blick auf Kallenhardt

Ökologische Nachhaltigkeit spielt auf Schloss Körtlinghausen seit Langem eine große Rolle: Ein Pächter betreibt die zum Schloss gehörende Landwirtschaft schon seit 1980 nach strengen Demeter-Biorichtlinien. Die Rentei betreibt eine CO2-neutrale Hackschnitzelheizung. Außerdem werden auch Wasser- und Windkraft genutzt.

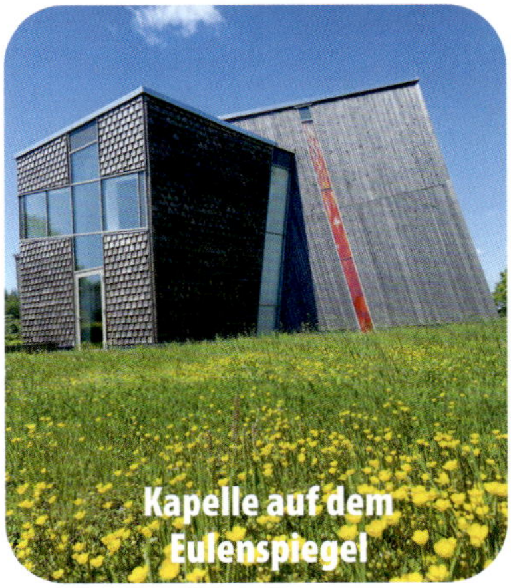
Kapelle auf dem Eulenspiegel

Nachdem wir uns das Schlossgelände angesehen haben, gehen wir ein kleines Stück auf den Weg zurück, biegen nach rechts ab und gehen auf einem Teerweg bergauf. Rechts unterhalb von uns liegen jetzt die Stallungen. Auf der Wiese entdecken wir einige Schweine, die sich suhlen: Glücksschweine.

Auf der alten Teerstraße folgen wir der Markierung mit dem weißen W auf grünem Grund immer weiter bergan. In einer Rechtskurve verlassen wir den asphaltierten Weg und gehen über einen Feldweg den Berg hinauf. Schöner als neben uns kann ein Getreidefeld nicht aussehen: Zwischen dem bald reifen Korn blühen rote Mohnblumen und blaue Kornblumen.

Oben am Berg angekommen, führt unsere Tour uns weiter am Waldrand entlang. Alte Eichen und Obstbäume wachsen hier. Wir haben einen fantastischen

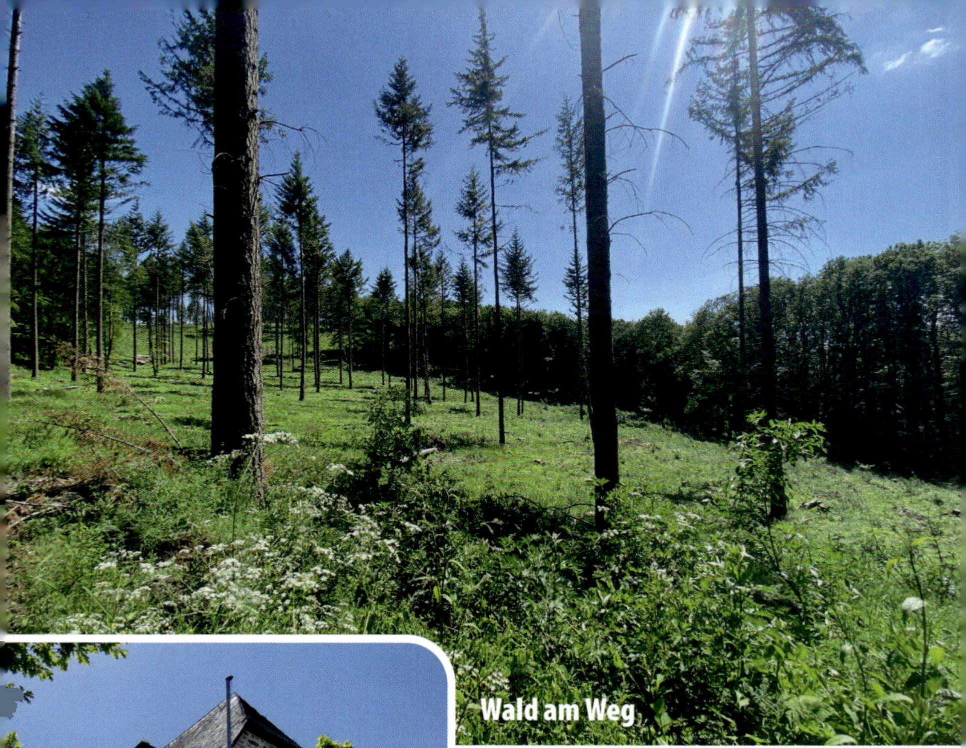
Wald am Weg

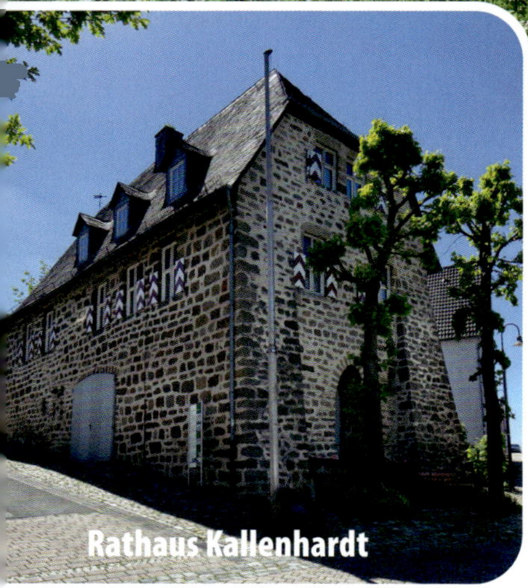
Rathaus Kallenhardt

Blick auf das Bergdorf Kallenhardt. Wie ein perfektes Postkartenmotiv. Nicht umsonst haben die Kallenhardter an dieser Stelle einen riesigen Holzrahmen aufgestellt.

An Wiesen entlang und dann über einen kleinen Waldpfad gelangen wir zum **Eulenspiegel 3.** Hier liegen eine Jugendbildungsstätte und ein Jugendzeltplatz der Deutschen Pfadfinderschaft St. Georg. Weil wir auf bald 400 Metern Höhe sind, ist der Ausblick großartig: Wir setzen uns auf eine der Bänke in der parkähnlichen Landschaft und erfreuen uns am Panorama. 2017 wurde hier auf dem Eulenspiegel eine moderne Kapelle eingeweiht.

Leicht bergab gehen wir auf die Kreisstraße zu, überqueren sie und wandern nun durch den Wald. Ehemals wuchsen hier viele Fichten. Etliche von ihnen sind 2007 beim Orkan Kyrill umgestürzt, viele weitere der Borkenkäfer-Plage in den trockenen Sommern nach 2018 zum Opfer gefallen. Es ist wunderbar zu sehen, mit welcher Kraft sich die Natur die Flächen zurückerobert: Farne, Kräuter, Beeren und auch kleine Bäume wachsen hier. Dazwischen Waldblumen wie Mädesüß und Storchschnabel.

Wir kommen am Kalvarienberg mit seinem historischen Kreuzweg an, biegen nach rechts ab und gehen die Stufen hinunter. Ein 50 Meter langer **Tunnel** führt unter der Landstraße her. Das Flüsschen Glenne ist dabei lautstarker Begleiter an unserer Seite. Dann wartet ein steiler Aufstieg auf uns zurück ins Bergdorf Kallenhardt.

Das **Rathaus** 4 von Kallenhardt ist das älteste im Kreis Soest und eines der ältesten in Westfalen. Schon im 13. Jahrhundert wurde Kallenhardt zur Stadt erklärt. Im Rathaus tagten der Magistrat und das Gericht. Neben dem Rathaus stand der Pranger, auch Schandpfahl oder „Kaak“ genannt. Verurteilte wurden dort öffentlich „angeprangert“. Viele Einwohner wurden im 16. und 17. Jahrhundert in Hexenprozessen angeklagt. Mehr als 40 Menschen sollen Opfer geworden sein.

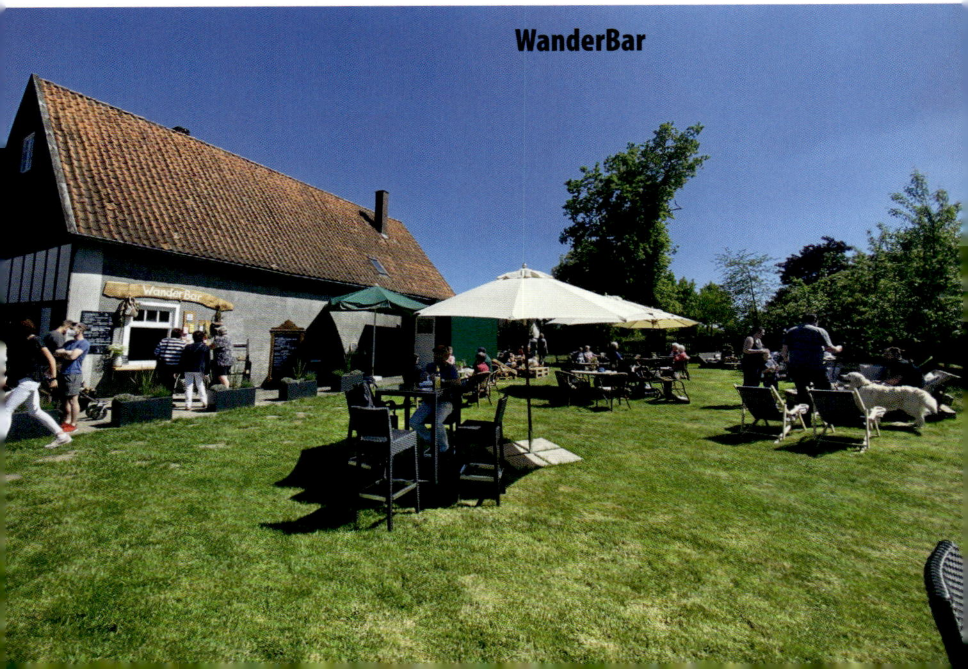

WanderBar

Panoramatour 9

An das historische Rathaus, in dem heute Trauungen stattfinden, schließt sich ein regelrechter Fachwerk-Boulevard an. Er führt uns zur **WanderBar 5** am Romantik Landhotel Knippschild: Auf einer großen Wiese sinken wir in einen der vielen Liegestühle unter Sonnenschirmen und Bäumen und genießen das lässige Ambiente. Alle Hektik des Alltags ist komplett verflogen. Grundentspannt und neugierig testen wir den WanderBar-Burger und das Bio-Hofeis, bevor wir den kleinen Abschnitt zu unserem Parkplatz an der Kirche zurückgehen.

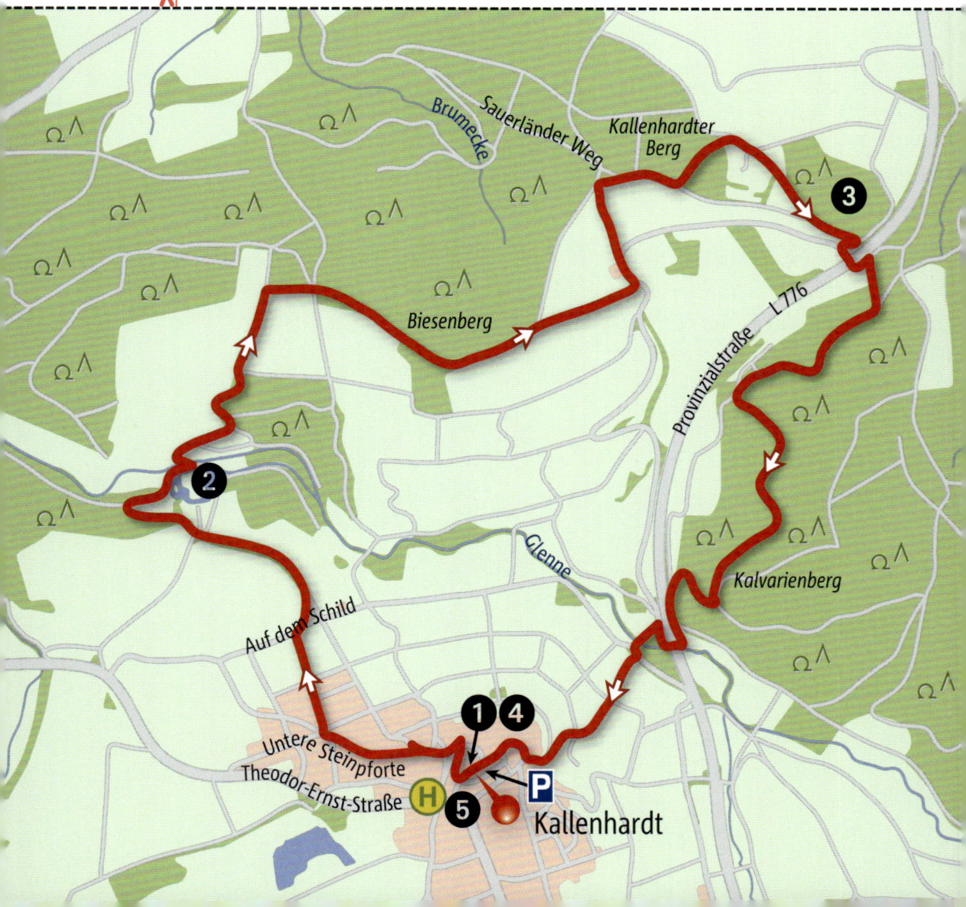

WIE & WANN:
Es geht über Pfade, Feld- und Waldwege, im Ort über Asphalt und Pflaster. Die Wanderung auf der Schlossroute ist im ganzen Jahr möglich. Wenn die Mohn- und Kornblumen im Sommer blühen und wir draußen in der WanderBar sitzen können, ist es perfekt.

Entspannung ✱✱✱✱✱
Genuss ✱✱✱✱✱
Romantik ✱✱✱✱✱

HIN & WEG:
Auto: Parkplatz an der St.-Clemens-Kirche, Kirchstraße 15 a, 59602 Rüthen (GPS: 51.4529887, 8.4242975)
ÖPNV: R 62 von Lippstadt oder R 77 von Warstein, Haltestelle Kallenhardt Ort

ESSEN & ENTSPANNEN:
WanderBar ❺ Theodor-Ernst-Straße 5, 59602 Rüthen,
Tel. (0 29 02) 80 33-0, hotel-knippschild.de/genuss/wanderbar
Weitere Einkehrmöglichkeiten im Ort

ENTDECKEN & ERLEBEN:
St.-Clemens-Kirche ❶
Schloss Körtlinghausen ❷
Eulenspiegel ❸
Rathaus ❹

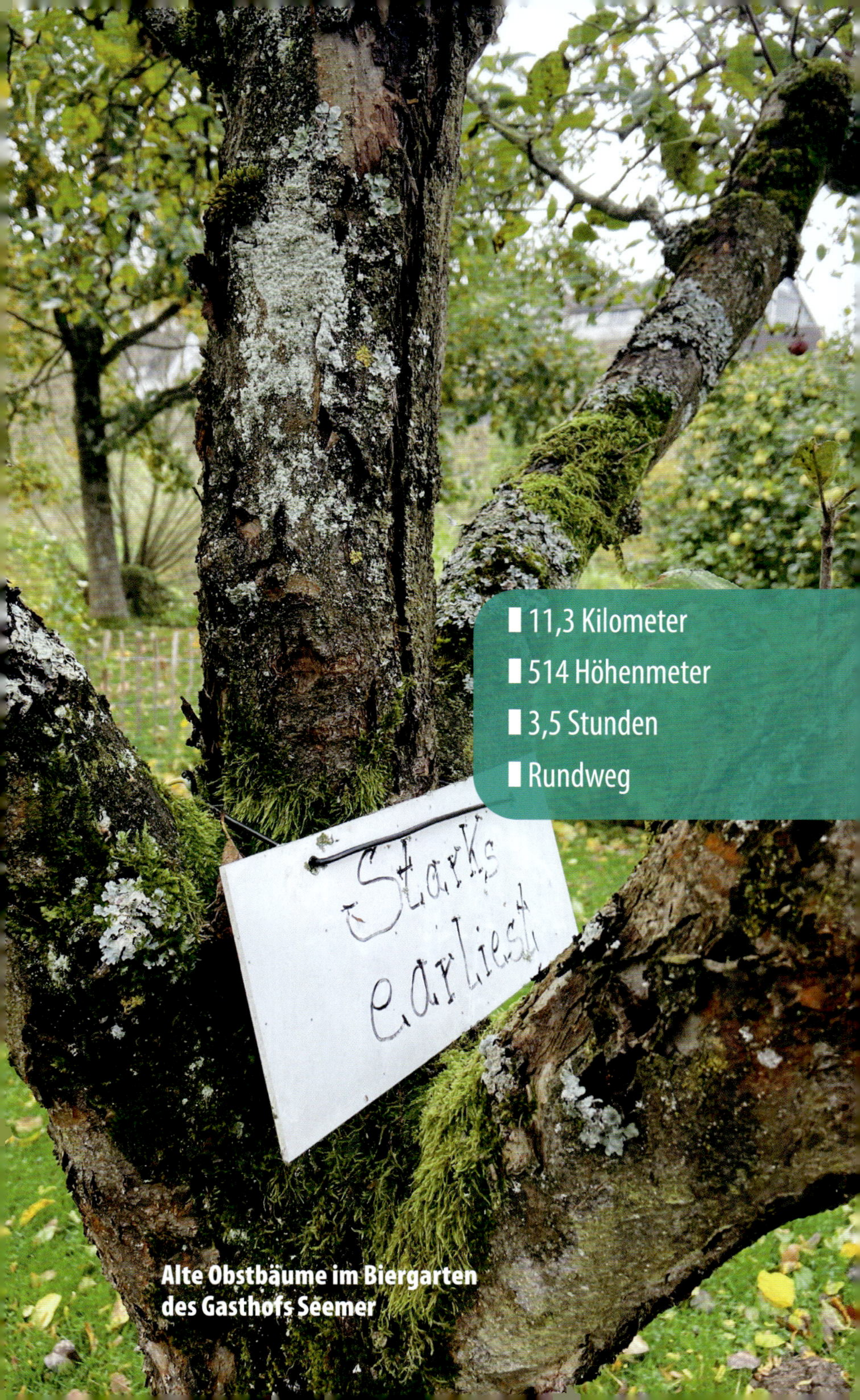

- 11,3 Kilometer
- 514 Höhenmeter
- 3,5 Stunden
- Rundweg

Alte Obstbäume im Biergarten des Gasthofs Seemer

Auf Heimatspuren

Um das Golddorf Wenholthausen

Am Fluss, am See, durch Wälder und Felder und zum Abschluss noch Heimatküche vom Feinsten – auf der Wenholthausener Goldroute haben wir das Gefühl: Hier kann ich zu Hause sein. Wer im Sommer auf der Strecke unterwegs ist, kann Badezeug für eine Schwimmpause im See einpacken.

Wir steigen am Wanderparkplatz Wenneplatz in die Wenholthausener Goldroute ein. Zunächst führt der Weg über die Brücke, dann biegen wir in die erste Straße links ein. Die Strecke ist durchgängig mit einem goldenen G auf dunkelrotem Grund markiert.

Nach knapp 500 Metern auf asphaltierter Straße gehen wir links weiter über den **Wennepfad 1**. Er führt uns direkt ans Wasser. Wir sehen den Stromschnellen zu, die mit großer Kraft an uns vorbeirauschen, beobachten eine Wasseramsel, die in der Wenne nach Nahrung taucht, und dehnen den Moment zur Ewigkeit aus.

Die Strecke rund um Wenholthausen gehört zu den ***Goldrouten*** *durch die Region Schmallenberg und Eslohe. Zwölf dieser Routen gibt es. Sie führen alle um je ein Dorf, das beim Wettbewerb „Unser Dorf soll schöner werden" mit Gold ausgezeichnet wurde.*

Dann geht es weiter dem G nach, an einem Radweg entlang, durch einen Wald und über die Wiesen, von denen wir einen wunderbaren Blick über die Felder und Hügel haben. Mitten im Grün steht ein Silberreiher und sucht nach seinem Mittagessen. Wir erreichen einen Wald, der wild

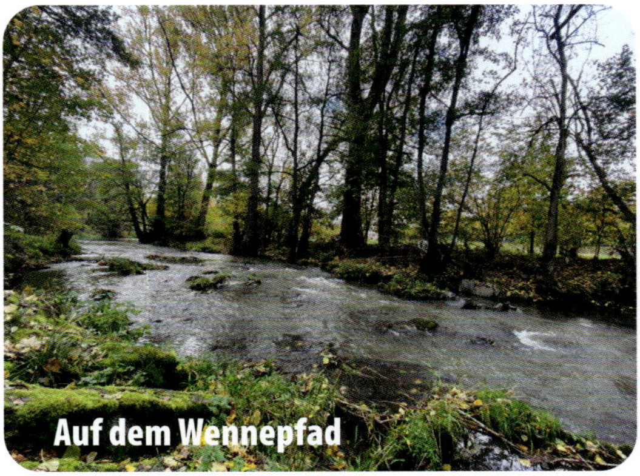
Auf dem Wennepfad

und ursprünglich wirkt. Hintereinander klettern wir ein paar Schritte einen Hügel hinunter, überqueren ein Bächlein und gehen über einen Waldpfad und einen befestigten Forstweg auf die Straße zu. Auf der gegenüberliegenden Seite sehen wir dann das **Gut Blessenohl ❷.** Es wurde zum ersten Mal im Jahr 1425 erwähnt und ist in seiner langen Geschichte als Wohnsitz, Rittergut und Jugendheim genutzt worden. Zurzeit ist es im Privatbesitz.

__Pfaffenhütchen__ sind heimische Sträucher. Aus ihrem Holz wurden früher Orgelpfeifen, Schuhnägel und Stricknadeln hergestellt. Sie haben den Namen bekommen, weil ihr Aussehen an die Kopfbedeckung christlicher Geistlicher erinnert.

Wir überqueren die Straße, schauen auf den großen weißen Gutsbau, der hinter der Streuobstwiese liegt, und staunen über einen mächtigen Nadelbaum am Weg. Seine dicken Äste sind gebogen, als wollten sie ein Baumhaus umschließen. Ein paar Meter weiter öffnet sich links eine Weide. Rechts am Wegrand leuchten pinkfarbene Blüten eines Pfaffenhütchens.

Über den Feld- und Waldweg erreichen wir den **Esmecke-Stausee ❸,** auch Einbergsee genannt. Er liegt eingebettet zwischen Feldern und Wäldern und ist, bezogen auf das Stauvolumen, die kleinste Talsperre in Nordrhein-Westfalen. Im Frühling hören wir hier Abertausende Frösche quaken. Es ist warm genug, um die Wanderschuhe auszuziehen und uns zu erfrischen.

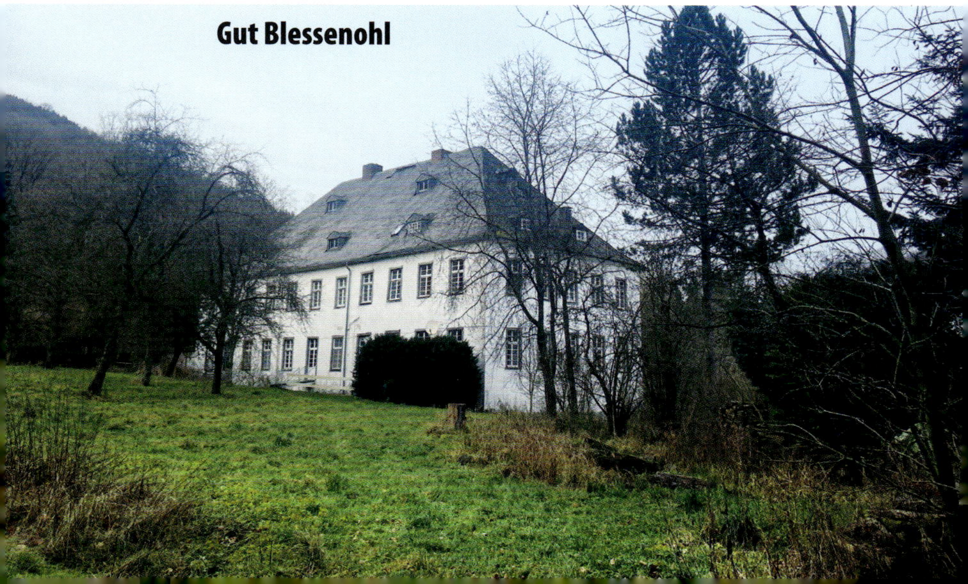

Gut Blessenohl

Im Sommer kommen viele Besucher her, um in der Bucht zu baden, sich zu sonnen und zu picknicken. Dazu haben auch wir Lust: In der Station am See holen wir uns eine frisch gebackene Waffel und genießen unkompliziert das Sauerland.

Gestärkt geht es bergauf über Pfade, Wald- und Forstwege. Wir haben einen fantastischen Blick auf das Golddorf Wenholthausen und überqueren kurze Zeit später die Landstraße, um zunächst auf dem befestigten Forstweg weiter bergauf und dann über einen schmalen Pfad durch den Wald zu streifen. Moose und

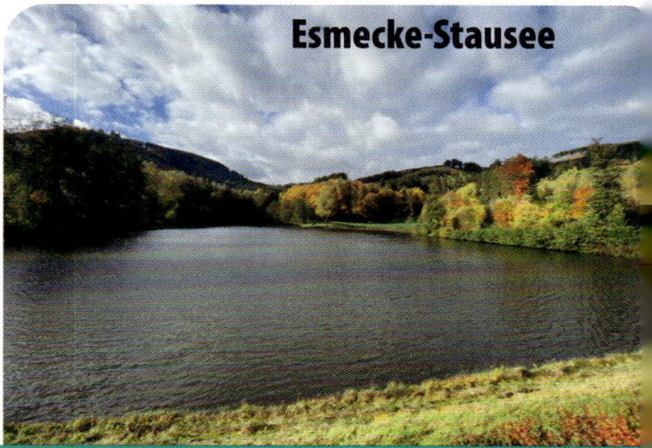

Für die Seele

Ein Fluss, ein See, der Wald und regionale Spezialitäten aus der Küche lassen uns innehalten und Heimatglück spüren.

Flechten erobern Steine und Totholz, die Herbstbäume sehen aus wie mit Blattgold überzogen. Die Waldluft ist klar und belebend. Immer wieder öffnet sich der Wald und wir erfahren die Weite der sanft hügeligen Landschaft.

Dann tauchen auf der rechten Seite Kunstwerke auf. **„Tanz mit den Elementen“ 4** hat die Künstlerin sie betitelt. 26 Jahre lang klang hier in der Erdenklangstraße aus zehn Lautsprechern Vogelgezwitscher. Das Werk eines Musikproduzenten und -verlegers. Doch die Technik ist in die Jahre gekommen. Das Klangkunstwerk schweigt, aber die Vögel rundum in der Landschaft zwitschern wie eh und je. Ein schöner Ort zum Innehalten.

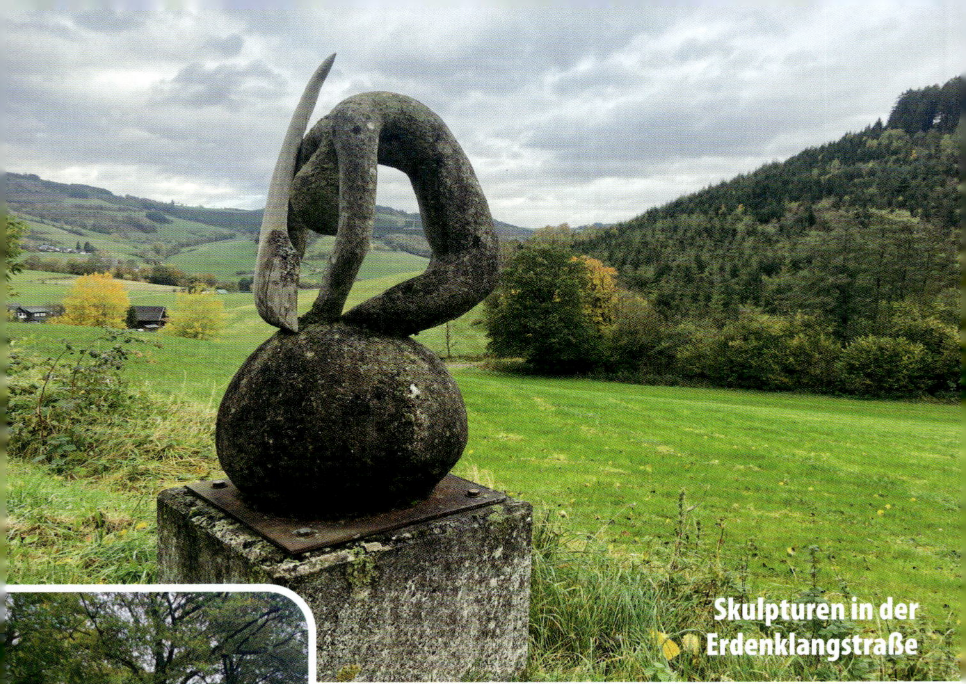

Skulpturen in der Erdenklangstraße

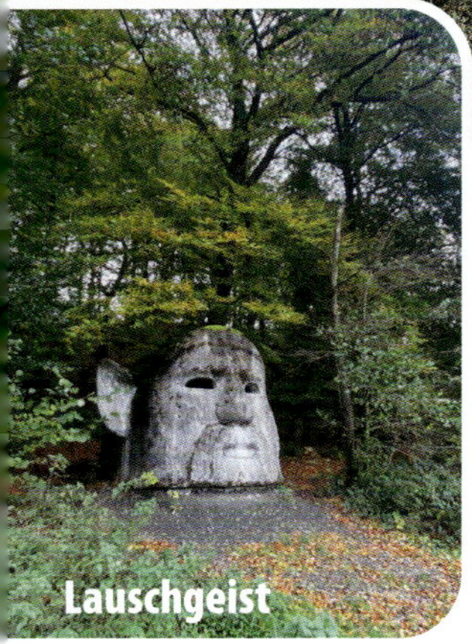

Lauschgeist

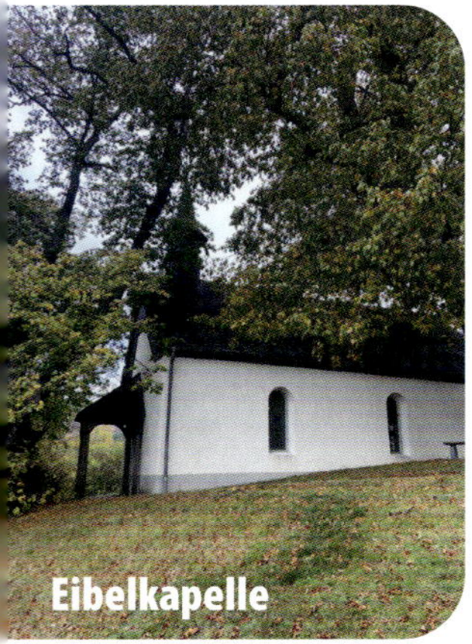

Eibelkapelle

Unser Blick streift langsam durch die Landschaft und bleibt an einer großen Skulptur unten am Waldrand hängen: Der **Lauschgeist ⑤,** ein großer, begehbarer Kopf mit Riesenohren, blickt wie ein Wächter der Landschaft über die Wiesen. Neugierig schauen wir uns die Skulptur näher an und erfahren einmal mehr die wohltuende Ruhe, wenn wir nur auf die leisen Geräusche der Natur hören.

Nun gehen wir auf einer alten Teerstraße auf das Dorf zu, biegen nach links ab und gehen weiter an einem Wildgehege entlang. Im Schatten einer uralten, riesigen Linde liegt eine kleine Kapelle, die **Eibelkapelle ⑥.** Die Wenholthausener haben sie als Dank dafür gebaut, dass das Dorf im Dreißigjährigen Krieg nicht zerstört wurde.

Wieder im Dorf angekommen, freuen wir uns auf den kulinarischen Abschluss unserer Wanderung im **Landgasthof Seemer ⑦.** Weil das Wetter gut ist, können wir unter den alten Obstbäumen im Garten sitzen und auf die vorüberfließende Wenne schauen. Eine Szenerie wie in Janoschs „Oh, wie schön ist Panama“. Unsere beiden Gastgeberinnen Alexandra und Julia Seemer sprechen vom Heimatglück. Das ist ihr Leben, das ist ihr Label. Die eine ist Köchin, die andere Kauffrau. Beide sind sie im Gastronomiebetrieb in Wenholthausen groß geworden, dessen Geschichte bis ins 16. Jahrhundert zurückreicht. Alexandra Seemer hat in Frankfurt und Nürnberg gekocht, Julia Seemer in Schottland und in den Niederlanden gearbeitet. Beide sind um viele Erfahrungen reicher nach Hause zurückgekehrt. Heimatglück ist für sie, das Glück zu haben, in der Heimat ein Unternehmen mit einer langer Tradition fortführen zu können. Heimat bedeutet für sie wohlfühlen, verstanden werden, authentisch sein. Dieses Gefühl wollen sie auch ihren Gästen vermitteln: in der Gastronomie beispielsweise durch eine sauerländische Jahreszeitenküche. Die Speisekarte wechselt deshalb im Jahreskreislauf, je nachdem, was die Natur im Sauerland uns gerade anbietet. Im Frühling kann es der Bärlauch aus den Wenholthausener Wäldern sein. Im Sommer liegen die Blüten der Kapuzinerkresse als Dekoration auf dem Teller, es gibt Obst

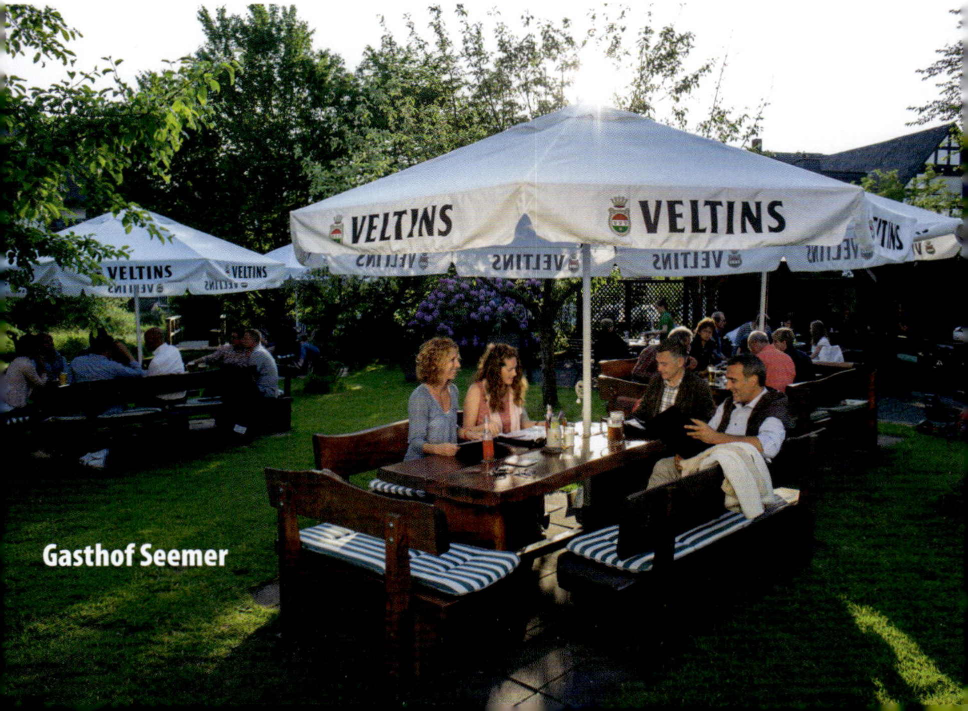

Gasthof Seemer

und Gemüse aus dem eigenen Garten. Wir sehen Schilder in den mit Flechten bewachsenen Obstbäumen liegen, auf denen die Namen der alten Obstsorten zu lesen sind.

Im Herbst servieren die Seemers Wildfleisch und Steinpilze aus den umliegenden Wäldern und im Winter Grünkohl und Gänsebrust. Die Gastgeberinnen nehmen Rücksicht auf Menschen mit Allergien und Unverträglichkeiten. Unsere Erfahrung: Ein Wort reicht und die Küchenchefin zaubert eine allergenfreie Alternative, auf die Nicht-Allergiker manchmal ganz neidisch werden. Und dazu als Getränk? Pils, Saft oder Craft-Beer – es kommt alles aus der Region. Sauerländer Heimatglück.

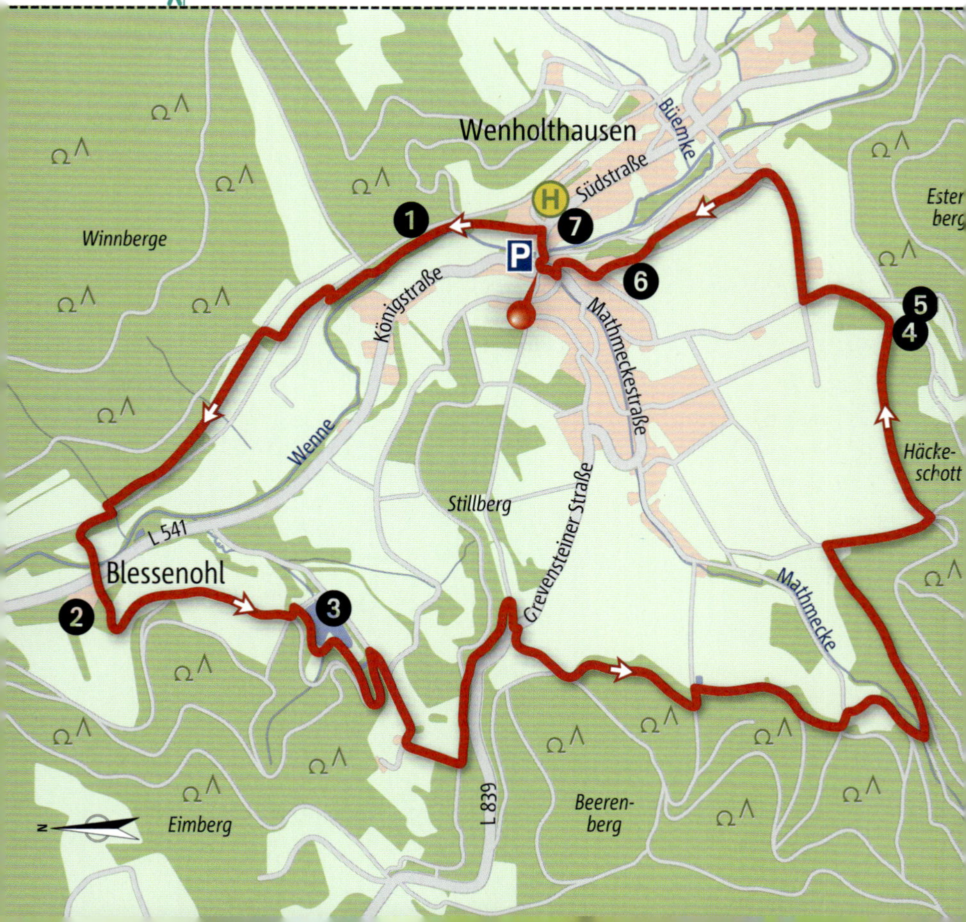

Alles auf einen Blick

WIE & WANN:

Die Tour führt über Feld- und Waldwege, Pfade und kurze asphaltierte Strecken. Die Goldroute Wenholthausen ist zu allen Jahreszeiten schön. Im Sommer haben Wanderer die Gelegenheit, im und am See eine Badepause einzulegen, im Herbst ist es dafür etwas ruhiger am Wasser.

HIN & WEG:

Auto: Parkplatz Wenneplatz, Südstraße, 59889 Eslohe (GPS: 51.2891152, 8.1765251)
ÖPNV: Wenholthausen ist mit der Buslinie 367 zu erreichen, Haltestelle Hotel zur Post.

ESSEN & ENTSPANNEN:

Landgasthof Seemer ❼ Südstraße 4, 59889 Eslohe-Wenholthausen, www.seemer.de
Weitere sehr gute Einkehrmöglichkeiten im Dorf

Entspannung ★★★★☆
Genuss ★★★★★
Romantik ★★★☆☆

ENTDECKEN & ERLEBEN:

Wennepfad ❶
Gut Blessenohl ❷
Esmecke-Stausee ❸
Tanz mit den Elementen ❹
Lauschgeist ❺
Eibelkapelle ❻

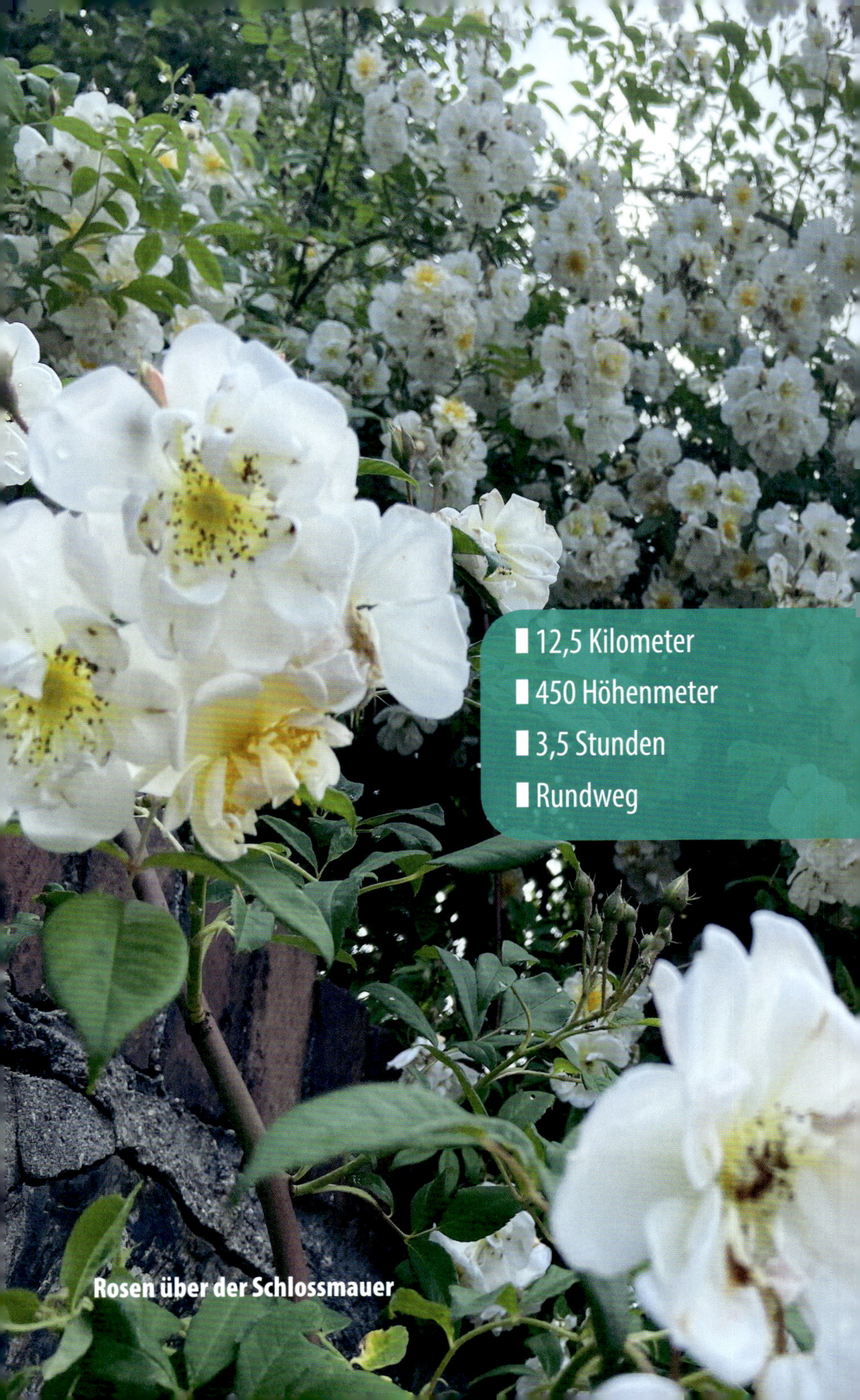

- 12,5 Kilometer
- 450 Höhenmeter
- 3,5 Stunden
- Rundweg

Rosen über der Schlossmauer

Zauber der Rosen

Tour an den Bruchhauser Steinen

Ein Wald voller Schmetterlinge, Millionen Jahre alte Felsen und ein Gutscafé, in dem sich alles um die Königin der Blumen dreht. Die Strecke an den Bruchhauser Steinen steckt voller Nostalgie und Romantik.

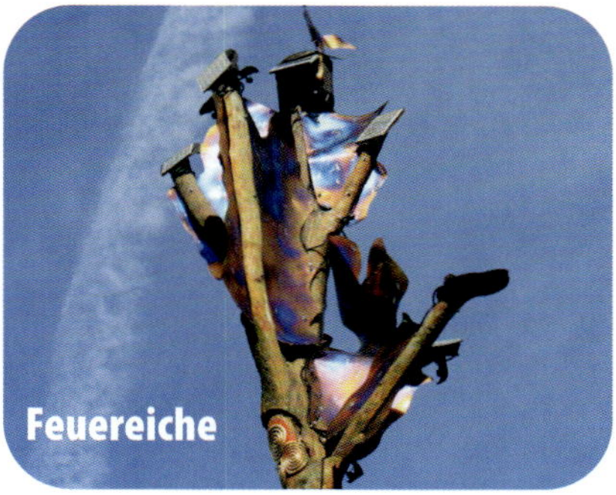
Feuereiche

Wir starten am Wanderportal Feuereiche an der Landstraße. Nach einigen Schritten sehen wir den 11 Meter hohen Pfahl des **Umweltmahnmals Feuereiche ①.** Neugierig nähern wir uns und schauen die kunstvollen Schnitzereien eines Olsberger Künstlers an: Sie thematisieren die Rolle von Holz und Feuer in der Entwicklungsgeschichte der Menschen. Die Feuereiche ist von einem bronzenen Band umschlungen. Es reicht vom Boden bis zur Spitze und geht dort in eine metallisch bunte Flamme aus Titanblech über.

Nach dem kunstvollen Auftakt gehen wir zurück an die Straße, überqueren sie und nehmen den geschotterten **Wanderweg B 1,** der uns rechts in den Wald führt. Laubbäume wachsen hier und der Wegesrand ist ein blühender Streifen aus Disteln und Waldblumen. Ein Paradies für Schmetterlinge: Tagpfauenaugen, Admirale und Distelfalter schweben um uns herum und lassen sich auf den Blüten nieder. Über dem Wald, noch weit in der Ferne, sehen wir die markante

Felsformation der Bruchhauser Steine, die aus der hügeligen Landschaft herausragen.

Ein hölzernes Tor mit Wappen an jeder Seite steht mitten im Wald. Es ist das „Tor der guten Nachbarschaft", das die Dorfgemeinschaften direkt auf der Grenze der Orte Elleringhausen und Bruchhausen aufgestellt haben. Beide Dörfer haben sich in der Vergangenheit an Dorfwettbewerben auf Kreis-, Landes- und Bundesebene erfolgreich beteiligt. Bruchhausen hat sogar als bis dato einziges Dorf den Titel eines Europa-Golddorfs bekommen.

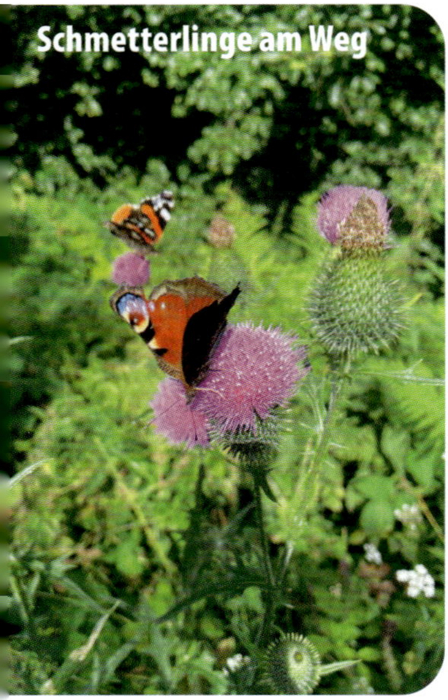

Schmetterlinge am Weg

Vom Weg B 1 biegen wir links auf einen Pfad in Richtung Bruchhauser Steine ab. Wir sind im Herzen der Natur: Der Wald leuchtet in unzähligen Grünschattierungen, auf dem Pfad liegen hier und da dicke, mit Moos überzogene Steinbrocken. Wir erreichen das Info-Center der Bruchhauser: Der Zutritt zu den Steinen ist kostenpflichtig, lohnt allerdings. Außerdem berechtigt das Eintrittsticket zum Besuch der archäologischen Ausstellung, die über die Entstehung und die Besonderheiten des Gebiets informiert. Es geht über einen Waldweg bergauf und dann liegen die vier **Bruchhauser Steine** ❷ majestätisch vor uns. Es sind Vulkanfelsen, die vor 370 Millionen Jahren entstanden sind. Das Sauerland war in dieser Zeit von einem Meer bedeckt. Auf dem Meeresboden brodelte es allerdings heftig und schließlich brach Lava aus dem Erdinneren heraus und erkaltete zu extrem harten Porphyrfelsen. Diese Felsen waren zunächst in Tonschiefer eingebettet, doch als die Erdkruste vor 270 Millionen Jahren zu Falten zusammengeschoben wurde, wurde der Tonschiefer abgetragen. Allein die vier harten Bruchhauser Steine blieben stehen.

Schon vor 6000 Jahren lebten Menschen an den ***Bruchhauser Steinen.*** *Experten gehen davon aus, dass Grabungsfunde Belege für eine vorgeschichtliche Burg sind. Die Befestigung der Steine soll die älteste Wallburganlage des Sauerlands sein.*

Wir sehen uns den Bornstein und auch den Goldstein an, der durch Quarzeinlagerungen in der Sonne glimmert. Der Feldstein ist der einzige der vier Felsen, auf den wir klettern dürfen. Der Steig ist zwar gesichert, aber es ist gut, dass wir feste Wanderschuhe tragen und trittsicher sind. Der Ausblick vom Gipfelkreuz ist großartig. Wir sind in einer Höhe von 756 Metern. Die grünen Wiesen, gelben Getreidefelder und dunkelgrünen Wälder liegen wie eine Patchworkdecke mit perfekt aufeinander abgestimmten Farben vor uns. Weite! Eine Landschaft, die beflügelt.

Am Ravenstein vorbei gehen wir zurück und setzen unseren Weg B 1 zunächst durch den Wald, dann auf einem Feldweg fort. Eine geschotterte Allee führt uns direkt auf das **Gutscafé Rosenbogen** ③ und den Blütengarten zu. Ein Sehnsuchtsort: das alte schwarz-weiße Sauerländer Fachwerkhaus mit Geranien vor den

An den Bruchhauser Steinen leben ***Wanderfalken,*** *die lange Zeit in NRW als ausgestorben galten. 1989 wurden sie hier neu angesiedelt. Die Falken fühlen sich in dieser neuen Heimat wohl: Es gibt regelmäßig Falkennachwuchs.*

Für die Seele

Millionen Jahre alte Felsen, die nichts umwirft, und ein Café im Blütenmeer sorgen für ein Rundum-Wohlbehagen.

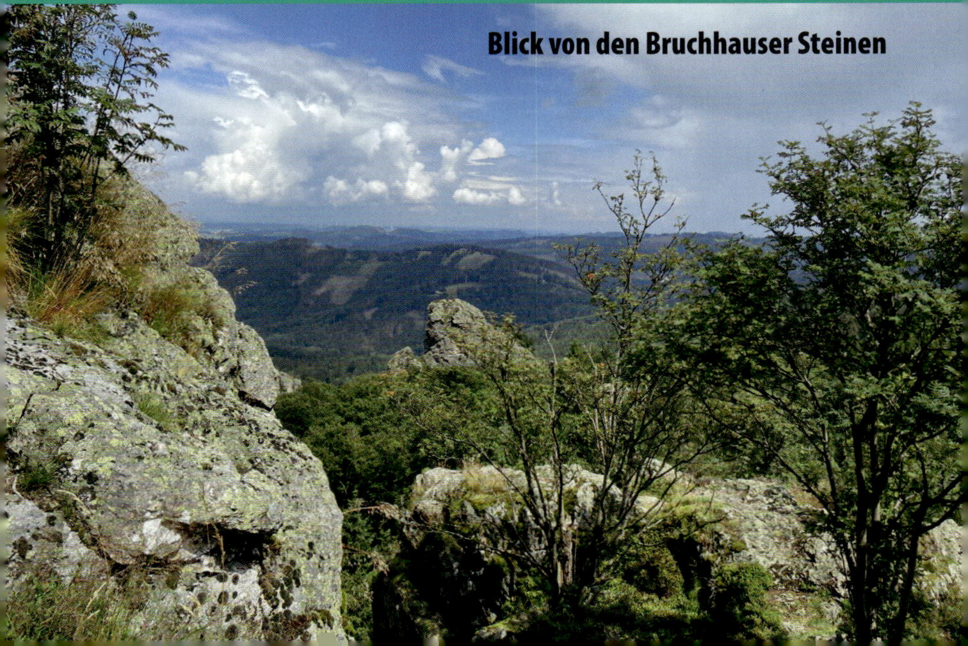

Blick von den Bruchhauser Steinen

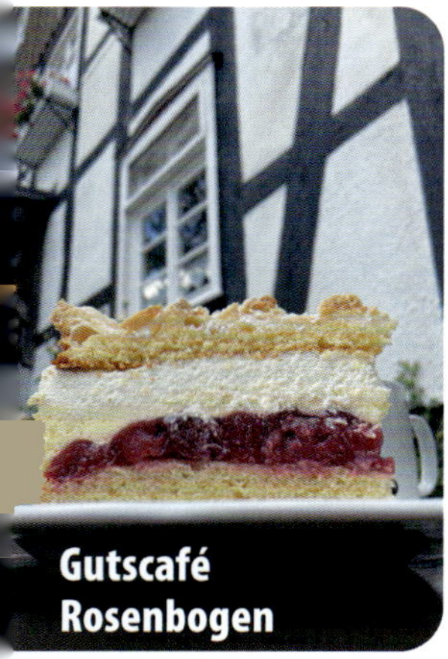

Gutscafé Rosenbogen

Sprossenfenstern leuchtet in der Sonne. Eine pinkfarbene Rose klettert neben dem Eingang an der Wand hoch, davor wächst in perfektem Kontrast blauer Storchschnabel. Überhaupt: Egal, wohin wir schauen: Blumen, Rosen, es duftet fantastisch und sieht zauberhaft aus. Wir setzen uns unter einen der großen Sonnenschirme, herrliche Rosen vor Augen. Und lassen uns vom Angebot der hausgemachten Kuchen verführen: Blechkuchen, Gewittertorte, das alles serviert auf nostalgischem Geschirr. Süßes Nichtstun in doppeltem Sinne. Wir werfen einen Blick in das Café mit den Rosenkissen und der Rosentapete. Wenn wir nicht so satt wären, könnten wir uns allein wegen des Ambientes noch einmal hinsetzen.

Weiter geht es in Richtung **Sauerländer Blütengarten 4**. Wir gehen durch einen Rosenbogen, den eine zarte, ungefüllte Kletterrose völlig in Beschlag genommen hat. Links stehen große Büsche prall gefüllter Rosen, in Weiß, Rosa, Pink. Eine Clematis umrankt eine Damenbüste. Verschiedene Stauden wachsen wie ein Hofstaat um die Rosen und um Skulpturen. Wer in den Blütengarten hinein möchte, muss Eintritt zahlen.

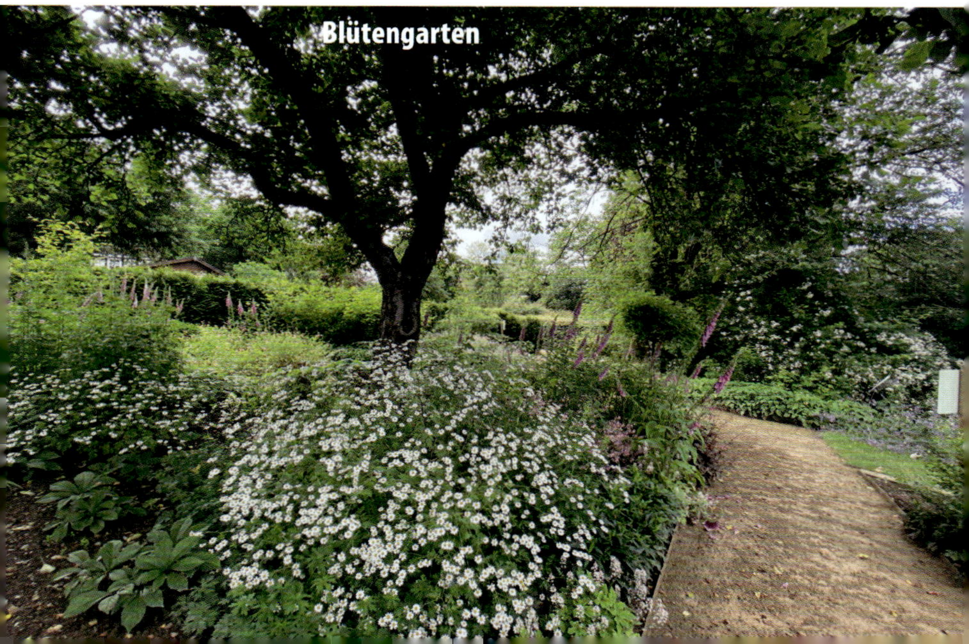

Blütengarten

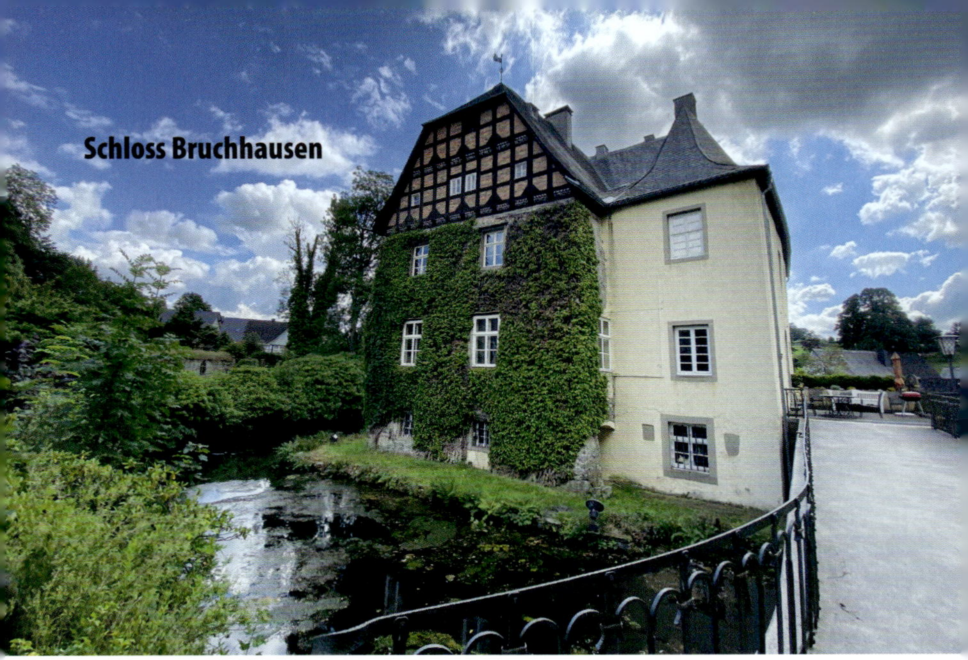

Und bekommt dafür Blütenrausch nach Themen geordnet.

Nach dem Blütengarten gehen wir auf der Dorfstraße nur ein kurzes Stück an der Mauer entlang, über die sich das Blütenmeer einer weißen Rose regelrecht ergießt. Dann liegt links vor uns der Eingang zum **Schloss Bruchhausen ⑤.** Es ist, als wäre die Zeit stehen geblieben: Das Wasserschloss ist zum Teil begrünt, uralte Bäume wachsen im Hof. Links neben dem Fachwerkhaus der ehemaligen Rentei hören wir Wasser plätschern. Das ist die ewige Quelle. Sie entspringt unter dem Feldstein, einem der Bruchhauser Steine. Ewige Quelle heißt sie, weil sie nie trockenfällt. Selbst in extrem heißen und trockenen Sommern sprudelt hier immer noch das Quellwasser. Wir probieren das erfrischende Quellwasser – das Einfache kann ganz besonders sein.

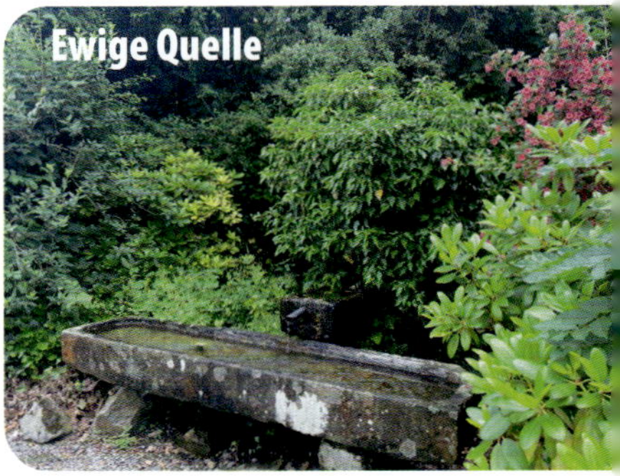

Unterhalb der Schlossmauer wandern wir an der Dorfstraße weiter, um dann über einen kleinen Fußweg berghoch zu gehen. Auf diesem Weg bleiben wir, bis wir nach der Bebauung den **Wanderweg X 2**

erreichen. Wir biegen in ihn rechts ab und wandern weiter bis auf der linken Seite ein Kreuzweg den Berg hinaufführt. Über diesen schmalen Graspfad gehen wir an den modern gestalteten Stationen des Kreuzwegs bergan, bis wir schließlich wieder auf unseren ursprünglichen **Wanderweg B 1** kommen. Der Weg B 1 ist in diesem Abschnitt ein Forstweg, über den wir unsere Wanderung fortsetzen, bis rechts zunächst die Schmalah und dann der Schmalah-Stausee durch den Wald schimmern. Im Volksmund heißt diese Talsperre nur **Silbersee ⑥.** Das Wasser liegt fast still, umgeben vom Wald. Vom Silbersee nutzen wir den **Waldweg BW 2** und kehren auf ihm zurück zu unserem Wanderparkplatz an der Feuereiche.

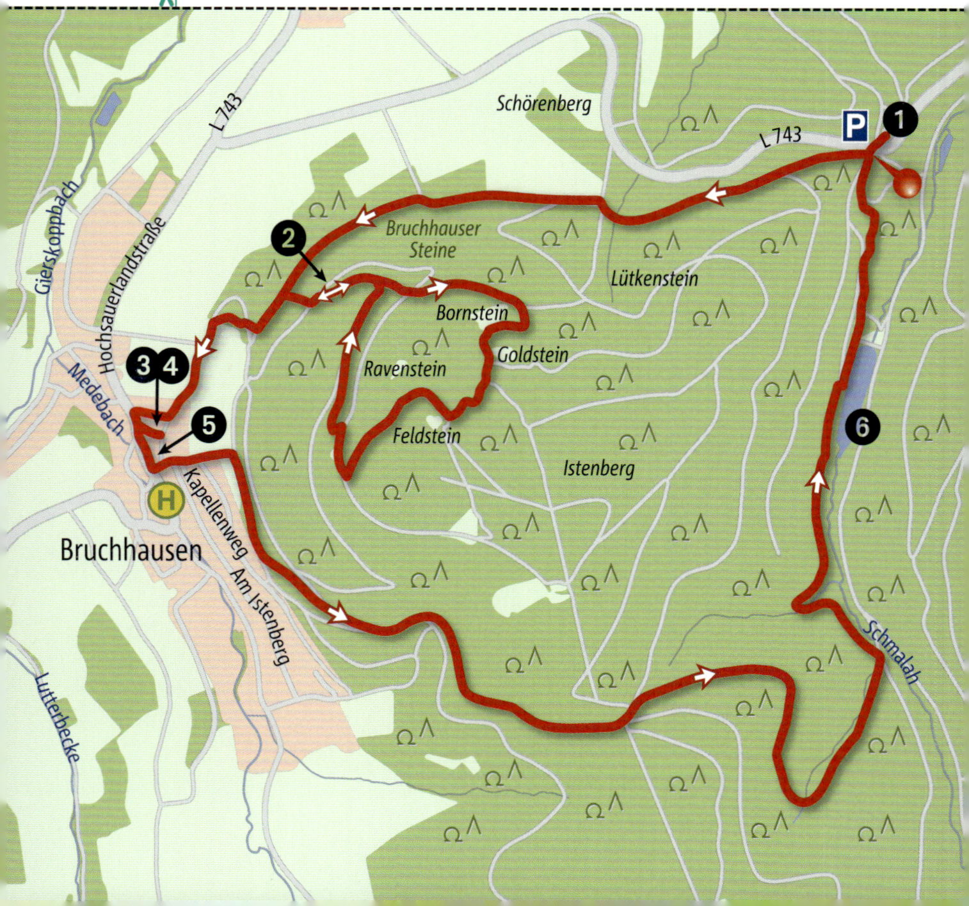

Alles auf einen Blick

WIE & WANN:
Es geht über Pfade, Wald- und Forstwege und an einer Dorfstraße entlang. Zur Rosenblüte im Juni/Juli ist es unschlagbar romantisch dort. Im Herbst bezaubern uns die bunt gefärbten Wälder.

HIN & WEG:
Auto: Wanderportal Feuereiche, L 743, 59939 Olsberg (GPS: 51.3288898, 8.5640074)
ÖPNV: Nach Olsberg mit der Regionalbahn, eine direkte Verbindung zur Feuereiche gibt es leider nicht; die nächsten Haltestellen sind Brilon-Wald, Olsberg-Bruchhausen und das knapp entfernte Olsberg-Elleringhausen, von dort aus ist das Wanderportal Feuereiche zu Fuß in rund 40 Minuten zu erreichen.

Entspannung ✱✱✱✱✱
Genuss ✱✱✱✱✱
Romantik ✱✱✱✱✱

ESSEN & ENTSPANNEN:
Gutscafé Rosenbogen ❸ Graugreben'scher Weg 1, 59939 Olsberg, Tel. (01 51) 15 75 26 12 oder (0 29 62) 88 08 12, www.rosenbogen-heidrich.de

ENTDECKEN & ERLEBEN:
Umweltmahnmal Feuereiche ❶
Bruchhauser Steine ❷
Sauerländer Blütengarten ❹
Schloss Bruchhausen ❺
Silbersee ❻

Birkenhof

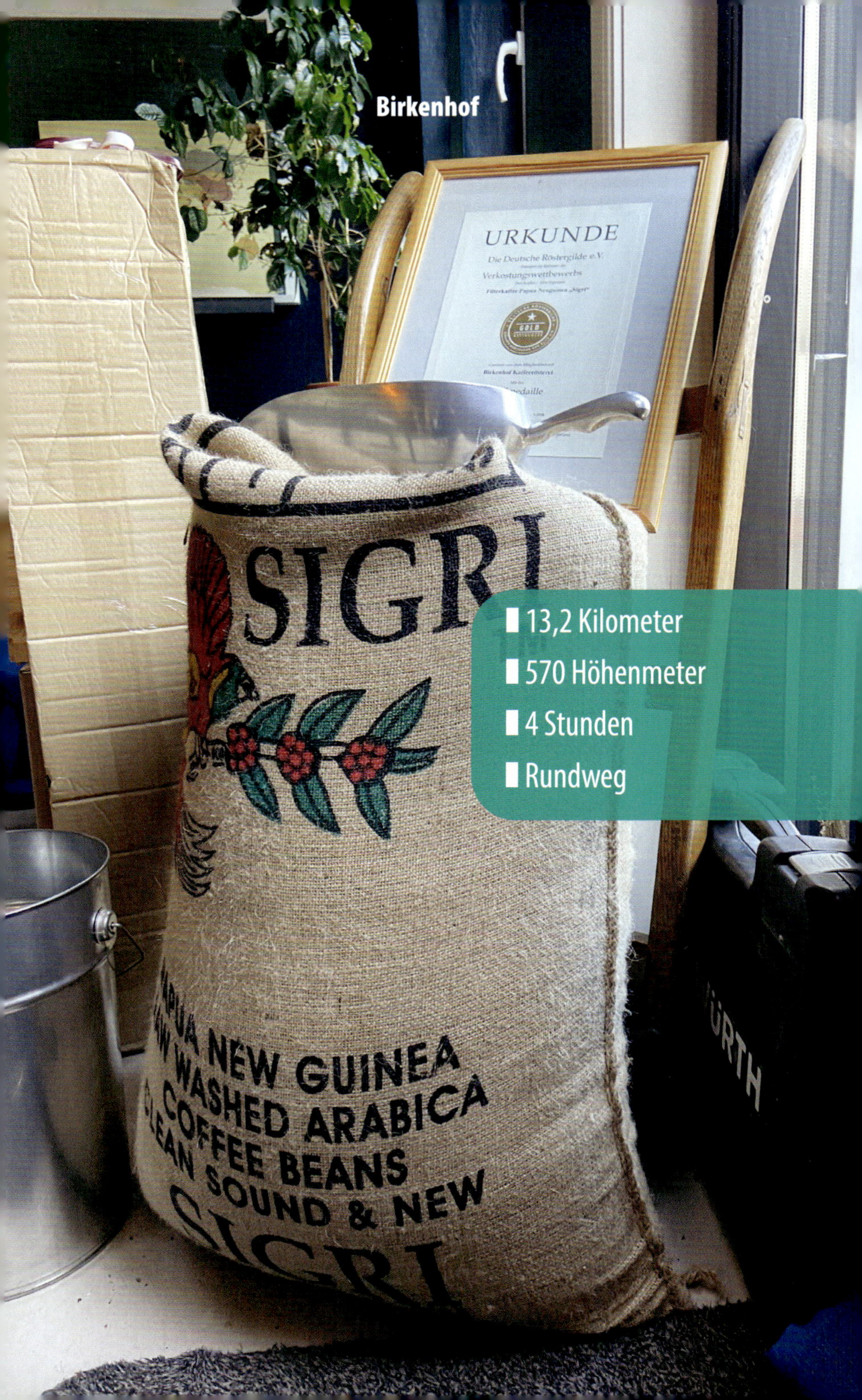

- 13,2 Kilometer
- 570 Höhenmeter
- 4 Stunden
- Rundweg

Vom Wanderparkplatz Lüttmecke gehen wir rechts über einen Grasweg bergab. Bilderbuch-Wiesen liegen vor uns, umzäunt mit rostigem Draht, der von alten Pfählen gehalten wird. Hier und dort stehen Büsche auf den Wiesen, auch ein paar Weiden und Eichen wachsen dort. Der Bauer hat einen Teil des Grases gemäht, das nun zum Trocknen bereitliegt. Der Weg ist mit einem goldenen G auf dunkelrotem Grund gekennzeichnet. Es geht bergab und wir entdecken am Wegesrand bunte Blumen, wie wir sie nur aus dem Garten kennen: Schmuckkörbchen mit gelbem Punkt in der Mitte und den zarten pinken oder weißen Blättern, gelber und orangefarbener Islandmohn. Hinter diesem Blühstreifen liegt der Platz des Golfclubs

Kaffee-Kulinarik

Auf der Golddorfroute Holthausen

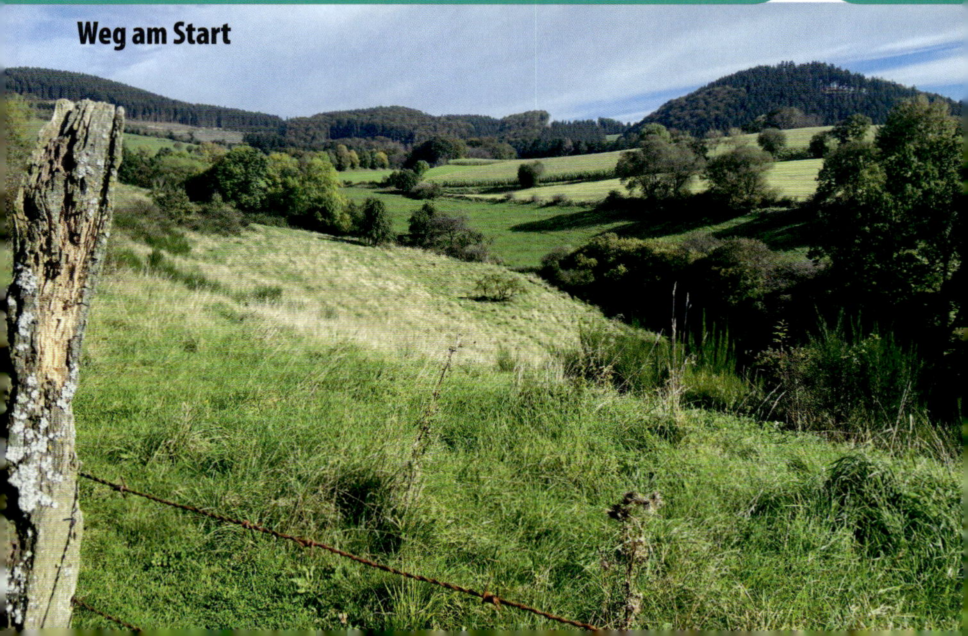

Weg am Start

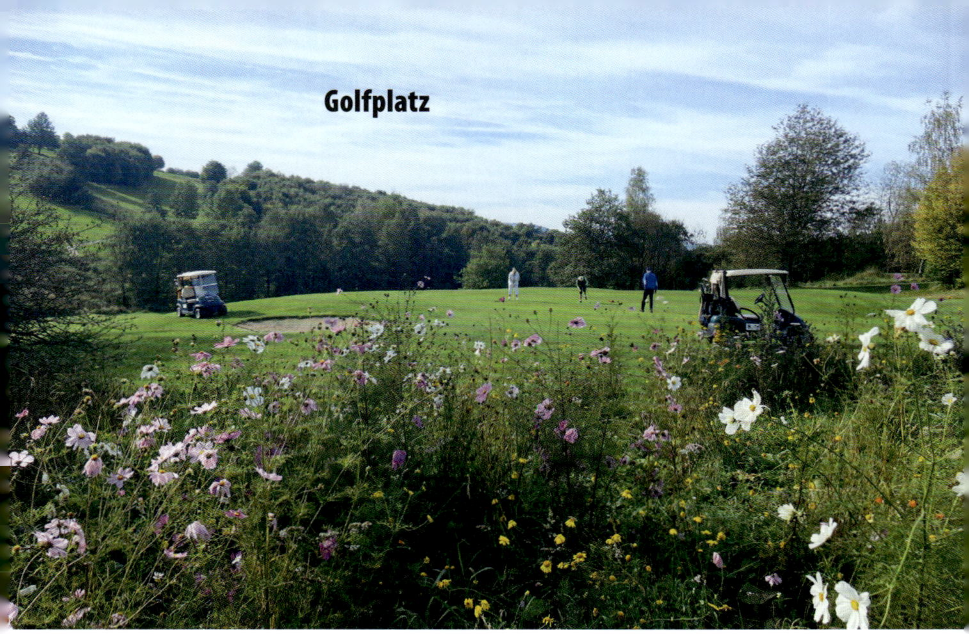

Schmallenberg. Die **27-Loch-Golfanlage ❶** erstreckt sich über das Bergplateau. Wir sehen die super gepflegte Rasenfläche, Golfer sind mit ihrem Caddy dort unterwegs. Was für ein Kontrast zu der ursprünglichen Weide auf der anderen Seite, die aussieht wie zu Großmutters Zeiten. Aber: Beides hat Platz, hier in der Landschaft bei Holthausen.

Nach einer kleinen Holzbrücke, die über den **Bach Schmalnau** führt, wandern wir bergauf. Aus neuer Perspektive können wir auf den Golfplatz blicken, der wie eine riesige englische Parklandschaft wirkt. Dann erreichen wir den **Napoleon-Baum ❷.** Seine Geschichte ist kurios. Wir machen eine kleine Zeitreise in das Jahr 1813. Preußen, Russland, Österreich und Schweden liegen im Streit mit Napoleon Bonaparte. Im Oktober soll es zur großen Völkerschlacht bei Leipzig kommen. Auf dem Weg dorthin durchquerte Napoleon mit 50.000 Soldaten im Februar das Sauerland. Auf der Anhöhe, auf der wir jetzt stehen, machten sie Rast. Ein guter Platz, um die Pferde tränken zu können. Aber der Winter im Sauerland

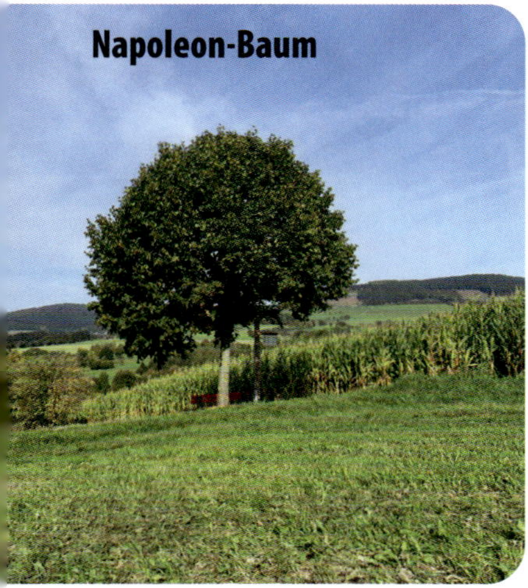

war sehr kalt. Die frierenden Soldaten fällten deshalb alle Bäume in den umliegenden Wäldern, um sich ein wärmendes Feuer zu machen. Nur ein einziger Baum blieb stehen: der Napoleon-Baum. Ganz einsam steht er auch heute noch auf der Anhöhe. Wobei: Es ist nicht mehr der Originalbaum aus napoleonischen Zeiten. Dieser Baum war morsch geworden und musste 2005 aus Sicherheitsgründen gefällt werden. An seiner Stelle wurde aber sofort ein neuer Napoleon-Baum gepflanzt. Wir setzen uns auf die rote Bank unter dem Napoleon-Baum und saugen die Weite auf. Eine Reiterin kommt mit ihrem Pferd auf uns zu und galoppiert über das Stoppelfeld auf der Bergkuppe davon.

Für die Seele

Wir erfahren die befreiende Weite der Höhenzüge und genießen zufrieden die Kaffees dieser Welt und sauerländische Kuchenspezialitäten.

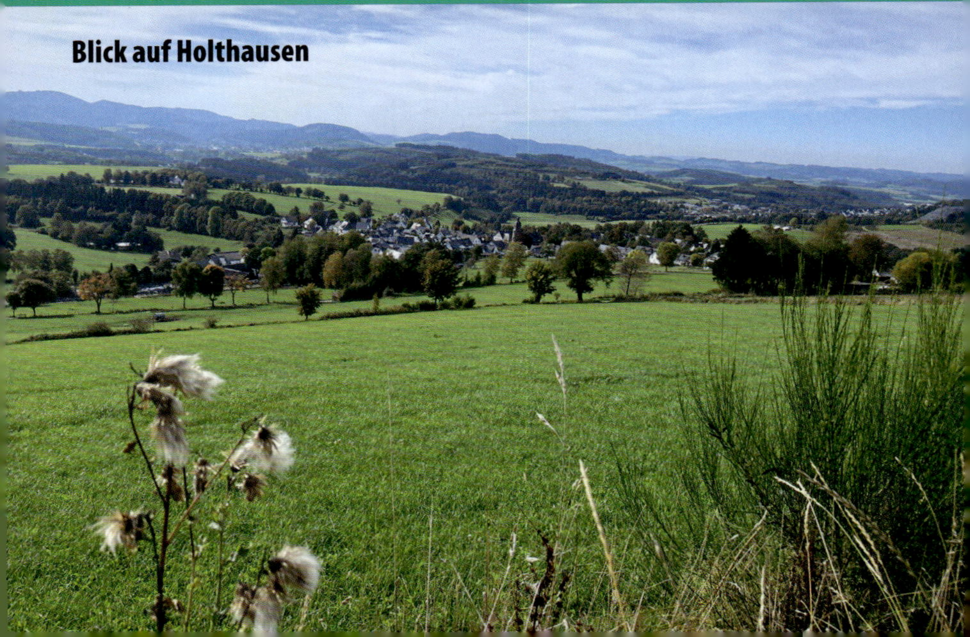

Blick auf Holthausen

Das Landleben zeigt sich hier von seiner allerschönsten Seite.

Nun halten wir uns links und wandern über sattgrüne Felder weiter. Der Blick auf Holthausen, umgeben von Feldern und Wäldern, ist großartig. Der Turm der **Kirche St. Michael** 3 sticht hervor: Anders als die meisten rechteckigen Kirchtürme im Sauerland ist er rund und erinnert ein bisschen an einen Leuchtturm. Gebaut wurde die Kirche 1927/28. Das war eine beeindruckende Gemeinschaftsleistung der Dörfer Huxel und Holthausen: Die Dorfbewohner brachen die Steine für den Kirchenneubau am Ohlberg oberhalb von Holthausen selbst. Mehr als 10.000 Arbeitsstunden haben sie im Steinbruch gearbeitet. Dann brauchte die Kirche ein kostenloses Schieferdach: Die Grubenarbeiter der Schiefergrube leisteten dafür 107 Schichten mit je 8,5 Stunden, also mehr als 900 Arbeitsstunden. Alles ohne Bezahlung. Weitere 4.000 Arbeitsstunden sind in der Kirchenbauchronik für Ausschachtungen, Holzfällen etc. dokumentiert. Dieses Engagement ist Zeugnis für die tiefe Frömmigkeit im Schmallenberger Sauerland.

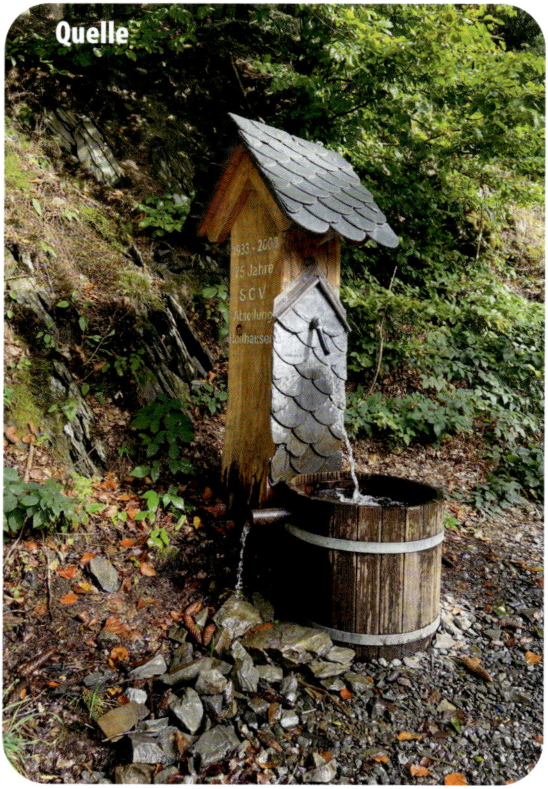
Quelle

Nach rechts können wir ins Sorpetal schauen. Nach einer Weile trifft unser Feldweg auf die Verbindungsstraße zwischen Holthausen und Niedersorpe. Dort gehen wir geradeaus weiter, lassen den Sportplatz links liegen und steigen – immer der G-Markierung folgend – bergan. Auf der Höhe geht es links weiter; wir treffen auf den **Fernwanderweg Sauerländer Höhenflug.** Hier ist der Name nicht übertrieben: Von der Höhe aus können wir weit über das Schmallenberger Sauerland sehen. Ein geschwungenes Waldsofa lädt uns zur Pause ein, um frische Kraft zu sammeln.

__Schmallenberg__ ist eine der flächengrößten Städte Deutschlands. 83 Ortschaften gehören dazu. Seit dem 15. Jahrhundert spielt die Textilindustrie hier eine große Rolle. Bis heute ist Schmallenberg Strumpfstadt.

Unsere Tour führt uns nun in den Wald hinein. An einer Kreuzung steht ein Wegkreuz, geschmückt mit frischen Blumen. Daneben entdecken wir eine **Quelle ④,** aus der Bergwasserquellwasser sprudelt. Wir erfrischen uns – das Einfache kann so gut sein! Die Quelle gehört zu den Kraft-Orten; das sind Orte an einem modernen Pilgerweg. Wer mag, kann sich über einen QR-Code informieren und inspirieren lassen. Die Quelle wird als Symbol gesehen: So wie sie aus dem Boden bricht, brechen wir aus dem Alltag aus und machen uns auf dem Weg.

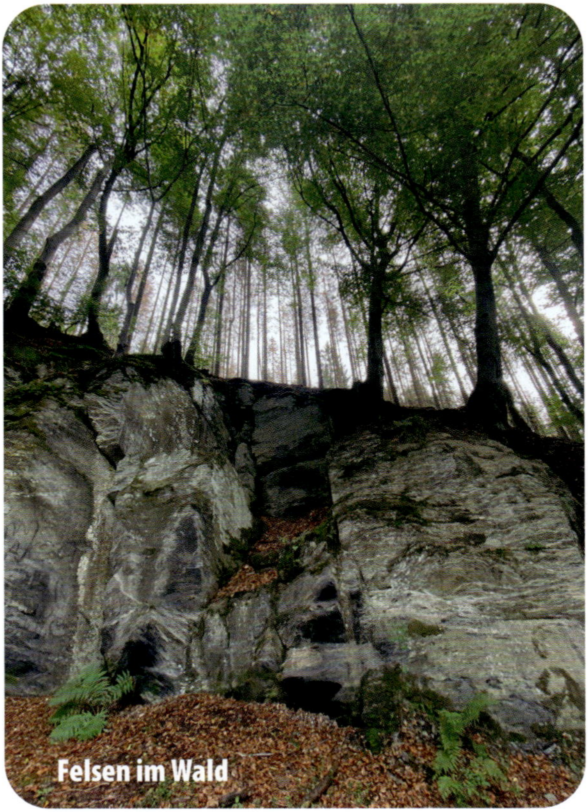

Felsen im Wald

Sanft geht es nun bergab, bis wir den Ort Huxel erreichen und dann über einen Waldweg weiterwandern. An der rechten Seite taucht im Wald zunächst eine Reihe von Fischteichen auf, dann führt unsere Tour über

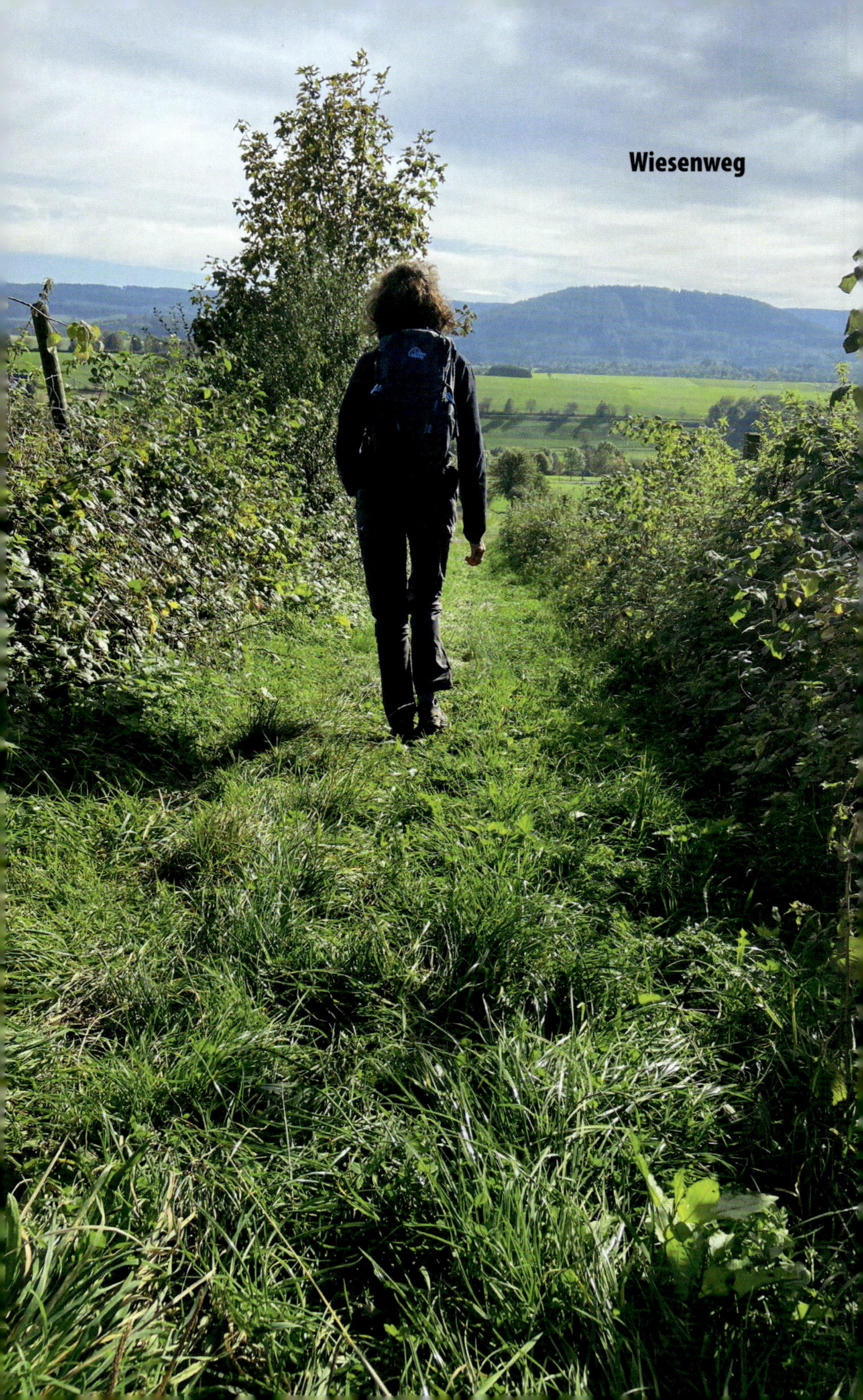
Wiesenweg

einen grasbewachsenen Weg einen Hang voller **Weihnachtsbäume** ❺ hinab. Die Bäume stehen in langen Reihen. Schon jetzt, im Frühherbst, tragen sie bunte Fähnchen. Das sind die Kennzeichnungen, an wen sie bald geliefert werden. Das Sauerland ist Europas größtes Anbaugebiet für Weihnachtsbäume. Aufmerksam schauen wir uns die Bäume an und erkennen sofort: Besonders beliebt ist die Nordmanntanne mit ihrer sattgrünen Farbe und den weichen Nadeln.

Wir überqueren die **Verbindungsstraße zwischen Holthausen und Bad Fredeburg,** schlendern am Waldrand entlang, sehen den **Gleierbach** und kommen an einen Teerweg, der zwischen den Feldern herführt. Hier verlassen wir die mit G markierte Goldroute und wandern auf diesem Weg bis an der rechten Seite der **Birkenhof** ❻ auftaucht. Der Birkenhof ist ein alter Bauernhof, den die Besitzer zu einem Ferienbauernhof umgebaut haben. Die Chefin Katrin Nowicki-Heßman hat in den Niederlanden und New York gearbeitet und nach ihrer Rückkehr ins Sauerland den Hof übernommen. Ihr Vater Andreas Nowicki ist Konditormeister und wer ihn in seiner Backstube besucht, dem kommt das Wort Backmanufaktur in den Sinn. Nach alten Rezepten zaubert Bäckermeister Nowicki Apfelkuchen mit Mandeldecke, im Frühjahr Rhabarberkuchen mit Schmand und Streuseln und im Herbst eine Pflaumensahnetorte mit Schokonussboden.

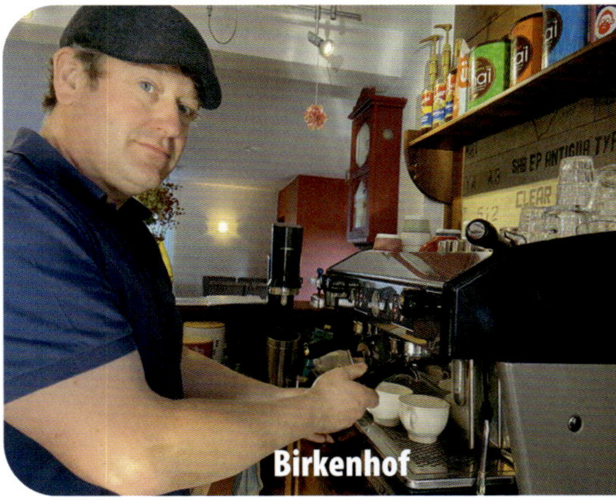
Birkenhof

Und zum Kuchen gibt es Kaffee – und was für einen! Schwiegersohn Christian Heßmann ist Barista und betreibt hier auf dem Birkenhof eine Rösterei. Wir werfen einen Blick auf die blinkenden Röstgeräte,

Dem Engagement einiger Holthausener ist es zu verdanken, dass es im Ort ein **Westfälisches Schieferbergbau- und Heimatmuseum** gibt. In der angegliederten Südwestfälischen Galerie wird Kunst gezeigt, regionale, aber auch Werke von Picasso und Matisse.

sehen die großen Kaffeesäcke mit den bunten Aufdrucken und riechen: Was für ein wundervoll verführerischer Duft! Im Café sehen wir uns die Kaffeekarte an und können uns kaum entscheiden: Nehmen wir die klassische Hofmischung oder einen Kaffee aus Indonesien? Einen milden aus Peru? Oder einen aus Papua Neuguinea? Wir können verstehen, dass die Menschen hier für einen Platz im Café oder auf der Sonnenterrasse anstehen.

Nach unserer Genuss-Auszeit gehen wir durch den Ort, kommen am Schieferbergbau- und Heimatmuseum vorbei und wandern schließlich ein kurzes Stück, jetzt wieder mit G markiert, an der Straße entlang zum Parkplatz zurück.

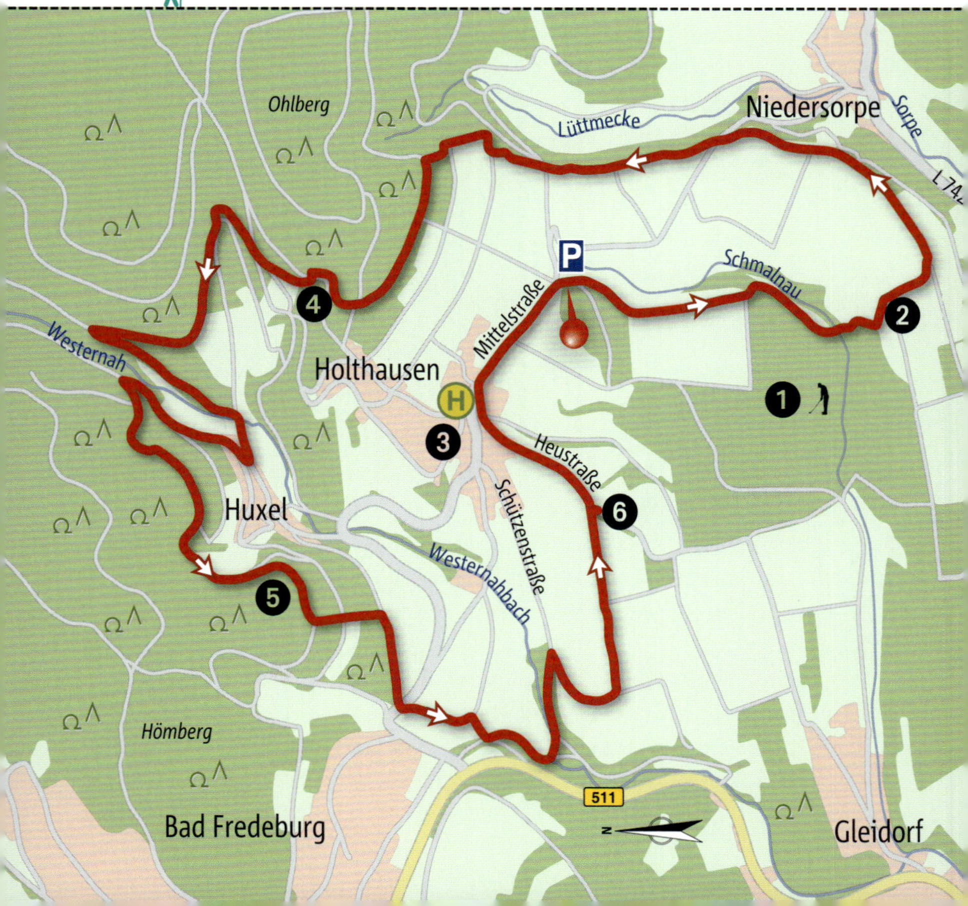

Alles auf einen Blick

WIE & WANN:

Über Pfade sowie Feld- und Waldwege geht es durch die Natur, kurze asphaltierte Strecken führen zum und durch den Ort. Die Goldroute Holthausen ist von März bis Oktober besonders schön zu gehen. Wobei eine Einkehr im Landcafé Birkenhof immer lohnt – auch oder gerade, wenn es draußen richtig kalt ist.

HIN & WEG:

Auto: Wanderparkplatz Lüttmecke, Mittelstraße, 57392 Schmallenberg, (GPS: 51.1792900, 8.3471512)
ÖPNV: Holthausen ist über die Buslinie 464, 474 an den Regionalverkehr ab Bad Fredeburg angebunden.

Entspannung ★★★★☆
Genuss ★★★★☆
Romantik ★★☆☆☆

ESSEN & ENTSPANNEN:

Birkenhof – Landcafé, Rösterei, Ferienhof ❻ Heustraße 19, 57392 Schmallenberg, Tel. (0 29 74) 2 49, www.birkenhof-erleben.de/das-landcafe
Weitere Einkehrmöglichkeit im Dorf

ENTDECKEN & ERLEBEN:

27-Loch-Golfanlage ❶
Napoleon-Baum ❷
Kirche St. Michael ❸
Quelle – Kraftort Holthausen ❹
Weihnachtsbäume ❺

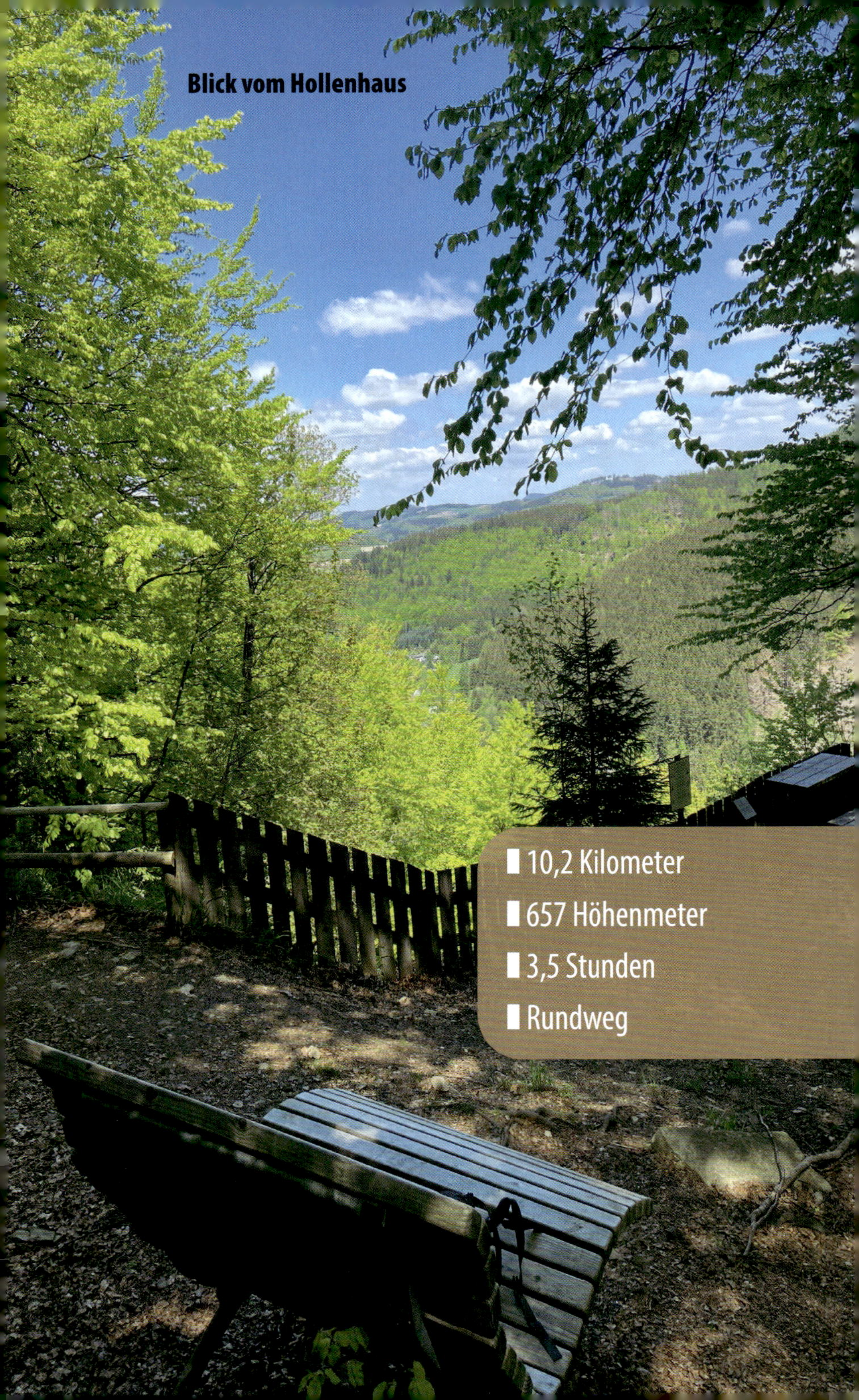

Blick vom Hollenhaus

- 10,2 Kilometer
- 657 Höhenmeter
- 3,5 Stunden
- Rundweg

Die Geschichte um elfenhafte Hollen und ihren Felsen im Wald steht im Mittelpunkt dieser Wanderung um das Golddorf Bödefeld. Sie ist aber bei Weitem nicht der einzige Höhepunkt dieser Tour im Herzen des Schmallenberger Sauerlands. Zum Auftakt geht es nach drinnen. In der **Pfarrkirche St. Cosmas und Damian** ❶ sehen wir uns die Schwarze Hand von Bödefeld an: Beim Neubau der Kirche 1722 fand man eine unverweste rechte Hand. Das stellte die Dorfbewohner vor ein Rätsel, das sie mit einer Reihe von Sagen zu lösen versuchten. Nach der bekanntesten unter ihnen lebte in der Freiheit Bödefeld einst eine Mutter, die ihre Tochter übermäßig liebte, sie verwöhnte und ihr jeden Willen ließ. Einmal jedoch konnte die Mutter der Tochter einen Wunsch nicht erfüllen. Daraufhin schlug das Kind der Mutter die Hand ins Gesicht. Das Mädchen starb früh und wurde auf dem Friedhof neben der Kirche beigesetzt. Nach einigen Tagen entdeckte der Küster, dass aus dem Grab des Mädchens die rechte Hand herauswuchs. Er steckte sie zurück ins Grab, doch immer wieder wuchs die Hand heraus. Der

Sagenhafte Spur

Auf dem Hollenpfad um Bödefeld

Pfarrer sah darin eine Mahnung Gottes, ließ die Hand abschneiden und aufbewahren. Die Kirche distanziert sich von diesen Sagen und erklärt die mumifizierte Hand mit der mittelalterlichen Prozessordnung. Danach musste unter anderem bei einem Mordprozess

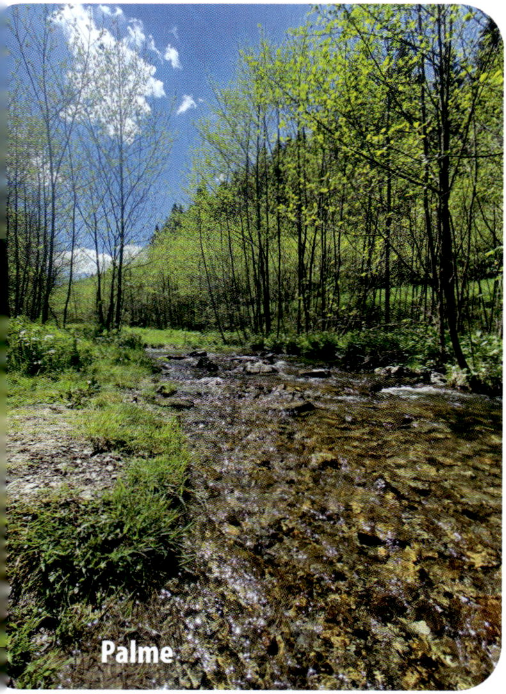

nicht nur der Täter, sondern ein konservierter Teil des Opfers anwesend sein.

Wir verlassen die Pfarrkirche und gehen zunächst die **Straße Zum Kreuzberg** hinauf. Die Tour ist eine Goldroute und daher gut mit einem goldenen G auf dunkelrotem Grund markiert. Es geht bergauf an einer Weide mit Hochlandrindern vorbei, dann in den Wald hinein. Darauf führt der Weg rechts hinunter ins Dorf und scharf links den **Lingenauwer** entlang. Wir überqueren die **Hunaustraße** nach rechts und biegen wenig später links in die **Straße Auf der Hütte** ein. An einer Straßenlaterne beginnt ein Fußweg.

Wie viele Dörfer im Sauerland ist Bödefeld eng mit dem Wald verbunden: Die Bäume sind seit alters her Baumaterial und bieten Wärme. Hier am Weg stehen zehn aufgefächerte Baumstämme, die von der Geschichte des Dorfs erzählen. Wir gehen an einem Abenteuerspielplatz für Kinder vorbei, den die Dorfgemeinschaft geschaffen hat. Neben uns rauscht der Dorfbach, die **Palme ❷.** Breit schlängelt sie sich durch die Landschaft. Neugierig schauen wir durch ein Beobachtungsrohr: In der Aue mit den Erlen, den Schotterbänken und dem Totholz fühlen sich viele Pflanzen und Tiere wohl. Über einen Waldweg geht es an der Palme entlang durch den Wald bis zu einem Wassertretbecken. Hier biegen wir rechts ab und an einem alten Kohlenmeilerplatz gehen wir hinauf bis zu einem sanft ansteigenden Forstweg. Der Wegesrand ist dick mit Waldmeister gepolstert. Wir zupfen einige Blätter ab, schnuppern: So riecht Wald-Frühling im Sauerland.

***Waldmeister** kommt in Mitteleuropa vor allem in Rotbuchenwäldern vor. Die Pflanzen bilden Ausläufer, die sich über den ganzen Boden verteilen. Waldmeister wird in Bowle, Sirup und Eis sowie als Arzneipflanze und Mottenmittel verwendet.*

Rechts im Laubwald taucht zwischen den maigrünen Buchen das **Hollenhaus** ③ auf. Der Sage nach haben hier kleine zierliche Waldfrauen gelebt. Sie waren freundlich und hilfsbereit zu den Menschen. Besonders zu den Bödefelder Kindern, die die Weidetiere hüteten. Sie spielten und scherzten mit ihnen. Beim Abschied gaben die Hollen den Kindern funkelnde Steine. Die Kinder trugen den Schatz nach Hause und die Eltern merkten: Das ist pures Gold! Not und Sorge hatten nun ein Ende. Aber habgierige Erwachsene wollten mehr und die Schätze der Hollen rauben. Die aber verschütteten alle Eingänge, verwandelten ihr Haus in einen

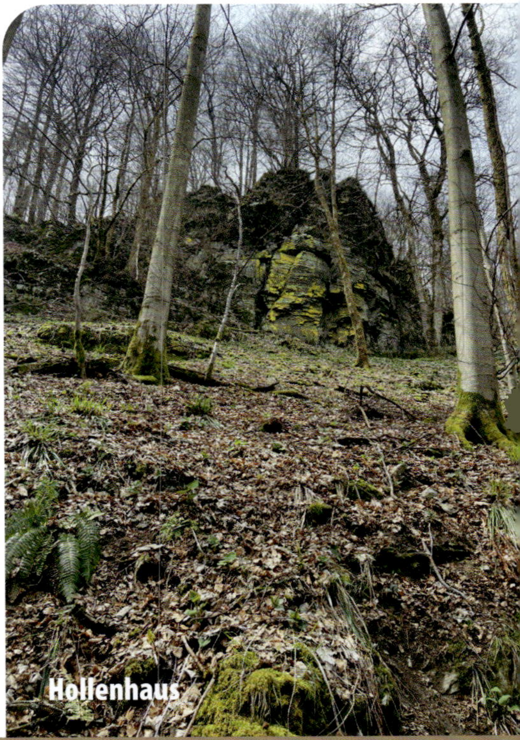

Hollenhaus

Für die Seele

Am Hollenhaus mitten im Buchenwald ist die Kraft alter Sagen, die von Generation zu Generation weitergegeben werden, zu spüren.

Felsen und wurden nie wieder gesehen. Die Habgier hatte das wunderbare Zusammenleben zerstört.

Die gelben Flechten leuchten auf dem Hollenhaus, fast so, als wären sie das Gold der feinen Waldfrauen. Die alten Buchen stehen davor wie Säulen in einer Kathedrale. Moos umhüllt abgestorbene Bäume wie ein Wintermantel.

Unser Weg geht weiter auf das Dach des Hollenhauses. Wir haben einen fantastischen Blick ins Tal, setzen uns auf ein geschwungenes Waldsofa, packen unser Picknick aus und lassen die alten Bödefelder Geschichten von Habgier, Neid und Boshaftigkeit wirken, die von Generation zu Generation weitergegeben werden. Warum wurden sie so erzählt? Was wollen sie uns sagen?

*Seit 2004 gibt es in Bödefeld den **Hollenmarsch.** Das ist ein Ultramarathon über mehr als 100 Kilometer. Zuletzt nahmen mehr als 2000 Läufer teil. Mittlerweile ist der Wettbewerb um kürzere Laufstrecken erweitert worden.*

Von unserem gemütlichen Waldsofa mit Panoramablick aus wandern wir weiter über einen Waldweg und erreichen ein **Rotwildgehege** ❹. Die Tiere sind an Menschen gewöhnt und kommen neugierig auf uns zu. Die Geweihe sehen aus wie von Samt überzogen. Hinter dem Gehege biegen wir nicht nach rechts ab, sondern gehen geradeaus bis zu einer Schutzhütte. Ein aus Holz geschnitzter Adler auf der einen und ein Uhu auf der anderen Seite flankieren wie Wächter des Walds die Schutzhütte. Kettensägenschnitzkunst. Wir

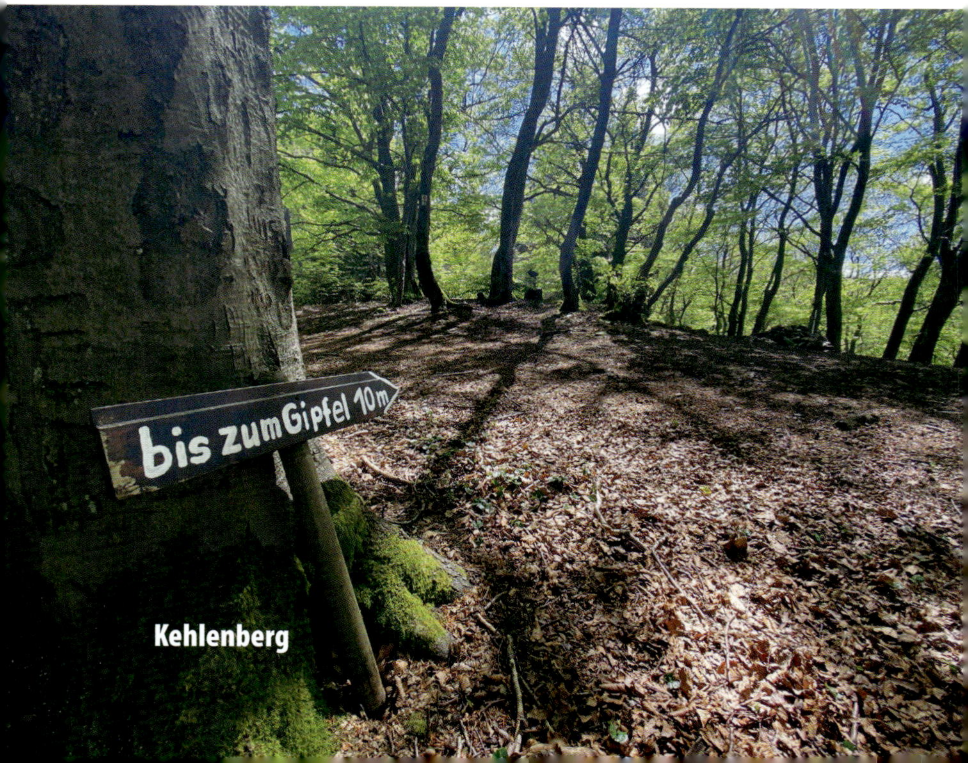

Kehlenberg

staunen über die feinen Details, die der Künstler mit der groben Kettensäge ins Holz gearbeitet hat. Die Aussicht über die Bergketten und Felder von hier ist attraktiv.

Dann setzen wir unsere Wanderung fort und biegen schon nach kurzer Zeit scharf links auf einen Pfad ab. Wie durch einen Laubtunnel gehen wir jetzt über Wurzeln immer weiter bergauf und erreichen den Gipfel des **Kehlenbergs** ⑤. Auch hier hat der Holzkünstler eine Bärenskulptur aufgestellt. Weiter den Berg hinab gelangen wir zum Bächlein **Rehmecke** ⑥. Wir sehen, hören, riechen Sauerland. Die Vögel zwitschern, das glasklare Wasser plätschert wie ein silbernes Band den Hang herunter und die Luft fühlt sich unglaublich sauber und erfrischend an. Es ist ein Moment der Vollkommenheit. Wir überqueren den Bach und gehen weiter auf einem Pfad, bis sich der Wald öffnet, wir über einen Wirtschaftsweg weitergehen und dabei auf Bödefeld schauen können.

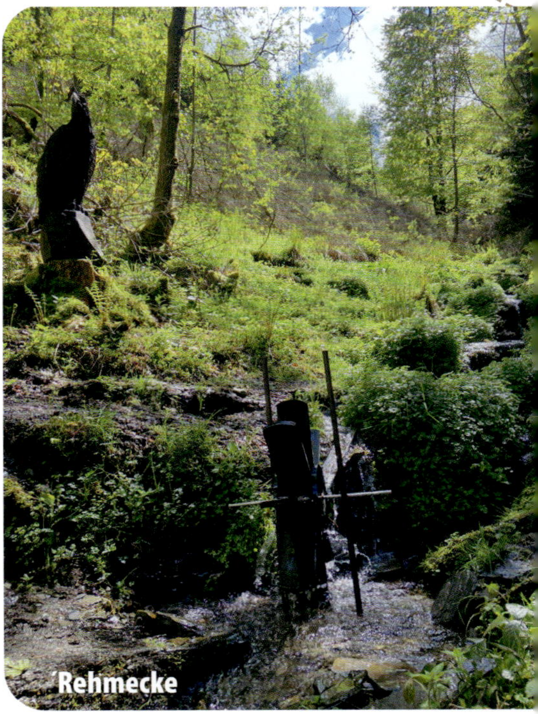
Rehmecke

Die Bauern haben das Gras auf den Wiesen frisch gemäht. Es duftet nach Frühsommer. Dann biegen wir rechts ab und gehen weich federnd über einen Grashang bergab. Highlandrinder mit Riesenhörnern schauen

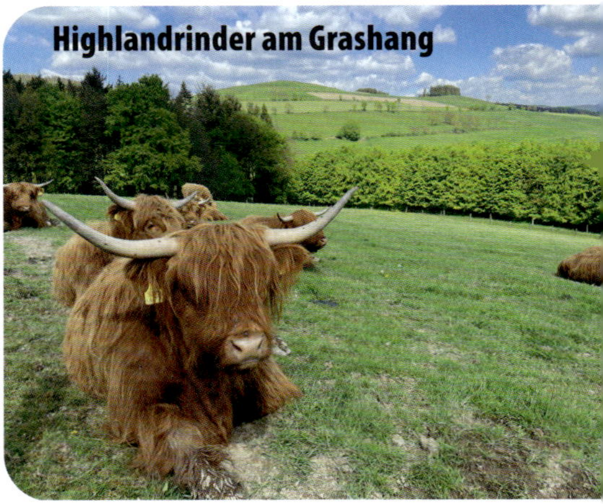
Highlandrinder am Grashang

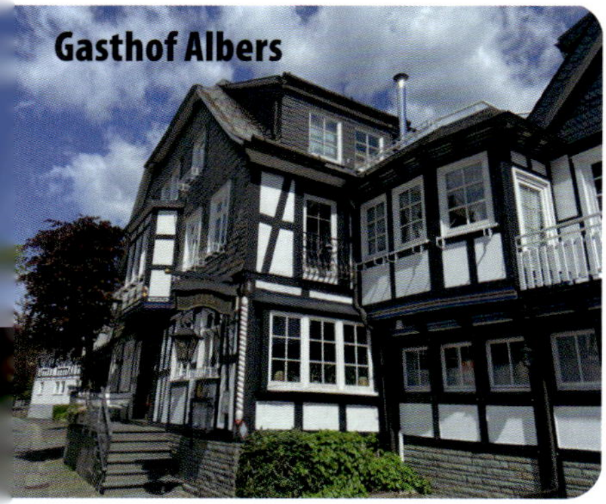

uns träge zu. Durch ein Waldstück gehen wir schließlich wieder auf das Dorf zu. An der Schützenhalle biegen wir links in den **Mühlenweg** ein und beim Minigolfplatz rechts ab. Der Weg führt hinter der Schule entlang zum Dorfpark. Von dort aus sind es nur wenige Meter zum **Gasthof Albers ⑦**, in dem wir uns mit westfälischen Gerichten wie Grünkohlgetöse, Pfefferpotthast oder Kreuzbergzipfel verwöhnen lassen können. Danach sind es nur noch wenige Schritte und wir kommen an unseren Ausgangspunkt an der Pfarrkirche zurück.

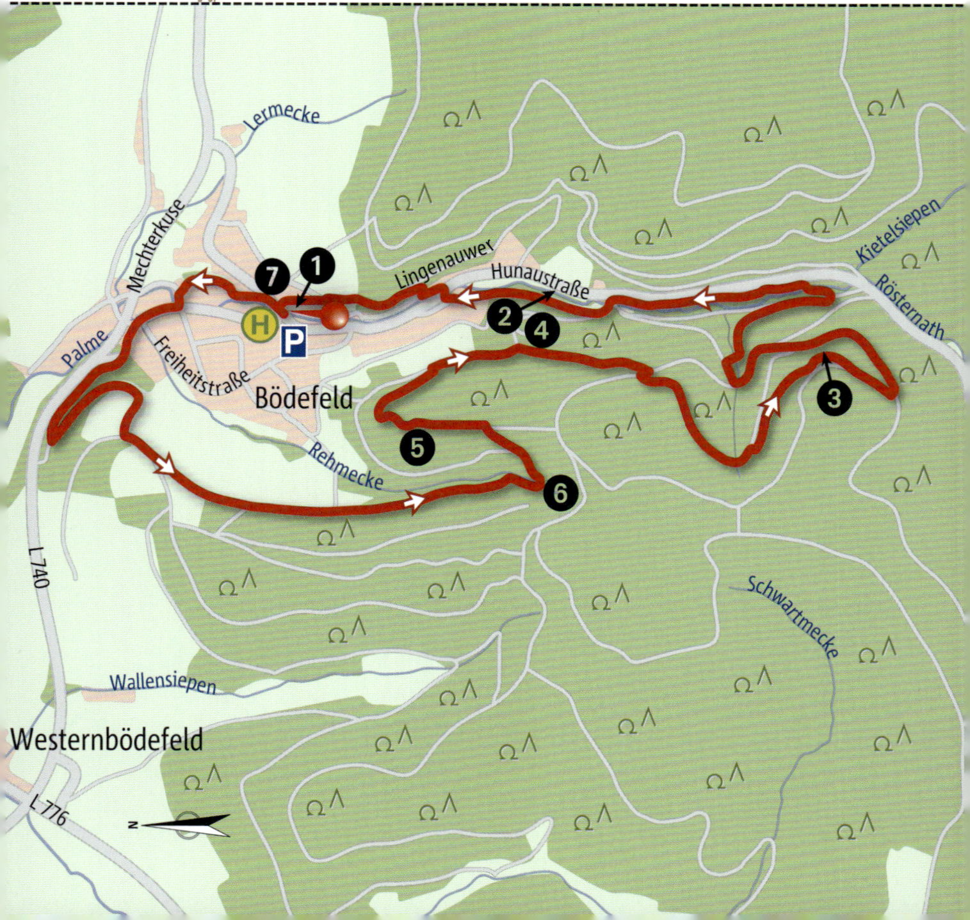

Alles auf einen Blick

WIE & WANN:
Am Start und Ende sind wir auf asphaltierten Abschnitten unterwegs, ansonsten auf Pfaden, Wald-, Forst- und Feldwegen. Besonders beeindruckend ist der Hollenpfad im Mai, dann blühen Schlüsselblumen, Lerchensporn und Waldmeister. Außerdem leuchtet der Buchenwald besonders schön. Die Tour ist aber zu jeder Jahreszeit ein Genuss.

HIN & WEG:
Auto: Wanderportal an der Kirche, 57392 Schmallenberg-Bödefeld (GPS: 51.2460945, 8.3933598)
ÖPNV: Bödefeld ist von Schmallenberg aus mit der Buslinie S 90 zu erreichen, Haltestelle Kirche.

ESSEN & ENTSPANNEN:
Landhotel Gasthof Albers ❼ Graf-Gottfried-Straße 2, 57392 Schmallenberg, Tel. (0 29 77) 2 13, www.albers-landhotel.de
Weitere Einkehrmöglichkeiten im Dorf

ENTDECKEN & ERLEBEN:
Pfarrkirche St. Cosmas und Damian ❶
Palme ❷

Entspannung ★★★★☆
Genuss ★★★☆☆
Romantik ★★★☆☆

Hollenhaus ❸
Rotwildgehege ❹
Kehlenberg ❺
Rehmecke ❻

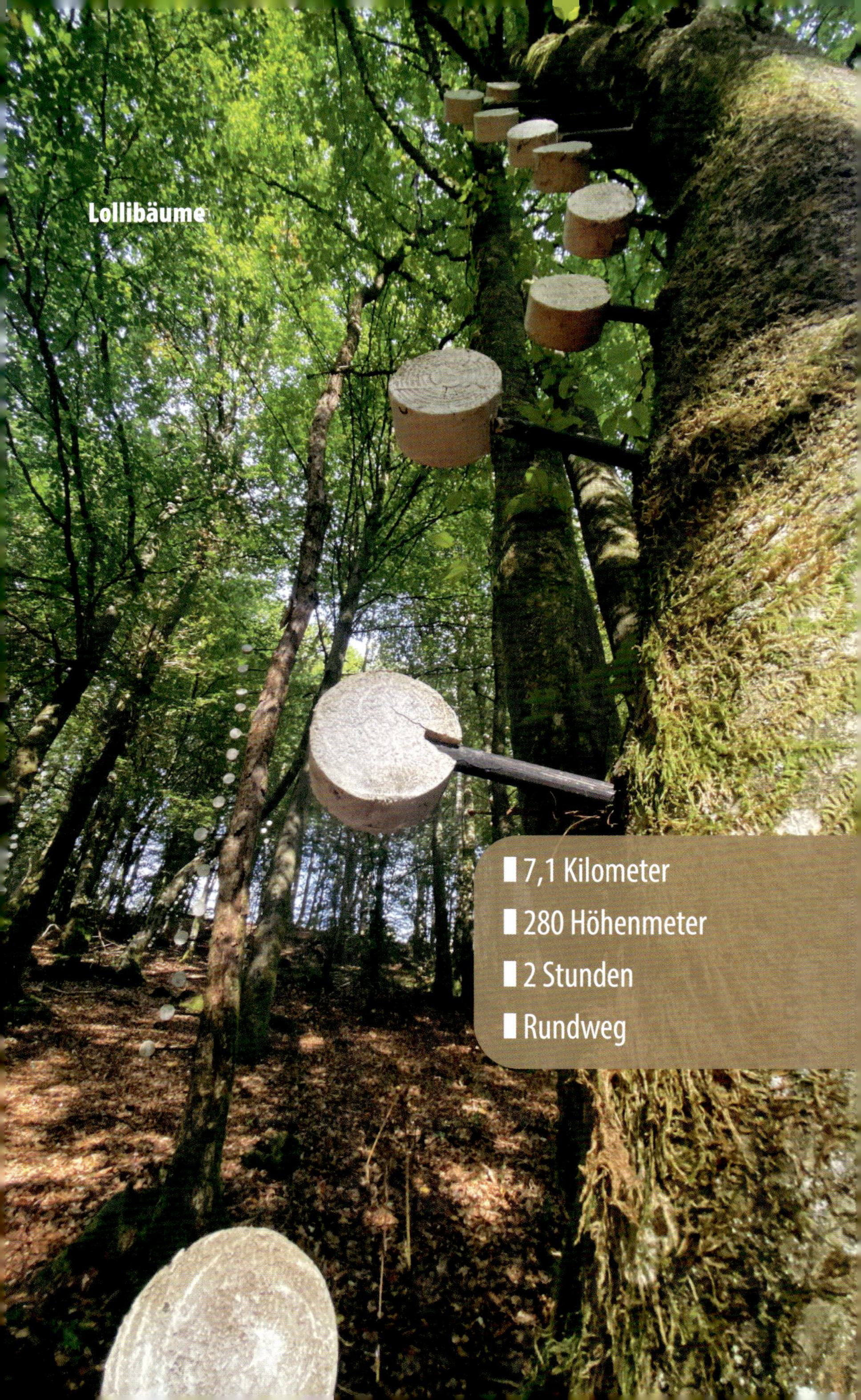
Lollibäume
7,1 Kilometer
280 Höhenmeter
2 Stunden
Rundweg

Kunst im Wald

Auf der KulTour in Drolshagen

Um Kunst zu bestaunen, müssen es nicht immer eine Galerie oder ein Museum sein. Für die KulTour am Listersee bei Drolshagen haben künstlerisch ambitionierte Frauen sogenannte LandArt-Kunstwerke aufgestellt. Eine Strecke, auf der wir mit großer Leichtigkeit von Kunstwerk zu Kunstwerk wandern und Ruhe und Inspiration genießen. Unsere Wanderung auf derKultTour startet am Parkplatz Kalberschnacke direkt an der **Listertalsperre** ①. Wir betrachten den See, wo Haubentaucher, Blesshuhn und Stockente ihre Runden ziehen. Was für eine Ruhe in einer schnelllebigen Zeit!

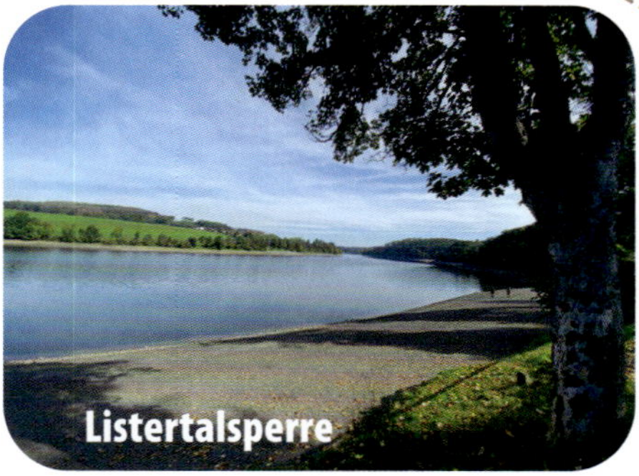

Listertalsperre

*Die Anfang des 20. Jahrhunderts gebaute **Listertalsperre,** ein Seitenarm der Biggetalsperre, ist ein Paradies für Wasservögel. Außerdem finden die stark gefährdete Teichmuschel, aber auch viele Fische wie Hecht, Karpfen, Aal und Zander hier Lebensraum.*

Über einen naturbelassenen Weg gehen wir in den Wald hinein. Nach kurzer Zeit schon erreichen wir eine Waldwiese. Ein Kreis aus Baumstümpfen liegt dort. Der Innenraum ist gefüllt mit tellergroßen Steinen, auf denen in schwarzer Schrift Wörter wie Humor, Liebe, Leben, Musik, Gelassenheit und Vernunft stehen: der Ort der **Auseinandersetzung** ②. Das erste LandArt-Kunstwerk.

LandArt ist eine Kunstströmung, die in den 1960er-Jahren in den USA entstanden ist: Kunstschaffende ließen Ateliers hinter sich und entdeckten die Natur als Material und Ausstellungsraum. Earth Works

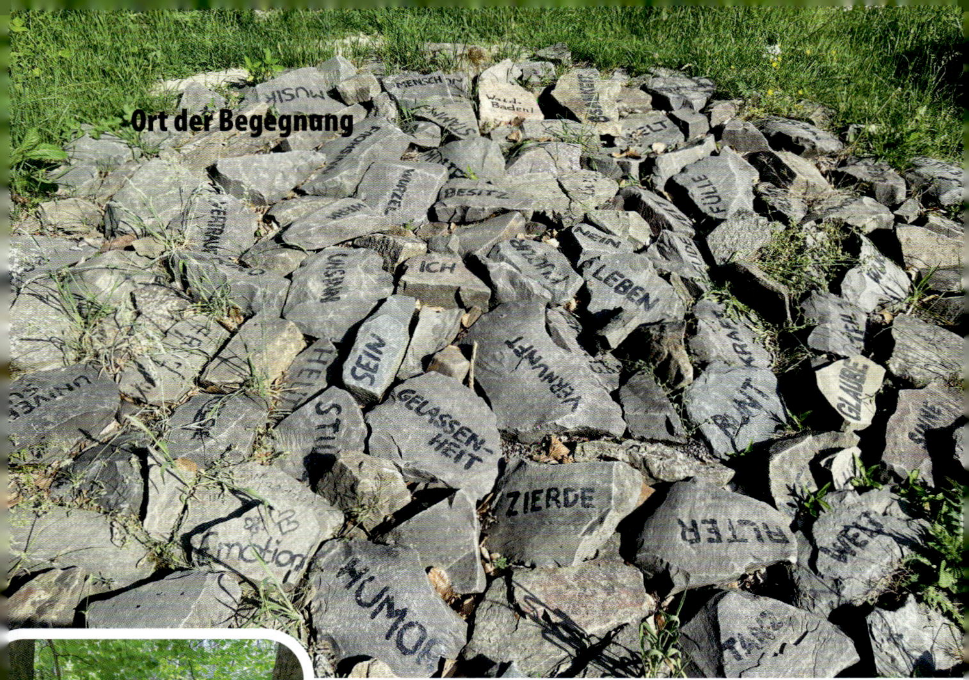

Ort der Begegnung

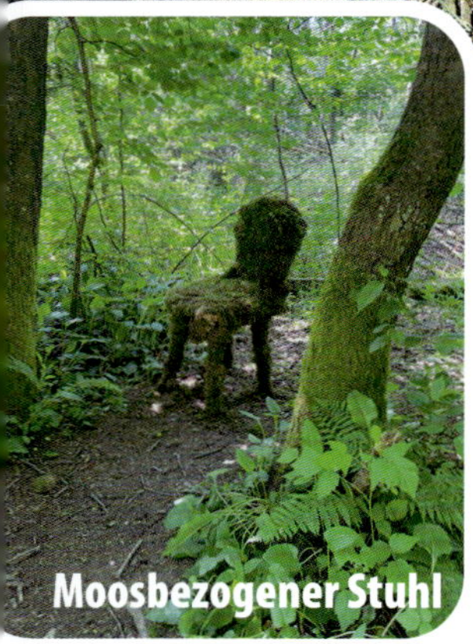
Moosbezogener Stuhl

nannten sie das. Die Kunstrichtung schwappte nach Europa hinüber, unter der Bezeichnung LandArt. Einer der prominentesten Vertreter ist Andy Goldsworthy. Eine Dokumentation über den britischen Künstler zündete in der gelernten Werbegrafikerin und Drolshagener Tourismusfachfrau Regine Rottwinkel die Idee, mit zwölf kunstbegeisterten Frauen einen Land-Art-Wanderweg zu schaffen: die KulTour.

Wir gehen über den Waldweg, und fast hätten wir einen Stuhl übersehen, der mit dickem Moos überzogen ist. Auch das ist eins der Kunstwerke. Der Weg schärft unsere Aufmerksamkeit. Mit jedem Schritt sind wir gespannt, wo wir ein neues Kunstwerk entdecken. Im Wald rechts steht eine aufgeschichtete Mauer mit knallroten Steinen: **Altar-Native** ❸ haben sie die LandArt-Künstlerinnen genannt. Immer wieder entdecken wir am Wegrand knallrot lackierte Steine. Mal sind sie in Kunstwerken verarbeitet, mal liegen sie einzeln, mal sind sie zu kleinen Steinmännchen aufgeschichtet. Genau so soll es sein: Wir Wanderer dürfen und sollen die losen Steine aufnehmen und an neuer Stelle zusammenlegen. So entstehen immer wieder

*Die europäischen **Land-Art-Künstler** sind stark von einem ökologischen Grundgedanken getragen. Ihnen geht es nicht darum, zu provozieren, sondern äußerst sensibel in Natur und Landschaft einzugreifen.*

neue Blickpunkte oder sogar Kunstwerke. Nur wenige Meter weiter fesseln Strohhaufen auf Stahlstäben unseren Blick, die in einer Schlangenlinie auf uns zukommen: Galoppierende Strohballen heißt das Werk. Wir sehen genau hin: Auf den Strohballen wächst grünes Gras. Wir schmunzeln: Punkig sieht das aus. Natürliche Veränderung und Vergänglichkeit gehören zur LandArt.

An einem kleinen Teich entdecken wir einen tönernen Fischschwarm. Die Fische fügen sich in die Natur ein und scheinen über dem Wasser zu schweben. Die Frauen haben sie im Winter getöpfert und im Frühjahr in den Tümpel gestellt. Wenig später halten wir inne: An den Baumstämmen auf der rechten Seite sind wellenförmig weiße Holzscheiben auf zarten

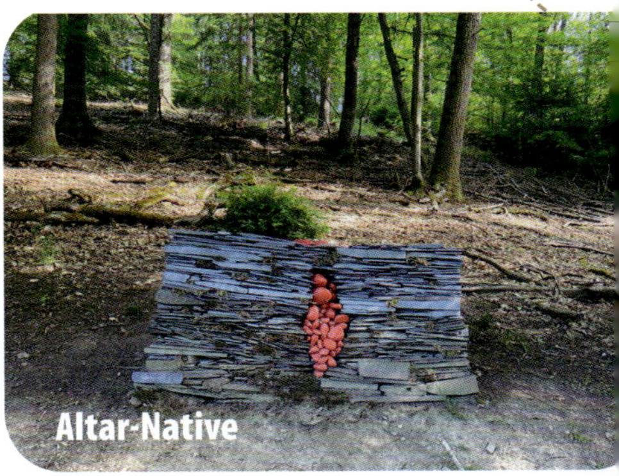
Altar-Native

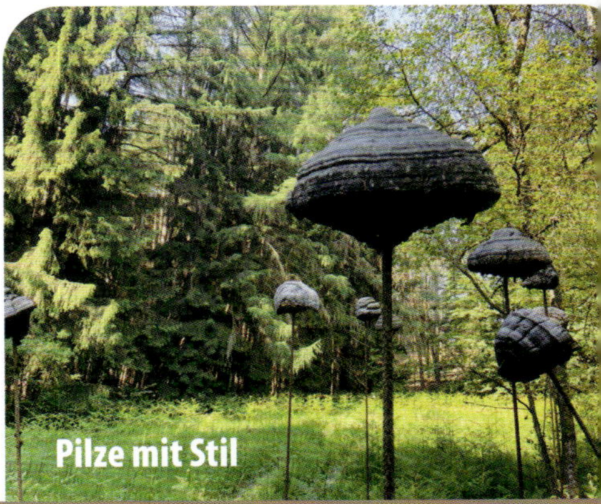
Pilze mit Stil

Für die Seele

Viele LandArt-Kunstwerke machen Wald und Felder am Listersee zu einer Riesen-Galerie. Eine Strecke, die entschleunigt und inspiriert.

Stäben angebracht: **Lollibäume ④**. Wir gehen einige Schritte vor und zurück: Je nach Perspektive überschneiden sich die Lollis oder bilden einen Vorhang.

Der naturbelassene Weg führt immer weiter geradeaus. An einem lichten Fleck tauchen Baumpilze auf Stäben aus einem Meer von Farnen hervor. Die grünen

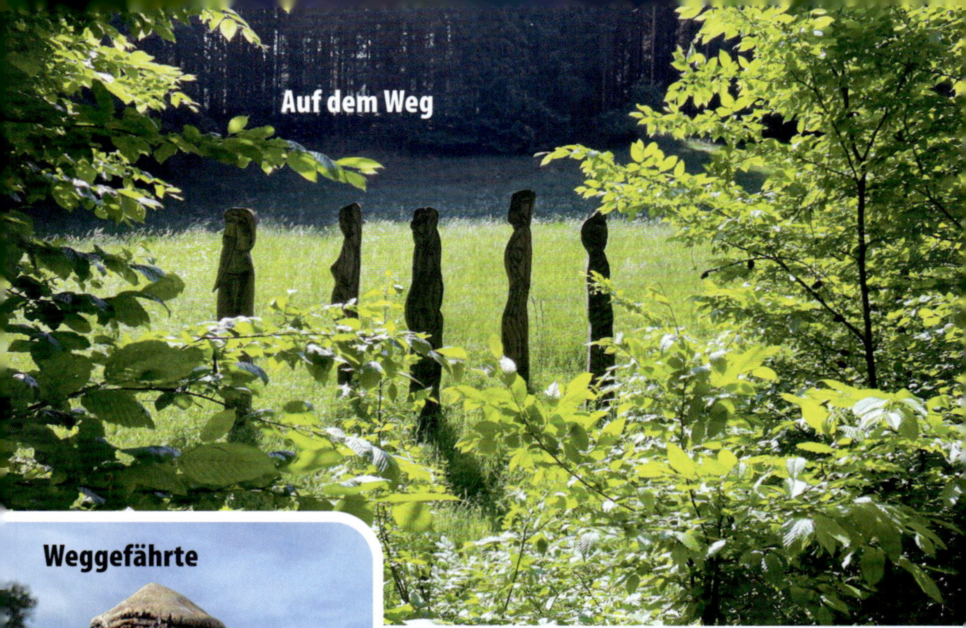

Auf dem Weg

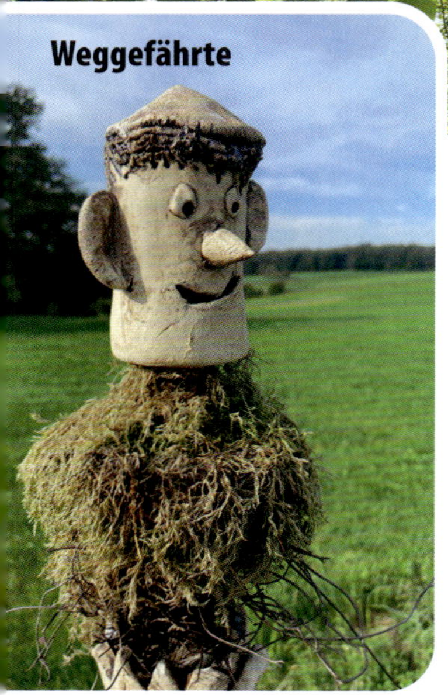

Weggefährte

Farnwedel bilden quasi einen Teppich für die dunklen, tanzenden Baumpilze. Nicht umsonst haben die Drolshagenerinnen sie **Pilze mit Stil** ⑤ – ohne e – genannt. Wie nahezu alle LandArt-Künstler verwenden auch die Künstlerinnen vorrangig Materialien, die sie vor Ort finden.

Wie in einem verwunschenen Paradies stehen auf einer Wiese fünf Holzskulpturen, **Auf dem Weg** ⑥ ist der Titel des Werks. Und kurze Zeit später biegt unser Wanderweg zum ersten Mal ab. Verlaufen können wir uns nicht, denn die Künstlerinnen haben Weggefährten geschaffen, die uns begleiten: Wegweiser aus Holz- und Tonscheiben, mit Moos und Zapfen. Zusätzlich ist der Weg an vielen Stellen aber auch mit herkömmlichen Schildern ausgezeichnet.

Es geht berghoch und in einer Schlüse, einem Hohlweg, liegen große, moosbezogene Kugeln: die grünen Planeten. Wie in einer Umlaufbahn liegen sie hintereinander. Im Wald links ziehen uns Holzstelen an: „Die Natur ist das einzige Buch, das auf allen Blättern großen Inhalt bietet" ist auf einer Stele zu lesen. Ein Goethe-Zitat. „Bäume sind Gedichte, die die Erde an den Himmel schreibt“ vom Philosophen Khalil Gibran steht auf einem anderen. Sieben Stelen sind es insgesamt, die Drolshagenerinnen haben sie **Baumschule 7** genannt. Wir gehen von einer zur anderen, lesen und lassen die Zitate wirken, überlegen, ob und was sie für uns bedeuten. Diese Baumschule ist eine Kraft-Oase.

Oben auf dem Berg angekommen, öffnet sich der Wald und vor uns liegt das Drolshagener Land. Was für eine Weite! Die Künstlerinnen haben diese Empfindung aufgenommen und hier den Steinkreis **Zyklus 8** aufgestellt. Er wirkt wie Mini-Stonehenge und gibt dem Ort ein magisches Flair. Wir setzen uns, freuen uns über den großartigen Blick über die Landschaft und die Impulse der Kunstwerke. Ein lustiger Weggefährte weist uns nun unseren Weg nach links: Ein tönerner Kopf mit spitzer Nase, lustigen Augen, großen Ohren und einem Torso aus Moos & Co. fällt auf und fügt sich doch gut in die Landschaft ein. Im Wald entdecken wir Steinquader, die wie Würfel bemalt sind. An einigen Bäumen sind Augen, Mund und Nase angebracht: Baum-Watch. Dann liegt ein großes,

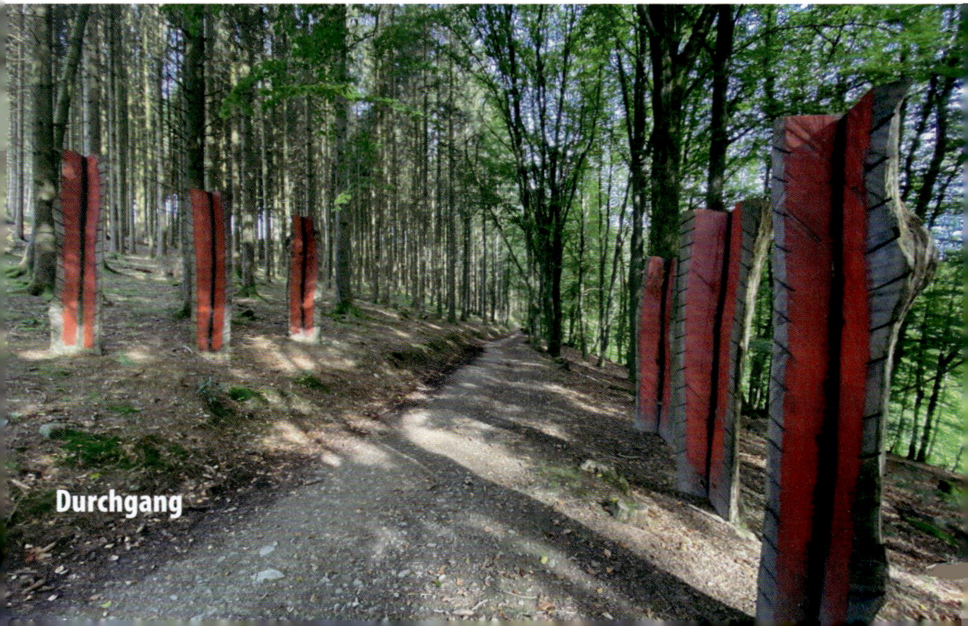

Durchgang

witterungsbeständiges Buch auf der rechten Seite: Wir lesen darin Gedichte über das Glück. Wenn wir aufblicken, sehen wir Felder und Wälder, die vollkommene Natur. Das hier ist eine Insel der Glückseligkeit!

Über einen schmalen Weg geht es nun durch den Buchenwald leicht bergab. Rechts und links hebt sich ein großes Werk von der Umgebung ab. Sechs dicke, aufgeschnittene und feuerrot eingefärbte Baumstämme bilden den **Durchgang 9**. Sensibilisiert und achtsam wandern wir Wald- und Feldwege weiter, entdecken hier und da weitere LandArt-Kunstwerke und erreichen schließlich wieder den Listersee, wo wir unsere KulTour im **Gut Kalberschnacke 10** kulinarisch abrunden.

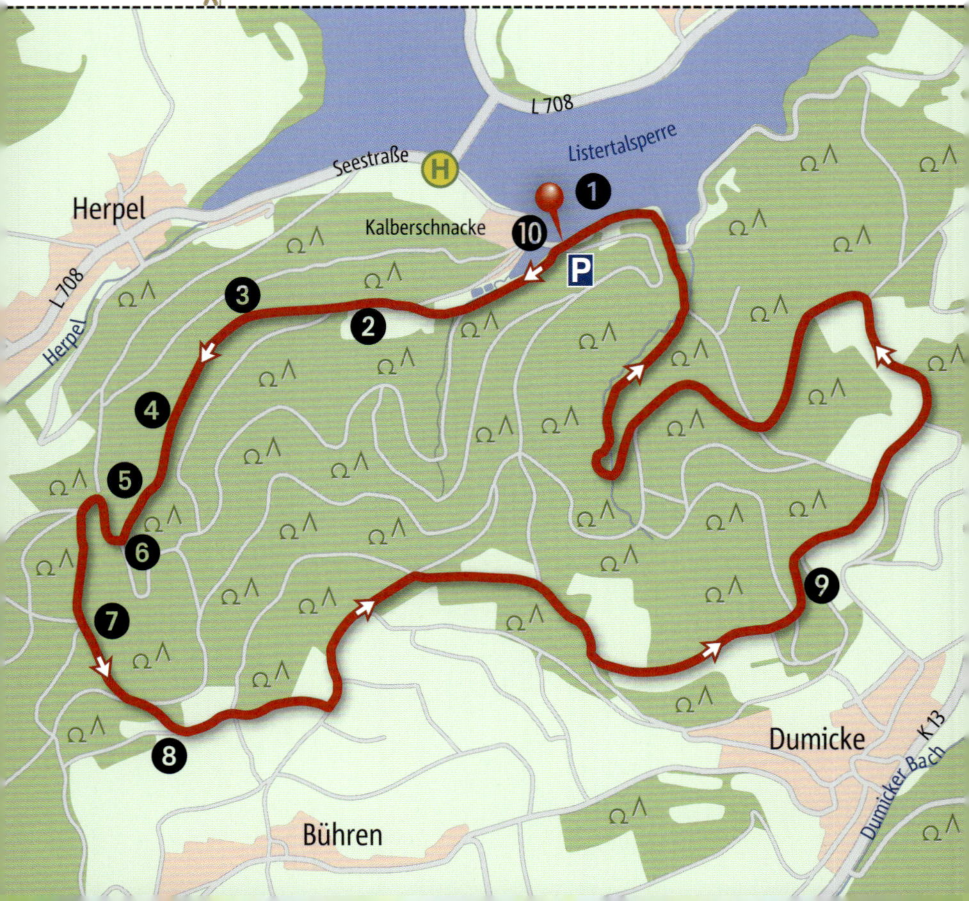

Alles auf einen Blick

WIE & WANN:
Wir kommen Wald-, Forst- und Feldwege entlang. Die KulTour ist ein Ganzjahresweg: Die Kunstwerke sind mit Schneehauben wunderbar anzusehen, aber eine Wanderung durch den kühlen Wald im Sommer ist kaum zu übertreffen.

HIN & WEG:
Auto: Parkplatz Kalberschnacke, Kalberschnacke 6, 57489 Drolshagen (GPS: 51.0705387, 7.8113350)
ÖPNV: Mit der Bahn über Hagen und Lüdenscheid nach Meinerzhagen, mit dem Bus Richtung Österfeld, Meinerzhagen, dann weiter mit Anruf-Linien-Taxi

ESSEN & ENTSPANNEN:
Gut Kalberschnacke ⑩ Restaurant Café, Kalberschnacke 4, 57489 Drolshagen, www.restaurant-gut-kalberschnacke.de

ENTDECKEN & ERLEBEN:
Listertalsperre ❶ **Ort der Auseinandersetzung** ❷
Altar-Native ❸ **Lollibäume** ❹
Pilze mit Stil ❺ **Auf dem Weg** ❻ **Baumschule** ❼
Zyklus ❽ **Durchgang** ❾

Entspannung ✱✱✱✱✱
Genuss ✱✱✱
Romantik ✱✱

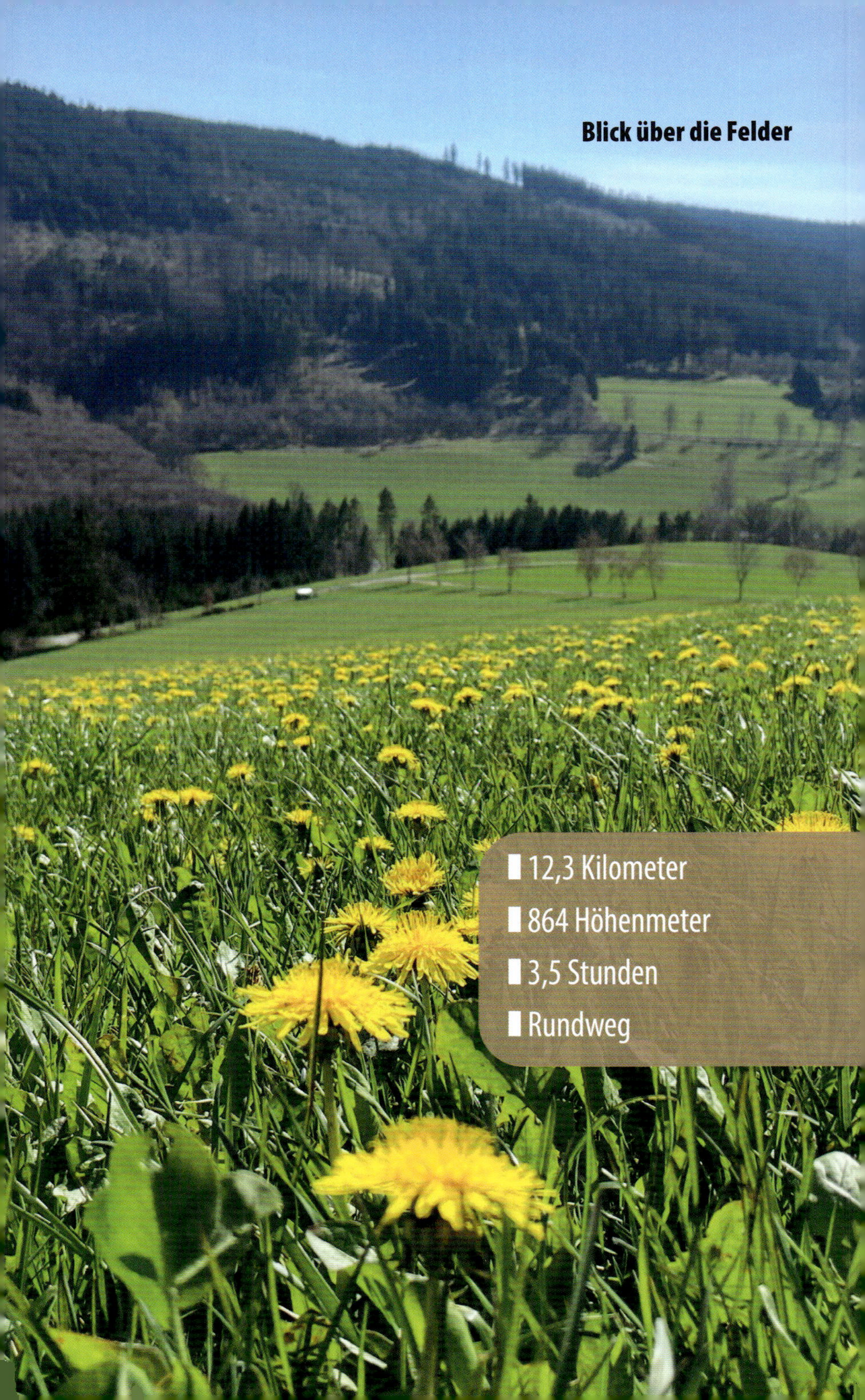
Blick über die Felder
12,3 Kilometer
864 Höhenmeter
3,5 Stunden
Rundweg

Eine Geschichte, die bis in die vorchristliche Bronzezeit reicht, Mystik und moderne Kunst – all das vereint sich in Grafschaft im Schmallenberger Sauerland. Der Wanderweg führt rund um diesen Ort durch eine Landschaft voller Kontraste, die die Menschen seit Jahrtausenden berührt.

Wir starten am Gebäude des Verkehrsvereins in der Dorfmitte. Von dort aus biegen wir rechts ab und gehen zunächst an der **Hauptstraße (K 17)** entlang. Vor gepflegten hübschen Fachwerkhäusern stehen Lindenbäume, zu Spalieren gezogen. Vor ihren Eingängen mit den alten, wunderschön gestalteten Holztüren haben die Grafschafter Bänke aufgestellt. Wir fühlen uns willkommen. Schon von Weitem hören wir ein leises Plätschern und entdecken rechts am Weg ein kleines Fachwerkhaus, an dem sich unablässig ein Wasserrad dreht. Es ist

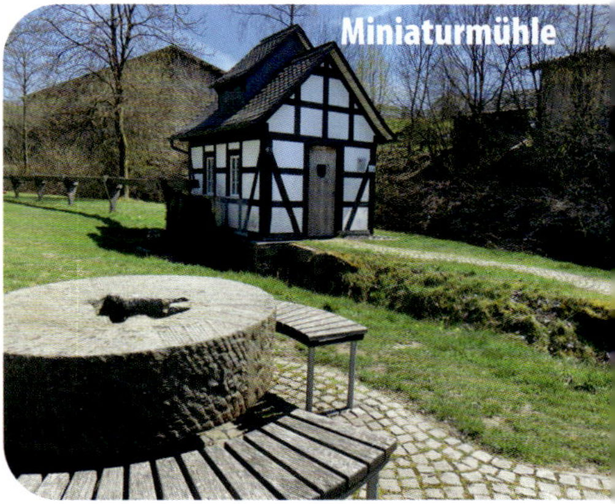
Miniaturmühle

Der heilige Berg

Golddorfroute rund um Grafschaft

der **Miniaturnachbau einer Mühle 1**, die früher in Grafschaft betrieben wurde. Wir überqueren die Straße und gehen auf der **Winkhauser Straße** den Berg hinauf.

Um Grafschaft herum liegen die Berge. So ist das im Sauerland: Ein Berg reiht sich an den nächsten, alle hängen irgendwie zusammen. Der Berg hier links

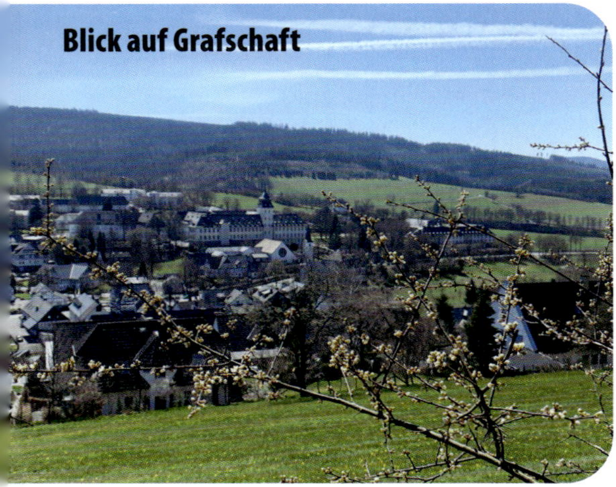

Blick auf Grafschaft

allerdings steht allein. Ein Kegel mit abgeflachtem Gipfel. Der Wilzenberg, der heilige Berg des Sauerlands. Vor dem Wald biegen wir links auf einen Feldweg ab, gekennzeichnet mit einem goldenen G auf dunkelrotem Grund. Nahezu eben geht es jetzt auf einem Feldweg oberhalb von Grafschaft weiter. Rechts von uns erstreckt sich das Naturschutzgebiet Wilzenberg mit seinen wertvollen Rotbuchenwäldern, links unter uns liegt das alte Dorf mit dem markanten Klosterbau. Schon 1062 ließ der Kölner Erzbischof in Grafschaft ein Kloster bauen. Der Ort gilt als kulturelles und historisches Zentrum des Schmallenberger Sauerlands.

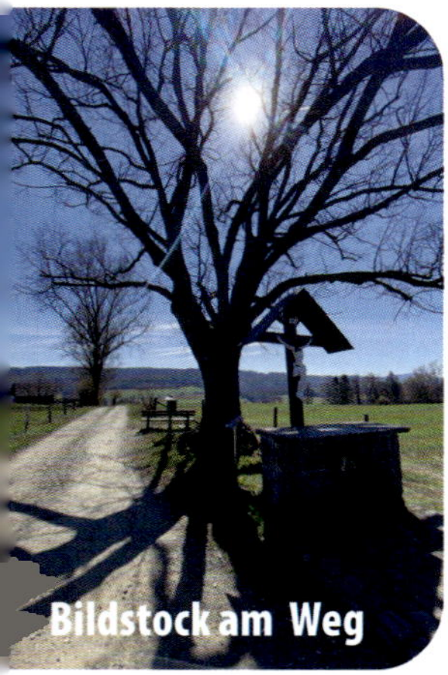

Bildstock am Weg

Ein unbefestigter Weg knickt nach rechts in den Buchenwald ab. Von dort an geht es steil bergauf, allerdings nicht lange. Nach dem nur kurzen Stich treffen wir auf einen ebenen, etwas breiteren Weg. Wir gehen nach links und bleiben auf diesem Forstweg, der auf eine Straße zuläuft. Wir sehen den großen Komplex des Fraunhofer Instituts für Molekularbiologie. Die Wissenschaftler erforschen dort, wie sich Stoffe wie etwa Pflanzenschutz- und Arzneimittel auf die Umwelt auswirken. 100 Meter vor der Straße biegt ein Weg nach rechts ab. Wir werfen einen kurzen Blick auf den alten Brunnen an der rechten Seite der Wegbiegung und gehen weiter bis zum **Wegekreuz Auf der Steinkuhle.** Dieses Wegekreuz steht unter einer alten Linde. Wir biegen nach rechts auf die Teerstraße ab und gehen aufwärts, den markanten Gipfel des Wilzenbergs immer vor Augen. Nach 10 Minuten haben wir die Möglichkeit, links auf einen Pfad, markiert als

G, zu wechseln, der steil bergauf durch den Buchenwald zum **Wilzenberg** ❷ führt. Wir gehen weiter geradeaus, entscheiden uns also für die weniger steile Variante, die zwar doppelt so lang, aber deutlich gemütlicher ist.

Angekommen. Auf der abgeflachten Bergkuppe mitten im Buchenwald. Wir gehen auf zwei Kapellen zu. Schon 1543 wurde eine Kapelle auf dem Wilzenberg erwähnt, die Marienkapelle wurde 1633 errichtet. Daneben sind Sitzbänke platziert, über die sich ein Freialtar regelrecht erhebt. Geradezu magisch wirken allerdings die drei großen Holzkreuze dahinter. Sie heben sich dunkel vor dem stahlblauen Himmel ab. Golgatha kommt uns in den Sinn, der Hügel bei Jerusalem, auf dem Jesus in der Mitte gekreuzigt worden sein soll, rechts und links flankiert von zwei Räubern. Dahinter,

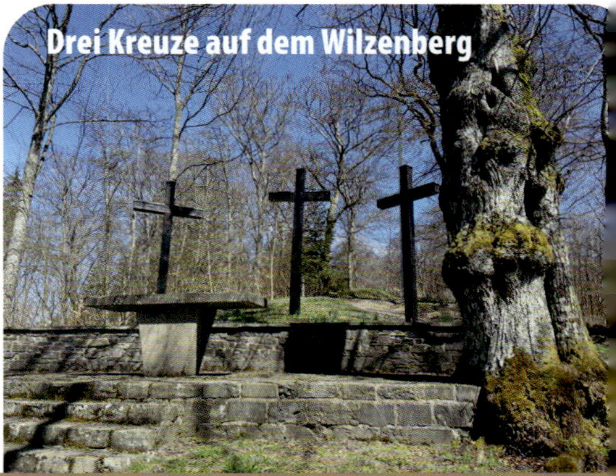
Drei Kreuze auf dem Wilzenberg

Für die Seele

Einer der mystischsten Orte des Sauerlandes und ein sich ständig veränderndes Kunstwerk sind faszinierende Kraftoasen.

noch einige Meter höher, erhebt sich das 28 Meter hohe **Wilzenberg-Kreuz** ❸. Wir setzen uns auf eine der Bänke, werden ganz still und können verstehen, warum die Sauerländer diesen Ort als heiligen Berg bezeichnen.

Auf dem kurzen Waldweg weiter zum Wilzenbergturm erkennen wir im Wald deutlich einige Erdwälle, einen Wallring. Schon in vorchristlicher Zeit soll der Wilzenberg heidnische Kultstätte gewesen sein. Im Jahr 1950 wurden hier 2000 Jahre alte Speerspitzen gefunden. Um den **Wilzenbergturm** ❹ sind mehrere hölzerne Sitzgruppen platziert. Ein wunderbarer Ort für ein kleines Picknick. Aber erst einmal auf den 17 Meter hohen Turm mit dem außergewöhnlichen Sechseck-Grundriss: Schon 1889 errichtet, gehört er zu den ältesten eisernen Aussichtstürmen überhaupt. Über eine Wendeltreppe geht es aufwärts. Stufe um Stufe weitet sich unser Blick über die schöne Natur des Schmallenberger Sauerlands. Wir erreichen die zweite Plattform und lassen den Blick weit über alle Baumkronen hinweg schweifen.

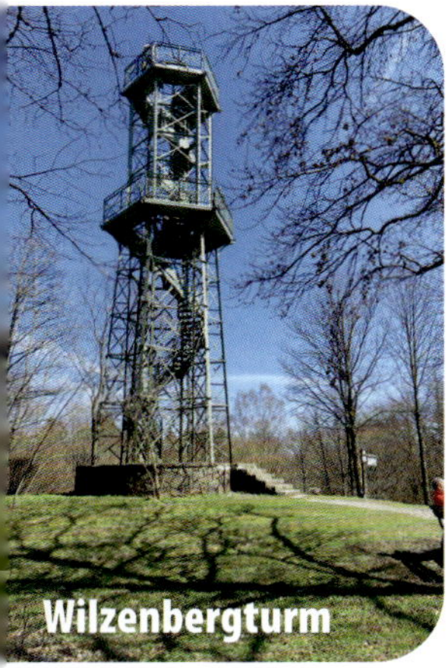

Wilzenbergturm

Gestärkt von diesen Eindrücken und unserem Picknick gehen wir nun den Wilzenberg wieder hinab. Der Weg ist mit **O 4/G** gekennzeichnet und verläuft zunächst in einigen Kurven, dann kreuzen wir einen Forstweg und gehen steil hinunter, immer den Zeichen **O 4/S3/A 4, G** folgend. Wir treffen auf einen Platz, an dem mehrere Forstwege zusammenkommen. Hier steht ein Heiligenhäuschen, vor dem wir rechts den Berg weiter hinuntergehen. Nach kurzer Zeit endet der Wald des Wilzenbergs und wir schlendern nun durch eine weitläufige Weidelandschaft. Schwarz-weiße und braun-weiße Kühe grasen auf einer der Wiesen, auf denen Tausende gelbe Löwenzahnblüten leuchten.

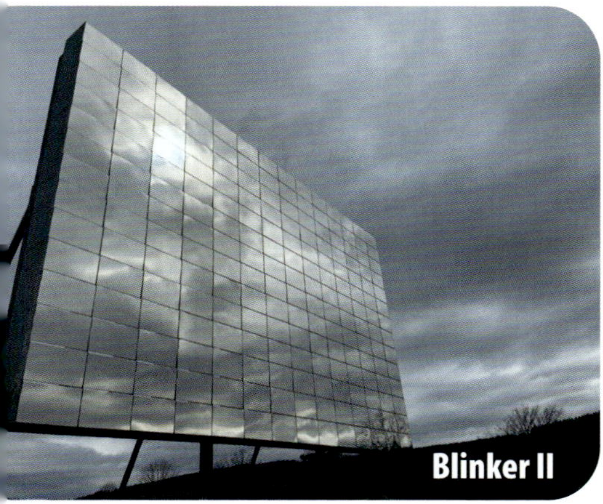

Blinker II

Nach einem großen Stallgebäude biegen wir rechts ab und wandern auf eine monumentale Spiegelfläche zu. **„Blinker II"** ❺ hat der Künstler Timm Ulrichs diese Skulptur genannt. Die 196 beweglich eingehängten und polierten Edelstahl-Spiegel bilden eine Fläche, die so groß ist wie eine durch-

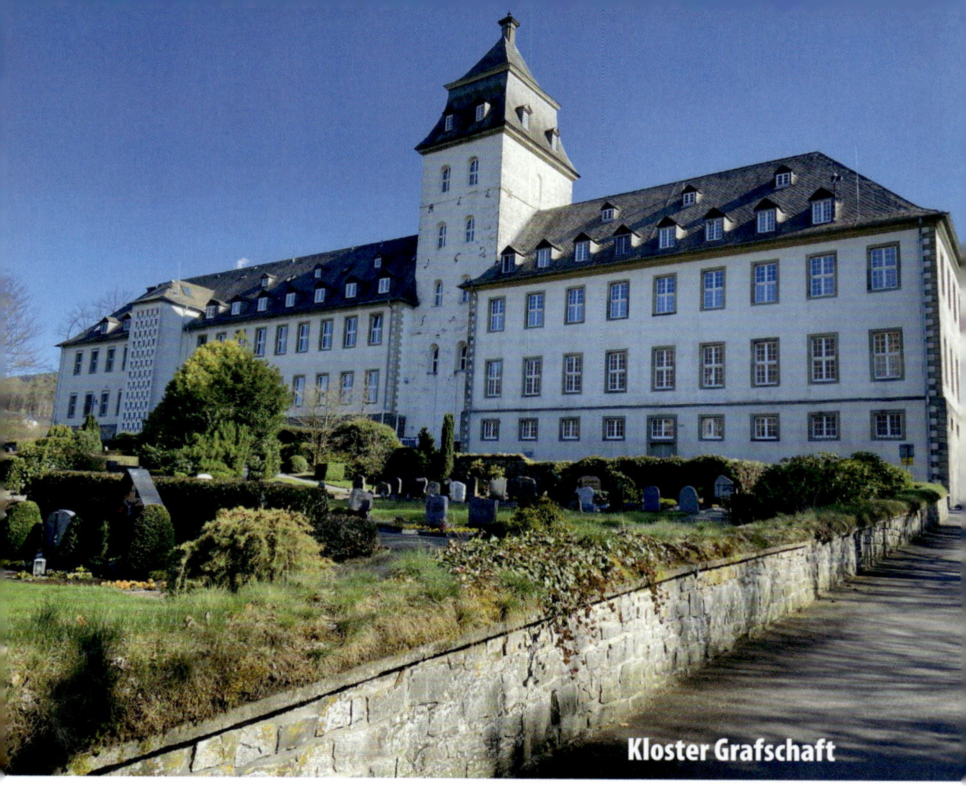

schnittliche Filmleinwand. Und hier zeigt die Natur ihren besten Film: Himmel, Wolken, die Berge und die blütenreichen Wiesen spiegeln und verändern sich stetig. So, als würde sich die schwingende Landschaft noch weiter öffnen. Wenn sich abends die untergehende Sonne im Blinker spiegelt, ist es wie ein großes Feuer oberhalb von Grafschaft, das langsam erlischt.

Wir lassen ein Holzhäuschen, das Schutz vor Wind und Wetter bietet, rechts liegen, gehen über das Feld auf dem Bergrücken geradeaus und kosten die Weite in vollen Zügen aus. An einem von Birken gesäumten, naturbelassenen Weg wandern wir ins Tal, überqueren im Dorf die Straße und folgen dem „G" bis zum **Kloster Grafschaft ❻.**

Das große historische Gebäude beherrscht das Dorfbild. Von 1072 bis zum Anfang des 19. Jahrhunderts war Kloster Grafschaft eine Benediktinerabtei. Gegründet wurde sie aus religiösen Gründen, aber auch, um den Einfluss der Kölner Erzbischöfe im Sau-

!

Im Kloster Grafschaft gibt es ein ***Museum.*** *Dort sind liturgische Geräte, Paramente, Reliquien und Bücher aus der Klosterbibliothek zu sehen. Sie geben einen Einblick in die benediktinische und borromäische Klosterkultur.*

Das ***Kloster Grafschaft*** *hat eine große Bedeutung für die Stadt Schmallenberg. Ende des 12. Jahrhunderts wurde die Burg Schmallenberg vor allem gegründet, um die Abtei in Grafschaft zu schützen. Aus der „Smalenburg" entwickelte sich die Stadt Schmallenberg.*

erland auszubauen. Nach einer sehr wechselvollen Geschichte wurde das heute bestehende Klostergebäude 1729 neu gebaut. 1804 wurde das Kloster aufgehoben und zeitweise als Dorfschule, Lehrerwohnung und Schullandheim genutzt. Im Zweiten Weltkrieg lagerten dort Bestände aus Museen in Düsseldorf, Dortmund und Essen. Seit 1948 leben Borromäerinnen in dem Kloster. Es ist außerdem ein Fachkrankenhaus unter anderem für Lungen- und Bronchialheilkunde und Allergologie.

Vom Kloster aus gehen wir nach rechts ins Dorf, kehren im **Gasthof Heimes** ❼ ein und wandern dann zum Parkplatz am Gebäude des Verkehrsvereins Grafschaft-Schanze zurück.

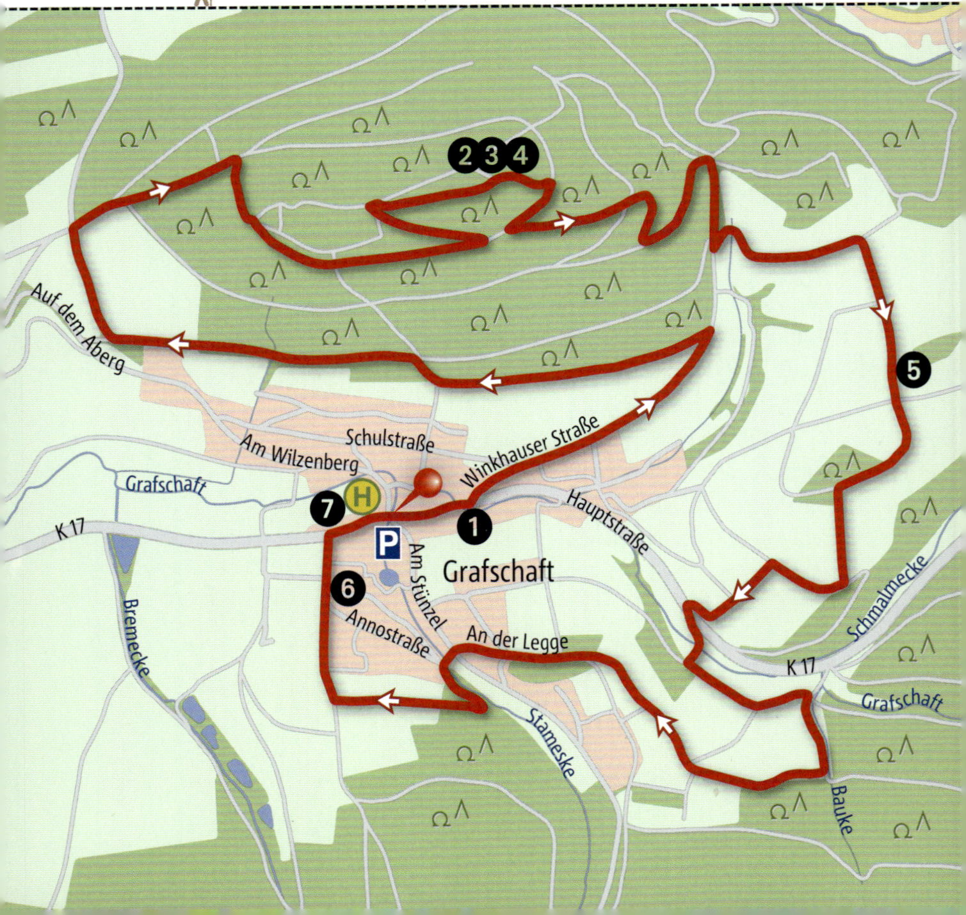

Alles auf einen Blick

WIE & WANN:

Über alte Teerwege, Wald- und Feldwege sowie Pfade verläuft die Runde um Grafschaft. Da die Teerwege einen großen Teil der Route bilden, ist sie selbst bei Regen recht gut begehbar. Eindrucksvoll ist die Tour bei verhangenem Himmel, da die Spiegelung im Kunstobjekt Blinker besonders interessant ist.

HIN & WEG:

Auto: Parkplätze am Haus des Gastes in der Ortsmitte, Hauptstraße 2, 57392 Schmallenberg (GPS: 51.1457843, 8.3266535)
ÖPNV: Buslinie S 40, Haltestelle Grafschaft, Kirche

ESSEN & ENTSPANNEN:

Gasthof Heimes ❼ Hauptstraße 1, 57392 Schmallenberg-Grafschaft, Tel. (0 29 72) 97 80-0, www.gasthof-heimes.de

ENTDECKEN & ERLEBEN:

Miniaturnachbau einer Mühle ❶
Wilzenberg ❷
Wilzenberg-Kreuz ❸
Wilzenbergturm ❹
Blinker II ❺
Kloster Grafschaft ❻

Entspannung ★★★★★
Genuss ★★☆☆☆
Romantik ★★☆☆☆

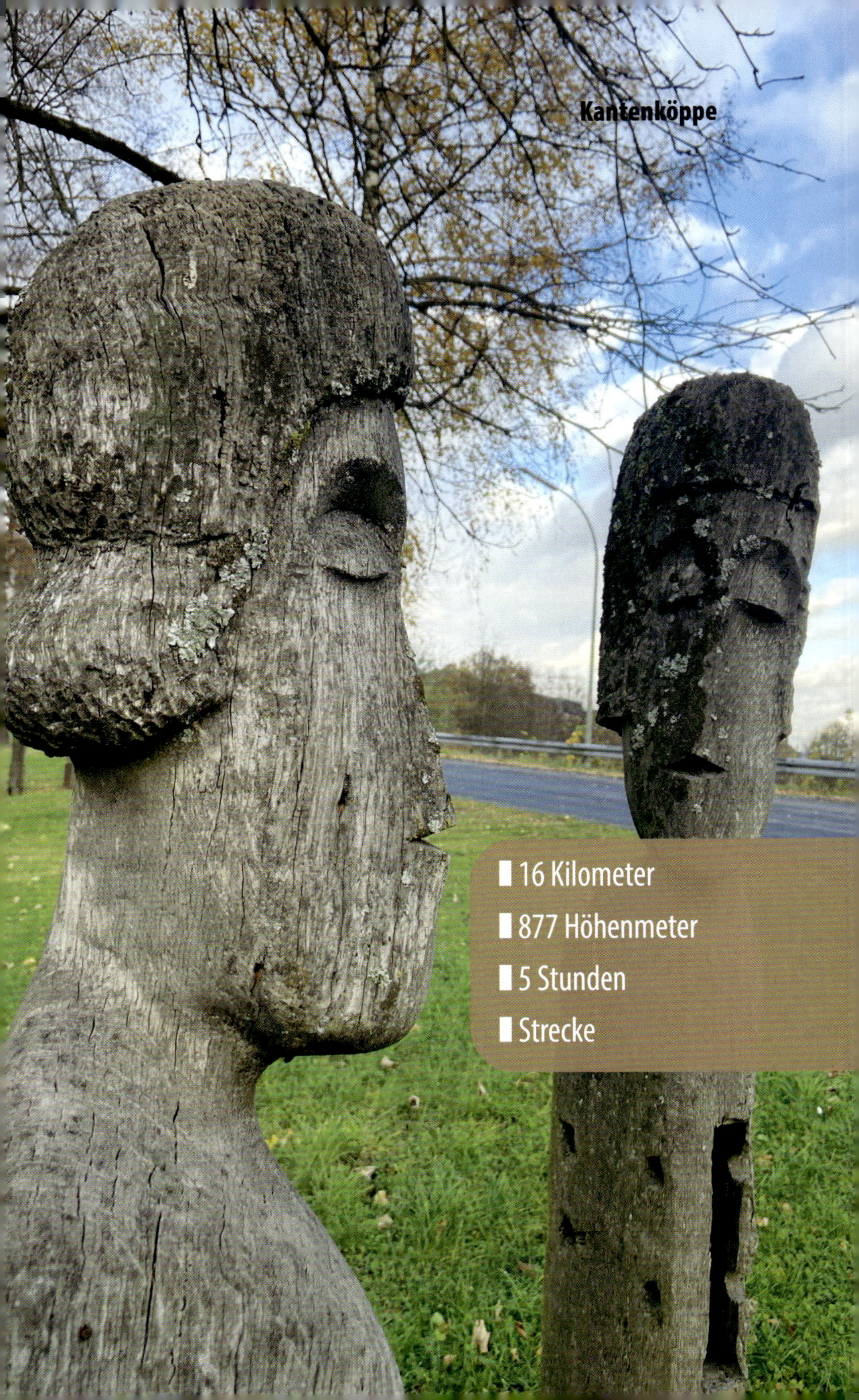

Kantenköppe

- 16 Kilometer
- 877 Höhenmeter
- 5 Stunden
- Strecke

Mit dem Bergkloster Bestwig und der Benediktinerabtei Königsmünster in Meschede gibt es im Hochsauerland zwei Klöster in unmittelbarer Nachbarschaft. Eine Wanderstrecke mit vielen Punkten zum Innehalten und Sich-Selbst-Begegnen verbindet die beiden Häuser. Die Wanderung ist eine Streckenwanderung. Sie kann in jedem der beiden Klöster begonnen werden. Wir entscheiden uns für die Variante, die am Bergkloster startet und dann in Richtung Königsmünster führt. Dazu stellen wir unser Auto auf dem Parkplatz der Abtei Königsmünster in Meschede ab, fahren dann mit dem Zug von Meschede nach Bestwig und gehen dort vom Bahnhof zum **Bergkloster ①**. Die Gebäude sind Mitte der 1960er-Jahre gebaut worden und von einem kleinen Park umgegeben. Das Bergkloster ist das Mutterhaus der Schwester der heiligen Maria Magdalena Postel. Rund 90 Schwestern leben hier. Zum Komplex gehören die Klosterkirche und die Berufsschule, in der unter anderem Erzieherinnen, Ergo- und Physio-

An der Wanderstrecke gibt es an mehreren Stellen spirituelle ***Impulse*** *– ablesbar über einen QR-Code. In den Klöstern gibt es auch ein Begleitheft mit den Impulsen.*

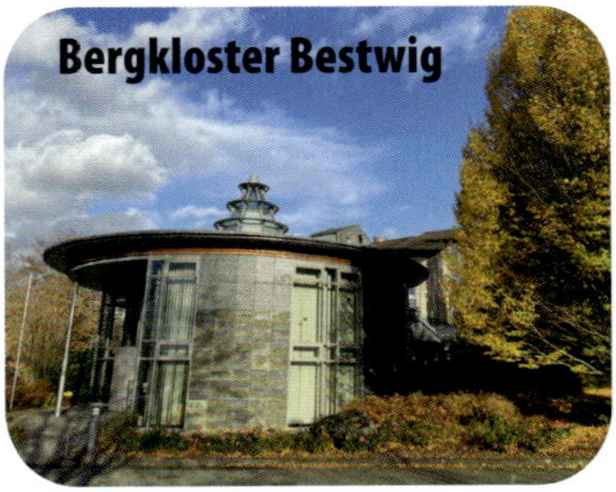

Auf Pilgertour

Von Kloster zu Kloster

therapeutinnen ausgebildet werden. Im Bergkloster werden Einkehrtage angeboten.

Vom Kloster aus gehen wir rechts über den Weg, den wir vorhin vom Bahnhof hochgekommen sind, wieder in den Ort hinunter. Die Wanderstrecke ist durchgängig und gut mit einem weißen KW auf rotem

Grund markiert. An der Durchfahrtsstraße durch Bestwig in Richtung Meschede überqueren wir zwei Straßen mit Ampelanlagen und biegen dann nach rund 80 Metern links in die **Antoniusstraße** ein.

An der Kirche halten wir uns geradeaus, um dann nach 100 Metern auf der **Straße Hegeners Feld** weiterzuwandern. Wir folgen der Markierung weiter über die **Heinrich-Heine-Straße,** die Kapellenstraße, die Straße Kehlhöhle und erreichen schließlich einen steil ansteigenden Forstweg. Wir lassen die Siedlung hinter uns und gehen an **Weihnachtsbaum-Monokulturen** ❷ entlang. Wie in vielen Orten im Sauerland bauen die Produzenten auch rund um Bestwig auf vielen Hängen Weihnachtsbäume an. Wie in einer Spielzeuglandschaft heben sich die dunkelgrünen Nordmanntannen für das Weihnachtsfest deutlich vom hellgrünen Gras ab. An dieser Station des Pilgerwegs sind wir aufgefordert, über das Spannungsfeld zwischen Tradition und Ökologie nachzudenken.

__Nordmanntannen__ sind die mit großem Abstand beliebtesten Weihnachtsbäume. Sie haben sattgrüne Nadeln, stechen und nadeln kaum. Die Bäume stammen ursprünglich aus dem Kaukasus und können bis zu 500 Jahre alt werden.

Mehrmals biegen wir ab und folgen unserem Wanderzeichen; dann taucht auf der rechten Seite die Hütte Keilerhaus auf. Wir achten darauf, kurz nach dem Keilerhaus nicht rechts weiter zu gehen, sondern den

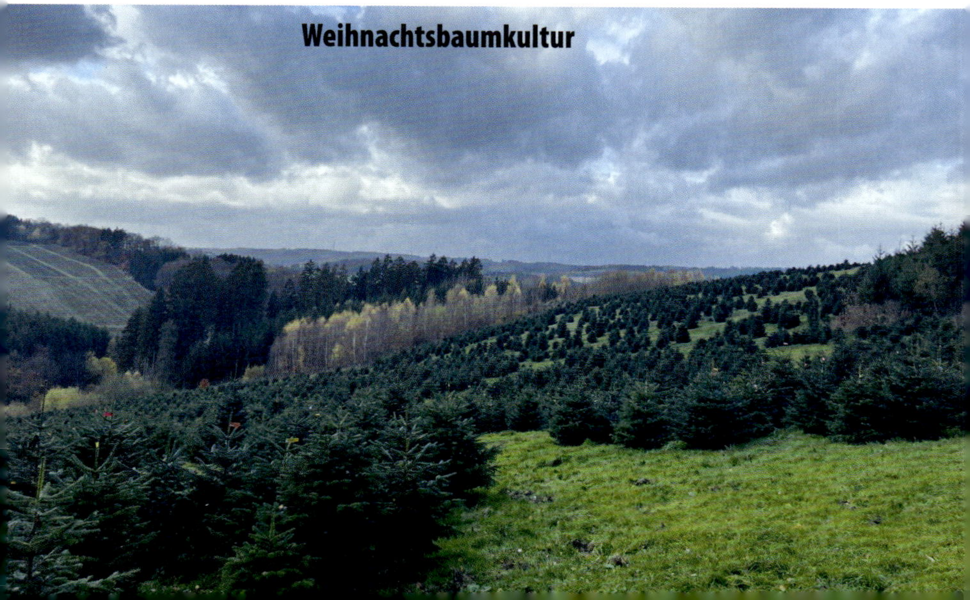

Weihnachtsbaumkultur

linken Waldweg zu nehmen. Schließlich lassen wir den Forstweg hinter uns, durchstreifen einen Buchenwald und gelangen zur **Veleda-Höhle** ③. Sie konnte entstehen, weil hier vor vielen Millionen Jahren ein Bergrücken aus Kalk entstanden ist. Dieses Kalkgestein wiederum ist im Laufe von Abertausenden Jahren vom Wasser ausgehöhlt worden. Jeder einzelne Regentropfen, der im Boden versickert ist, hat einen Beitrag zur Entstehung der Veleda-Höhle geleistet. Neugierig schauen wir durch das Gitter, das den Eingang der Veleda-Höhle aus Sicherheitsgründen versperrt. Eine große Halle sehen wir, die wie eine mächtige Kathedrale wirkt. Die Höhle ist 50 Meter tief und besteht aus zwei Hallen. Funde belegen, dass die Höhle schon in der vorrömischen Eisenzeit von Menschen genutzt worden ist.

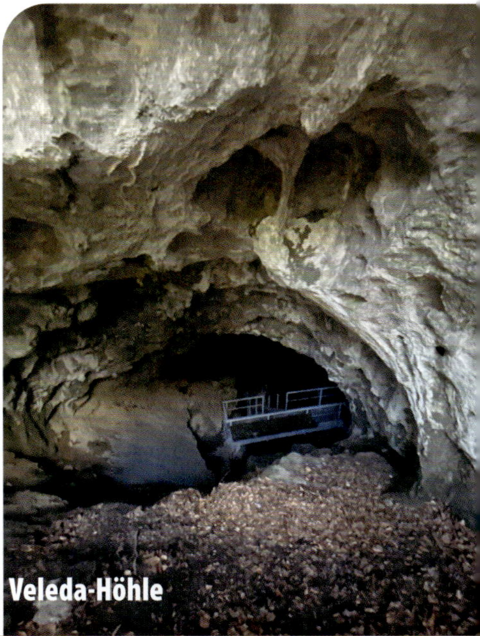

Veleda-Höhle

Für die Seele

Von Kloster zu Kloster erwandern wir Stationen, die uns neue Impulse geben und uns auftanken lassen für unseren Alltag.

Unterhalb der Veleda-Höhle geht unsere Wanderung erst steil abwärts weiter, dann über Pfade, Feld- und Forstwege wieder bergauf. An einer Kapelle halten wir uns links und wandern auf dem Waldweg weiter, der in einen Grasweg übergeht. Jetzt müssen wir gut aufpassen, um die Abbiegung nicht zu übersehen: Ungefähr 100 Meter vor einer **Hochspannungsleitung** geht es auf einem schmalen Pfad durch die Fichtenschonung bergab. Aber schon nach rund 50 Metern führt unsere Tour links auf einem Waldweg weiter. Dieser geht in einen Forstweg über, auf dem wir Wehrstapel erreichen. Über die **Straße Am Mühlenloh** wandern wir bergab und biegen zwischen den Häusern Nr. 28 und 30 auf einen kleinen Pfad ein, der uns zur Durchgangsstraße führt. An der Straße entlang gehen wir zunächst ein paar Meter nach rechts, überqueren sie und setzen unsere Tour auf der **Straße Am Bahnhof** fort.

Eine Brücke führt über die Ruhr und wir sehen auf der linken Seite Holzskulpturen, die uns Wanderer hier in Wehrstapel zu begrüßen scheinen. Gesichter, in denen Wetter und Arbeit ihre Spuren hinterlassen haben. **Kantenköppe** ④ heißen die Skulpturen, die uns an die Statuen auf den Osterinseln erinnern. Kantenköppe, das ist sauerländisch und heißt so viel wie Charakterkopf – ein nicht immer einfacher, aber liebenswerter Mensch mit Ecken und Kanten. Fünf Bildhauerinnen und Bildhauer aus der Villa KünstlerBunt im Nachbardorf Eversberg haben sie geschaffen.

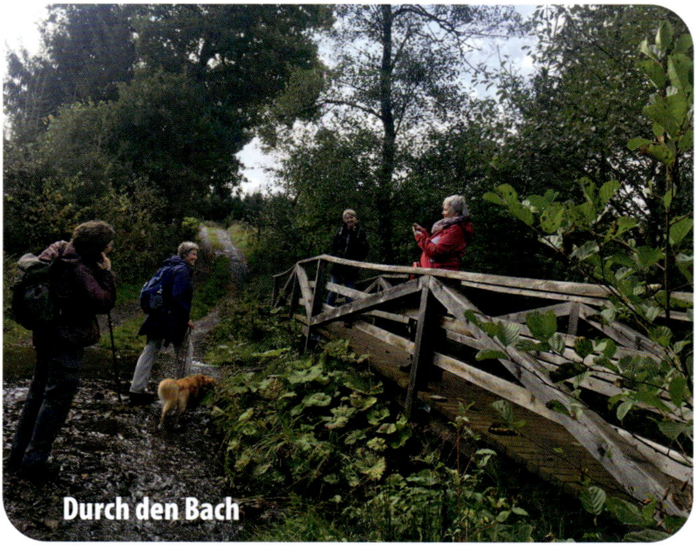
Durch den Bach

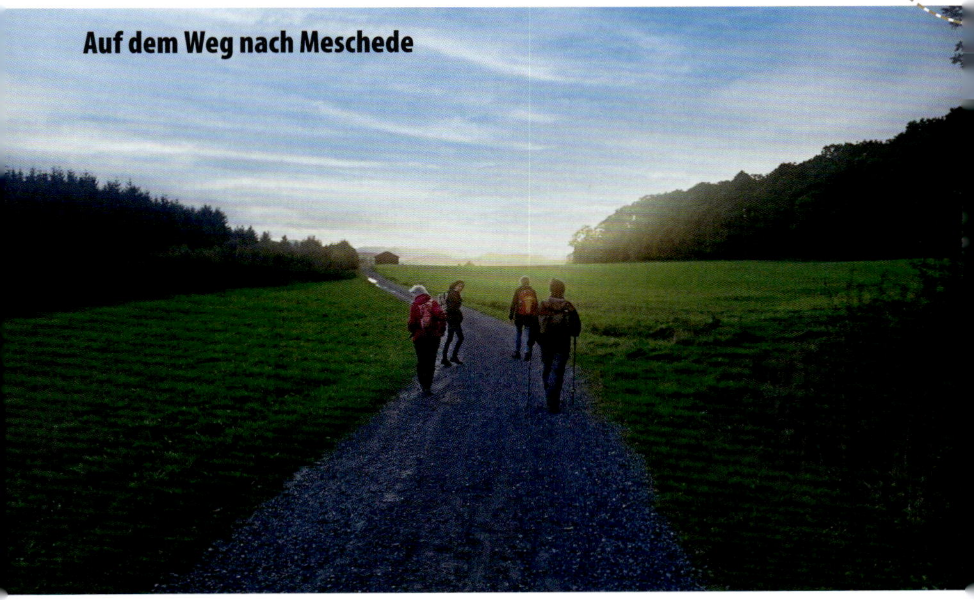

Anders als die Moai auf den Osterinseln bestehen die Kantenköppe nicht aus Stein. Als Material haben die Kunstschaffenden die alten Eichenbalken Sauerländer Fachwerkhäuser ausgewählt. Die Kantenköppe sollen uns inspirieren, uns mit dem Fremden auseinanderzusetzen: Was ist mir fremd? Wie gehe ich mit dem Fremden in mir selbst um?

Wir überqueren die Straße und folgen weiter der Markierung KW. Über mehrere Kilometer wechseln sich nun Asphalt-, Gras- und Wirtschaftswege ab. Wir passieren den **Berkeibach,** dessen Wasser auch in trockenen Zeiten zuverlässig fließt, gehen durch Felder und Wälder und erreichen vor dem Ortseingang von Meschede die **Hünenburg.** Die Wallburg aus dem 9. Jahrhundert liegt auf einem Bergvorsprung. Wir gehen quer über das gesamte Wallgelände. Leider sind nur noch Reste erhalten. Es ist allerdings ein hübscher, stiller Platz, an dem es sich gut rasten lässt. Weiter geradeaus kommen wir zum asphaltierten **Wirtschaftsweg Unterm Hasenfeld,** der uns nach Meschede

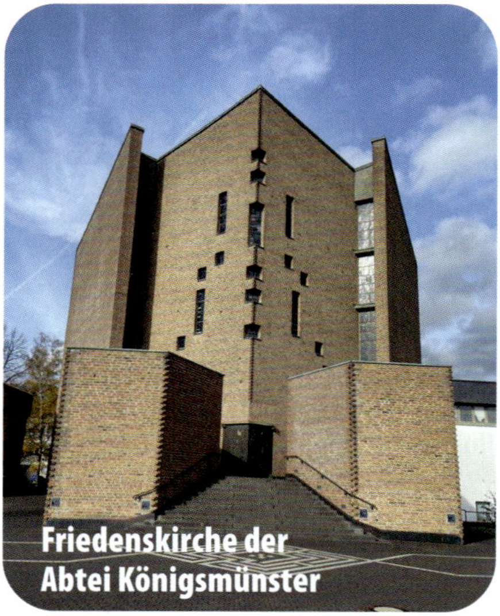
Friedenskirche der Abtei Königsmünster

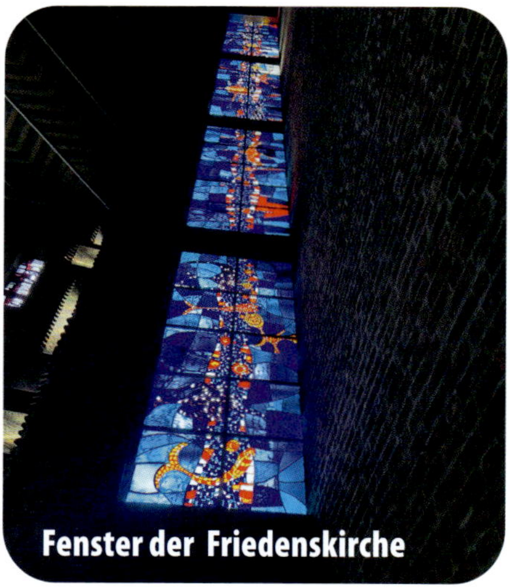
Fenster der Friedenskirche

hineinbringt. Über die **Hardtstraße** und den Walkenmühlenweg erreichen wir, immer dem weißen KW auf rotem Grund folgend, die Bundesstraße. Längst sehen wir die große Friedenskirche der **Abtei Königsmünster 5**, die wie ein großes Schiff oder eine Burg auf dem Berg thront. Wir überqueren de Bundesstraße, gehen 20 Meter die **Pulverturmstraße** hoch, um dann geradeaus über die Klostertreppe zur Abtei Königsmünster aufzusteigen.

Die Abtei auf dem Berg ist eine Oase der Ruhe in der Stadt. Rechts erstreckt sich das lange Klostergebäude, in dem die Benediktinermönche leben. Dahinter liegen der Park und die Gärten der Gemeinschaft. Wir gehen die Stufen zur Friedenskirche hinauf und stehen dann vor dem großen Metalltor, das nur zu besonderen Anlässen wie zum Beispiel Ostern geöffnet wird. Durch eine der Holztüren an der Seite betreten wir die Kirche und sind überrascht von der Schlichtheit dieser katholischen Kirche. Alles in diesem Kirchenraum ist auf den Altar ausgerichtet. Aber: Anders als in den meisten Klosterkirchen gehört das Chorgestühl der Mönche nicht zum Altarraum. Sie sitzen gewollt im Laienraum der Gemeinde.

Die Friedenskirche wurde am 1. September 1964 geweiht – ganz bewusst am 25. Jahrestag des deutschen Überfalls auf Polen. Diese Kirche ist ein Ort voller Symbolik. Ein Beispiel ist die goldene Krone der Christusgestalt auf dem Kreuz, das über dem Altarraum schwebt. In sie wurden Münzen und Gemmen aus vorchristlicher bis heutiger Zeit eingearbeitet. Als Zeichen: Christus ist König aller Welten und Zeiten. Die Mescheder Kriegswitwen haben ihre Eheringe gespendet; auch dieses Gold wurde in die Krone eingearbeitet.

Zur Zeit des Kirchenbaus war der Sauerländer Heinrich Lübke Bundespräsident. Er und auch seine Frau Wilhelmine waren der Abtei sehr verbunden und erzählten bei ihren Auslandsreisen gern von der Friedenskirche. So kam es zu einer Verbindung zur NASA, die für das Kreuz der Friedenskirche einen Meteoriten spendete. Er bildet die Spitze der Krone. Queen Elizabeth II. schickte einen Ring nach Meschede, der der Mutter Konstantin des Großen gehört hat. In diesen Ring sollen Partikel des Kreuzes Jesu eingearbeitet sein.

Bei der Eröffnung eines Krankenhauses im japanischen Nagasaki, dem Ort des Atomraketenabwurfs, berichtete Wilhelmine Lübke von der neuen Friedenskirche in ihrer sauerländischen Heimat. Die japanische Perlenkönigin war gerührt und schenkte der Abtei spontan ihren Preis von 144 Zuchtperlen. Auch sie sind in das Kreuz eingearbeitet.

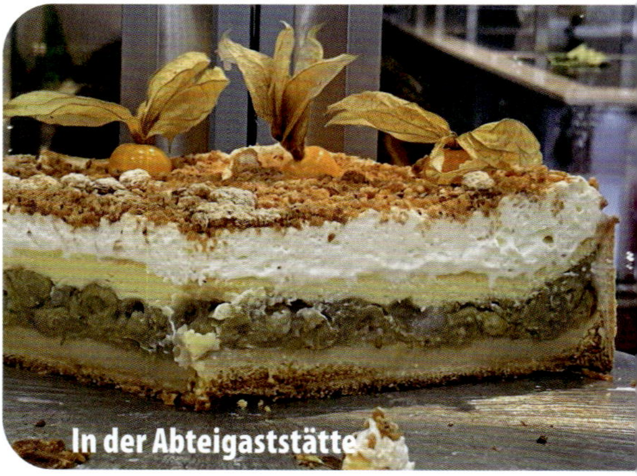
In der Abteigaststätte

Und auch eine der Glocken ist eine Besonderheit: Der damalige Abt stand in Verbindung zur Familie Kennedy in den USA. Präsident John F. Kennedy wurde im November 1963 ermordet. Unter dem Eindruck dieses Schocks ließ seine Mutter Rose Kennedy für die neu gebaute Friedenskirche im deutschen Meschede eine Glocke gießen und in sie die Lebensdaten ihres Sohnes gravieren. Diese Glocke ist bei jedem Geläut zu hören.

Wieder aus der Kirche hinaus sehen wir das Haus der Stille, das 2004 mit dem Architekturpreis des Landes NRW ausgezeichnet wurde. Es ist schlicht, schmucklos und bewusst architektonisch auf ein Minimum reduziert, damit nichts von der wunderbaren Stille des Ortes ablenkt. Besucher der Abtei können hier übernachten.

Die Abtei bietet das ganze Jahr über diverse Veranstaltungen an. Auch ein Gymnasium gehört zum Klostergelände. Wir schlendern an dem Bau entlang und kehren schließlich in der **Abteigaststätte 6** ein. Die Mönche servieren hier Gerichte, Kuchen und auch Bier aus eigener Produktion. Ein klösterlicher Genuss und kulinarischer Abschluss für eine Pilgertour.

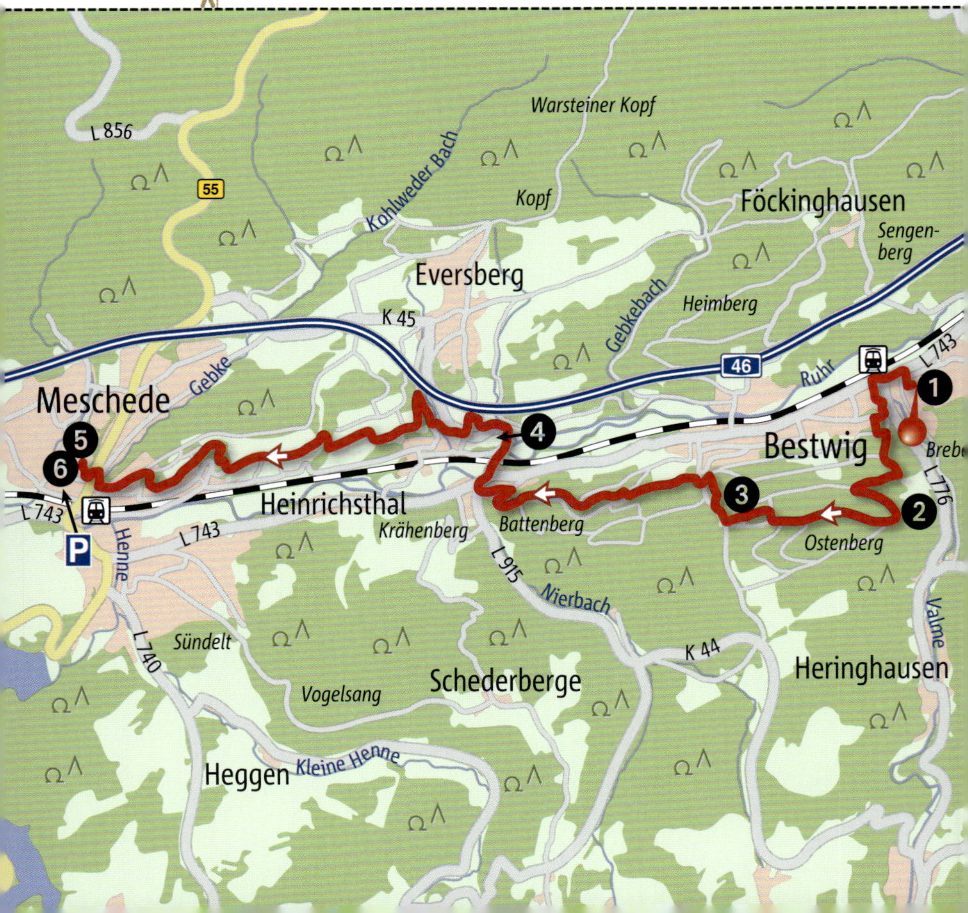

Alles auf einen Blick

WIE & WANN:
Man wandert über Wald- und Forstwege, Pfade und Straßen. Die Pilgertour ist zu jeder Jahreszeit möglich, schön ist es im Spätsommer, wenn die Blätter der Bäume sich zu verfärben beginnen.

HIN & WEG:
Auto: Parkplatz Abtei Königsmünster, Klosterberg 11, 59872 Meschede, von dort aus in Richtung Stadtmitte zum Bahnhof (GPS: 51.3533580, 8.2778228)
ÖPNV: Bahn bis zum Bahnhof Bestwig; Rückkehr zum Ausgangspunkt mit der Bahn ab Meschede

ESSEN & ENTSPANNEN:
Abteigaststätte ❻ Klosterberg 5, 59872 Meschede,
Tel. (02 91) 299 51 39, abteiwaren.de/abteigaststaette
Viele weitere Einkehrmöglichkeiten in der Stadt

ENTDECKEN & ERLEBEN:
Bergkloster Bestwig ❶ Weihnachtsbaum-Monokulturen ❷
Veleda-Höhle ❸ Kantenköppe ❹
Abtei Königsmünster ❺

Entspannung ✱✱✱✱✱
Genuss ✱✱✱✱✱
Romantik ✱✱✱✱✱

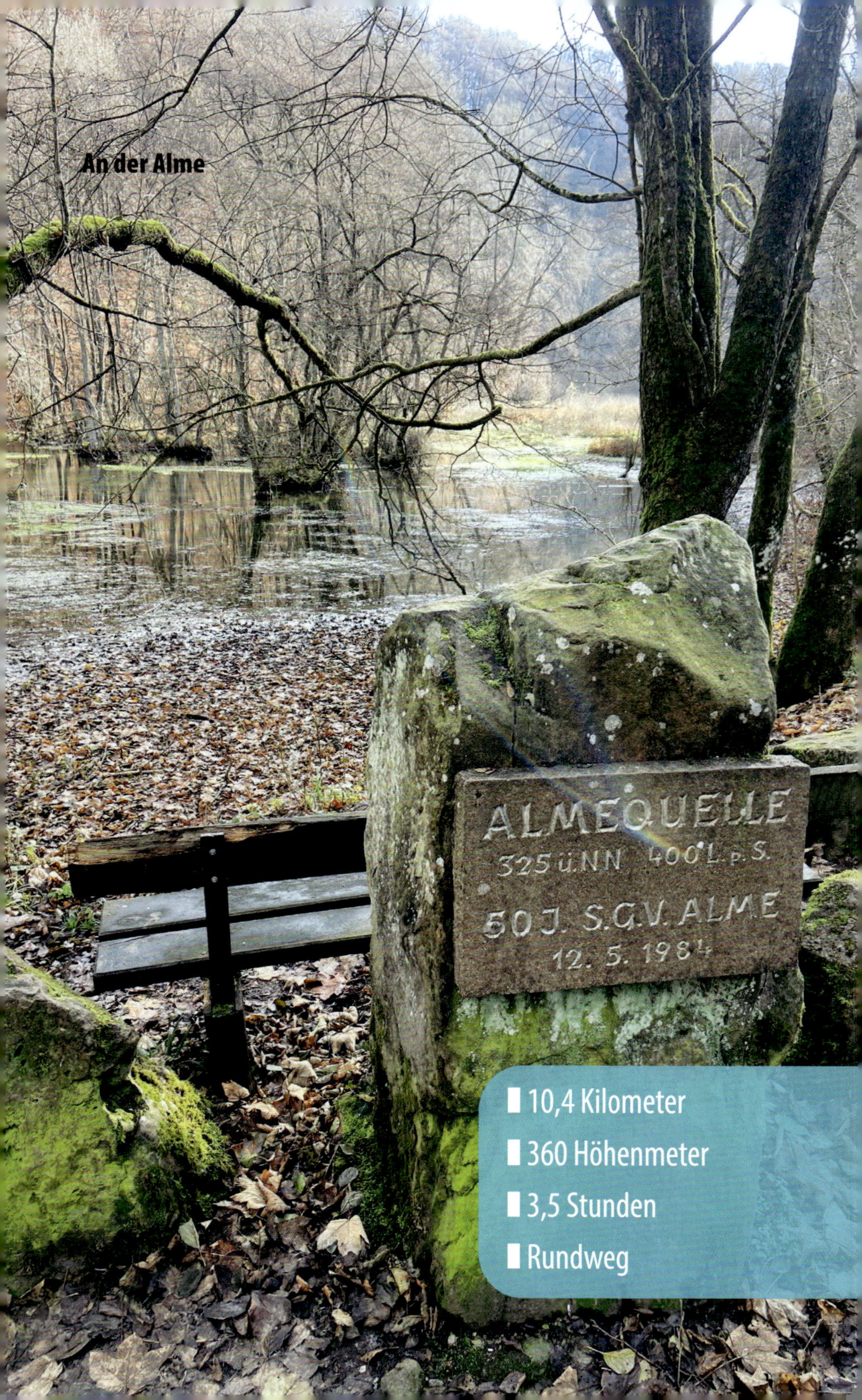

An der Alme

- 10,4 Kilometer
- 360 Höhenmeter
- 3,5 Stunden
- Rundweg

Es ist eine prickelnde Tour zu den Alme-Quellen im Dorf Alme bei Brilon. Buchstäblich prickelnd, denn das Wasser der Alme tritt nicht an einer Stelle aus dem Berg heraus und wird dann nach und nach zum Bach. Das Wasser drückt sich vielmehr aus 104 unterirdischen Quellen an die Oberfläche. Dadurch entstehen ein Teich und ein Bach, in denen das Wasser wie Champagner perlt. Um zu den Almequellen zu gelangen, parken wir gegenüber der Kirche in Alme und gehen zunächst ein Stück die Straße hinunter zu einer parkähnlichen Anlage rund um den **Almer Entenstall** ①. Das ist ein Gebäude, das die Dorfgemeinschaft für Begegnungen und Feste errichtet hat. Dahinter fließt die Alme. Wir werfen einen ersten Blick auf den kleinen Fluss und das hölzerne Wasserrad. Ein paar Stockenten ziehen auf dem Flüsschen ihre Runden. Sie sind die Namensgeber für den Entenstall. Wir gehen an einer Wiese entlang, über eine Fußgängerbrücke und folgen zunächst dem **Wanderzeichen W** für die Sauerland-Waldroute. Sie führt kurz über ein Fabrikgelände und biegt dann nach links auf eine Wiese ab. Ab hier ist der Weg mit Q gekennzeichnet. Ein kleiner Stich bergauf und wir sind direkt an der Alme. Was für ein glasklares Wasser! Wir können

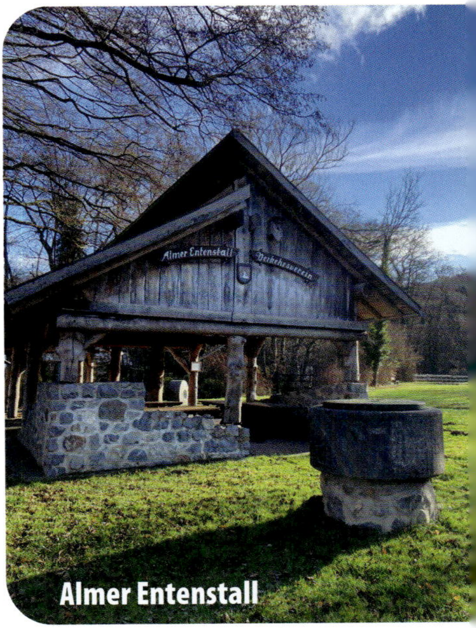

Almer Entenstall

Perlendes Wasser

Unterirdische Alme-Quellen

die Wasserpflanzen sehen, die sich sanft in der Strömung bewegen. Dann und wann huscht eine Forelle vorbei und verschwindet wieder im Grün. Der Weg führt rechts an der Alme entlang zum **Quellteich 2.** Erlen wachsen am und im Wasser. Die Wasseroberfläche ist immerzu in Bewegung. Wie beim Regen bilden sich Hunderte Kreise auf dem Wasser. Ausgelöst von Bläschen, die wie Perlen an einer Schnur nach oben steigen.

*Das **Quellgebiet der Alme** ist das größte im Sauerland. Wasser versickert durch zerklüfteten Kalkstein und sammelt sich unterirdisch. In der Tiefe trifft es auf wasserundurchlässigen Schiefer und sprudelt in Form von Quellen wieder nach oben.*

Wir schauen uns die Steine am Wegesrand an. Suchen Fossilien, Zeugnisse der Urzeit: Vor 350 Millionen Jahren war hier ein Meer. Muscheln und Korallen haben sich abgelagert. Am Teich entlang wandern wir weiter. Die Dichterin Annette von Droste-Hülshoff beschrieb die Gegend um die Alme schon im 19. Jahrhundert als eine Landschaft „aus dem Märchen entlehnt". Sommertags ist die Luft vom Honigduft des Mädesüß erfüllt, im Winter überziehen winzige Eiskristalle die Gräser und Kräuter. Die Wegränder an der Alme sind ein botanisches Paradies: Im Frühling blühen hier Buschwindröschen, Lerchensporn, Waldmeister und Lungenkraut. Im Sommer Seidelbast, Eisenhut und Brunnenkresse. Ein Juwel ist das Pyrenäen-Löffelkraut, ein Überbleibsel aus der Eiszeit. Vogelkundler freuen sich an seltenen Arten wie der Mönchsgrasmücke und dem Eisvogel.

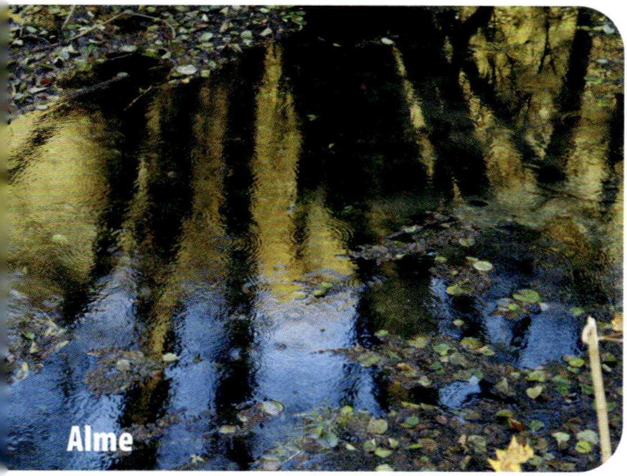
Alme

Unser Weg führt weiter geradeaus. Wer mag, kann hier allerdings auch für einen Abstecher weiter am Teich entlanggehen und eine erste Pause direkt auf einem geschwungenen Waldsofa am Wasser einlegen. Dem beruhigenden Geräusch des Wassers lauschen und die Stille des Walds aufnehmen – eine herrlich entspannende Wirkung. Anschließend geht es zurück auf den **Weg Q.** Nach zwei Bahnunterführungen, die in dem feuchten Tal mit dickem Moos überzogen sind, erhebt sich links ein Buchenwald. Wie von Riesen hingeworfen ragen mal hier, mal dort Felsblöcke aus dem dicken Blätterteppich. Ein Pfad, ebenfalls markiert mit dem Q für Quellenweg, biegt nach links in den Wald ein. Es geht steil bergauf. Ein alter Baum ist umgefallen und darf liegen bleiben. Auf den Felsen wuchern Moose in unterschiedlichen Grünschattierungen, einige zart und gefiedert, andere dick und robust. Dazwischen wachsen Streifen- und Tüpfelfarn trotz kargem Untergrund. Auch oben angekommen bleiben wir auf dem Pfad bis wir schließlich eine **T-Kreuzung** erreichen und dem Zeichen **Q/N 2** nach links folgen; wir umrunden quasi den Gipfel des Buttenbergs.

Jetzt geht es steil bergab. Zunächst folgen wir noch dem Weg Q, der jedoch nach links abbiegt. Wir gehen geradeaus. Nach kurzer Zeit taucht auf der rechten Seite ein kleiner, rechteckiger Tümpel auf. Wir steuern auf eine Siedlung zu, wandern ein kleines Stück links über einen Feldweg bergab, bis wir schließlich zur Durchgangsstraße gelangen. An der **Moosspringstraße** entlang biegen wir nach dem Haus Nr. 16

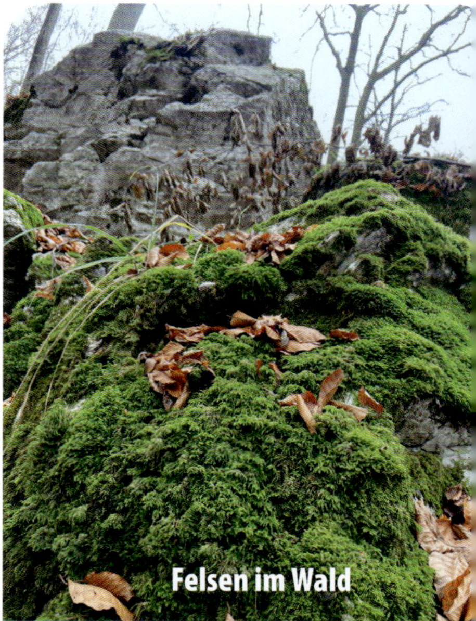

Felsen im Wald

Für die Seele

Aus mehr als 100 Quellen tritt die Alme ohne Pausen aus der Erde hervor. Jedes Sprudeln, Blubbern und Prickeln ist ein kleines Sekundenglück.

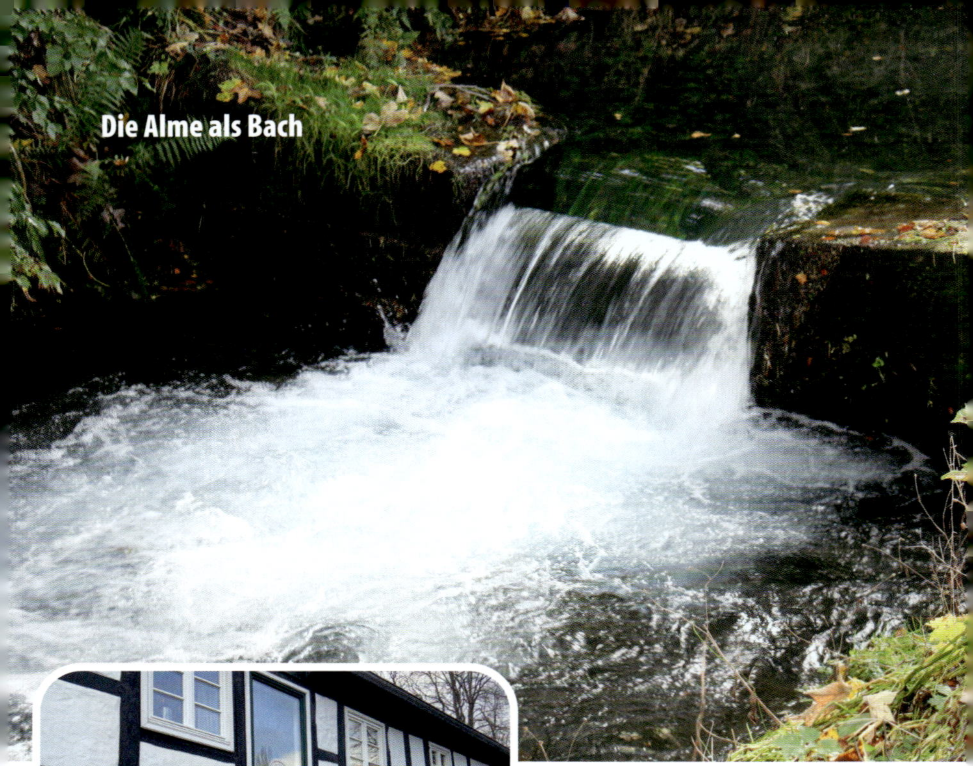

Die Alme als Bach

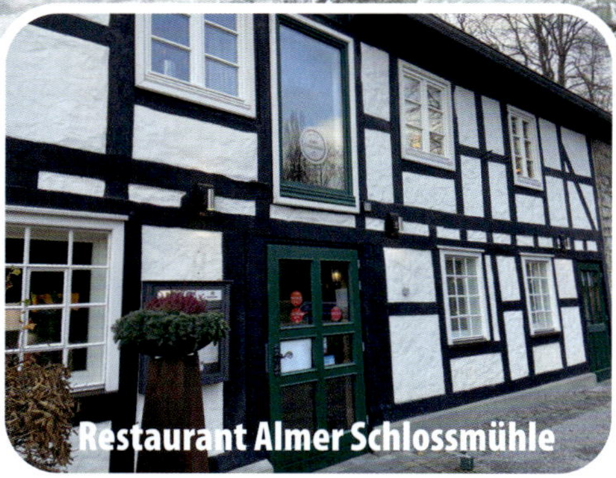

Restaurant Almer Schlossmühle

links ein und wandern wieder an der Alme entlang. Wieder taucht der Entenstall auf, dieses Mal allerdings auf der gegenüberliegenden Flussseite. Wir überqueren die Straße und sehen uns auf der rechten Seite das alte Fachwerkgebäude der ehemaligen Rentei an.

An der Alme entlang schlendern wir weiter und kommen zur **Almer Schlossmühle ❸**, ein Gasthof, in den wir zum Abschluss unserer Wanderung einkehren wollen. Hier kocht Martin Steiner, ein gebürtiger Kärtner. Er verwöhnt seine Gäste mit einer Komposition aus zweimal Heimat: So gibt es dort österreichische und sauerländische Küche. Almer Bachforellen stehen neben original Kärtner Nudeln, ein Wiener Backhendel neben Ragout vom Gräflichen Reh auf der Speisekarte. Dem Restaurantführer Gault-Millau war das mehrfach eine Mütze für sehr gute Küche wert.

Und der Guide Michelin zeichnete das Restaurant mit dem Bib Gourmand für ein besonders gutes Preis-Leistungs-Verhältnis aus.

Wir freuen uns jetzt schon auf diese Zweimal-Heimat-Wohlfühlküche am Ende unserer Wanderung, setzen aber unseren Weg zunächst fort. Nach links an einer Mauer entlang geht es weiter. Wie im Märchen vom Dornröschen ist die Mauer dicht überrankt. Nicht mit Rosen, sondern mit dunkelgrün glänzendem Efeu. Ein schöner Kontrast zum gelb getünchten **Schloss Alme 4,** das von einem breiten Wassergraben umgeben ist. Das Schloss ist noch heute im Privatbesitz der Grafen von Spee. Wir schauen uns das Wasser im Graben genauer an. Hier wächst das zarte Hornkraut, eine zierliche Unterwasserpflanze, die in Nordrhein-Westfalen nur selten vorkommt. Ein Zwergtaucher ist am Ufer unterwegs, auch er ist nur selten zu finden.

*Das **Schloss Alme** ist in der ersten Hälfte des 18. Jahrhunderts erbaut worden. Es ist ein dreiflügeliger Gebäudekomplex. Die Seitenflügel umschließen einen nach Norden hin geöffneten Innenhof. Das Schloss kann nicht besichtigt werden.*

Almer Schloss

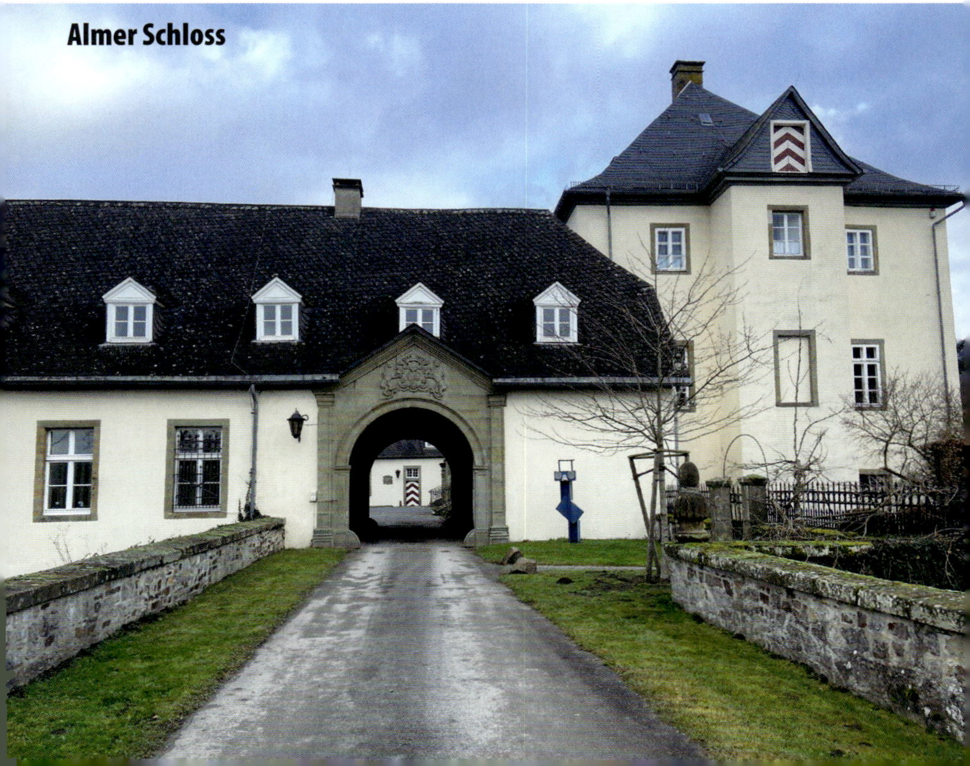

Weiter geht es der Wegmarkierung **AL 2** und **W** für Sauerländer Waldroute nach. Erst über eine alte, schmale Teerstraße, dann ein kleines Stück an der Landstraße entlang. Die Sauerländer Waldroute biegt dann nach links ab, wir allerdings bleiben auf dem Gehweg und biegen anschließend nach rechts in die Straße ein. Parallel zur Straße können wir einen Grasweg nutzen. Unser Blick fällt auf die großen Pappeln in der Nähe: Gerade im Herbst und Winter, wenn die Bäume das Laub abgeworfen haben, staunen wir über die mächtigen Kugeln in den Bäumen: **Misteln ⑤**. Sie hängen in den Zweigen, als hätte sie jemand dorthin gezaubert. Sie kommen ganz ohne Wurzeln im Boden aus; die Pappeln sind ihre Gastgeber, die sie mit Wasser und Salzen versorgen. Weil die Misteln immergrün sind, gelten sie als Symbol für Fruchtbarkeit und langes Leben. Überhaupt, um Misteln ranken sich viele Geschichten: Schon die Kelten haben sie genutzt, bei den Römern gab es Misteltee. Und selbst in der Comicserie Asterix finden Misteln ihren Platz: Der Druide Miraculix klettert mit einer goldenen Sichel auf die Bäume, um Mistelzweige für seinen legendären Zaubertrank zu ernten.

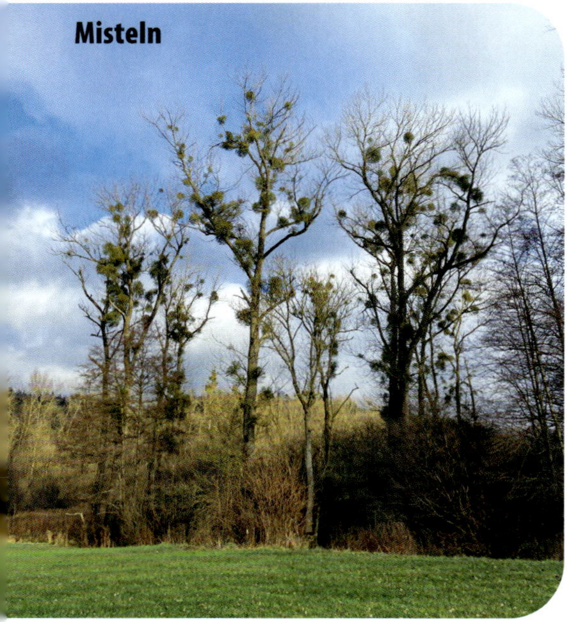
Misteln

Am Ende des Graswegs überqueren wir eine kleine Holzbrücke und gehen noch einmal einen kleinen Abschnitt an der Straße entlang. Nach der Kurve biegen wir scharf rechts in einen Waldweg ein und wandern durch den Buchenwald. Auf der rechten Seite hängt das Schild „Rundweg 40 Minuten“. Hier besteht die

Möglichkeit, diesem Hinweis zu folgen und geradeaus ins Dorf zu gehen. Wir allerdings wählen die etwas abenteuerlichere Variante und biegen gegenüber links ab auf einen dicht bewachsenen Waldweg. Zum Teil hüfthohe Gräser und Kräuter vermitteln das Gefühl von Sauerländer Wildnis.

Der Weg schlängelt sich den Berg, den Leimenkopf, hinauf. Am Ende dieses wilden Wegabschnitts führt uns unsere Wanderung nach rechts über einen befestigten Waldweg, der wieder mit **AL 2** und **AL 1** gekennzeichnet ist. Wir gehen weiter bis zu einem Backstein-Fachwerkhaus und halten uns vor diesem Haus rechts, dann ein Stück über die Teerstraße den Berg hinunter. Gegenüber von Haus Nr. 20, an einem Bildstock mit einer Marienstatue auf der rechten Seite, beginnt ein Waldpfad. Auf ihm geht es in vielen Kurven den Berg wieder hinab. Nach kurzer Zeit taucht zwischen den Bäumen das Schloss Alme wieder auf. Wir sehen den Wassergraben und die Rückseite des hübschen Gebäudes. Dann beginnt die hohe Schlossmauer, vor der eindrucksvolle Eiben wachsen. Die Bäume mit den weichen dunkelgrünen Nadeln lassen

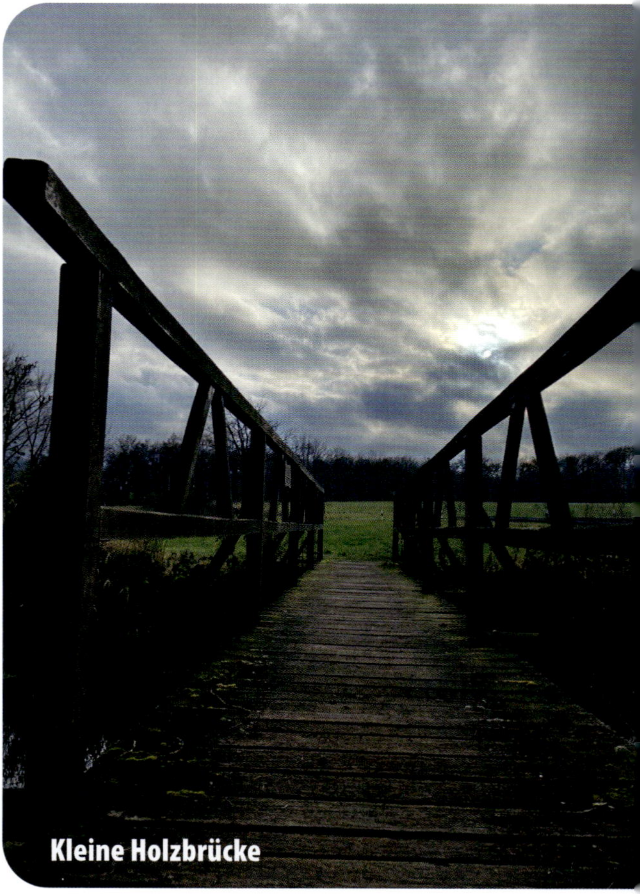

Kleine Holzbrücke

sich Zeit, bis sie ausgewachsen sind. Dafür können sie sehr alt werden: Die älteste Eibe Deutschlands wird auf 1500 Jahre geschätzt. Eiben gelten als mystische Bäume, von den Kelten als Druidenbäume verehrt. Die Exemplare in Alme werden schon viele Jahrzehnte hier wachsen und verleihen dem Gelände rund um das Schloss einmal mehr ein märchenhaftes Flair.

Durch ein Tor verlassen wir den Bereich um das Schloss und gehen entschleunigt und ein bisschen verzaubert an der Dorfstraße zurück zur Almer Schlossmühle. Dort genießen wir Martin Steiners österreichisch-sauerländische Spezialitäten und kehren dann durch das Dorf zum Parkplatz zurück.

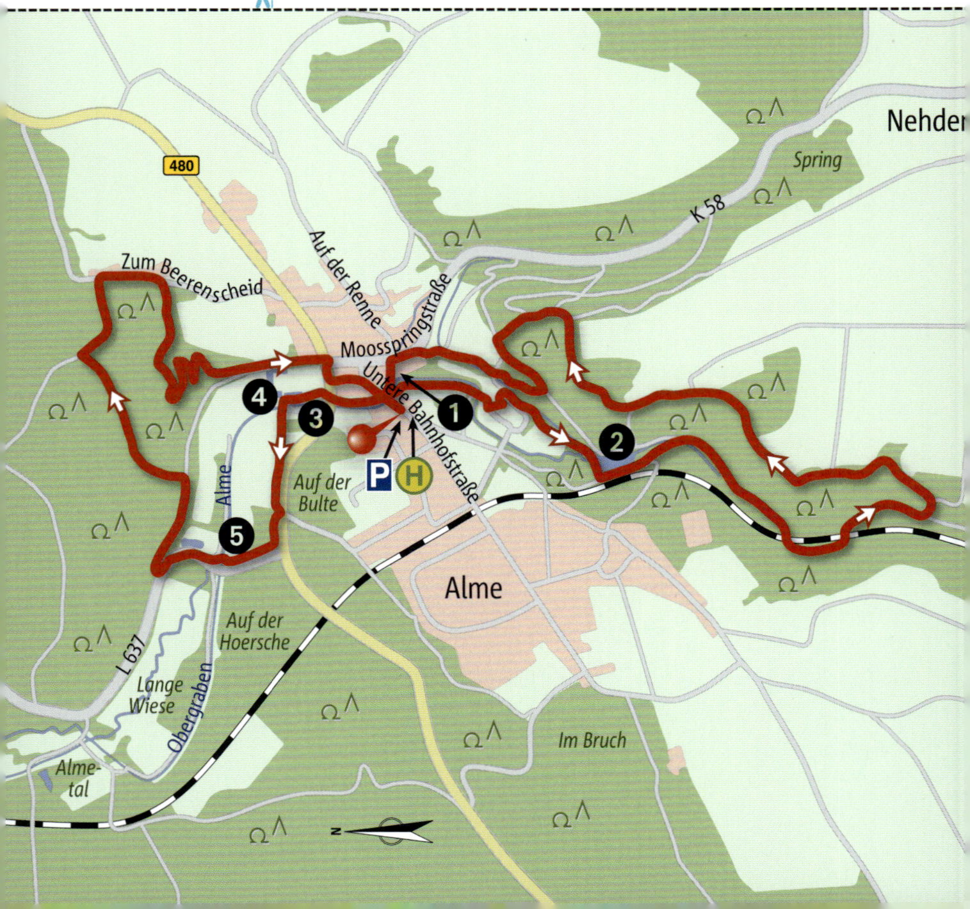

Alles auf einen Blick

WIE & WANN:
Die Tour führt über Pfade, Wald- und Forstwege, kurze Strecken auf Teer. Die Strecke um Alme hat zu jeder Jahreszeit ihren Reiz. An warmen Tagen ist es besonders entspannend, mit einem kleinen Picknick auf dem Waldsofa an der Alme zu sitzen und dem Prickeln des Wassers zuzuhören.

HIN & WEG:
Auto: Parkplatz Kirche Alme, Untere Bahnhofstraße 15, 59929 Brilon
(GPS: 51.4567704, 8.6237802)
ÖPNV: Buslinie 487 bis Haltestelle Untere Bahnhofsstraße, Alme

ESSEN & ENTSPANNEN:
Almer Schlossmühle ❸ Schloßstraße 13, 59929 Brilon-Alme,
www.almer-schlossmuehle.de
Weitere Einkehrmöglichkeiten im Dorf

ENTDECKEN & ERLEBEN:
Almer Entenstall ❶
Quellteich ❷
Schloss Alme ❹
Misteln ❺

Entspannung ✱✱✱✱✱
Genuss ✱✱✱✱✱
Romantik ✱✱✱✱✱

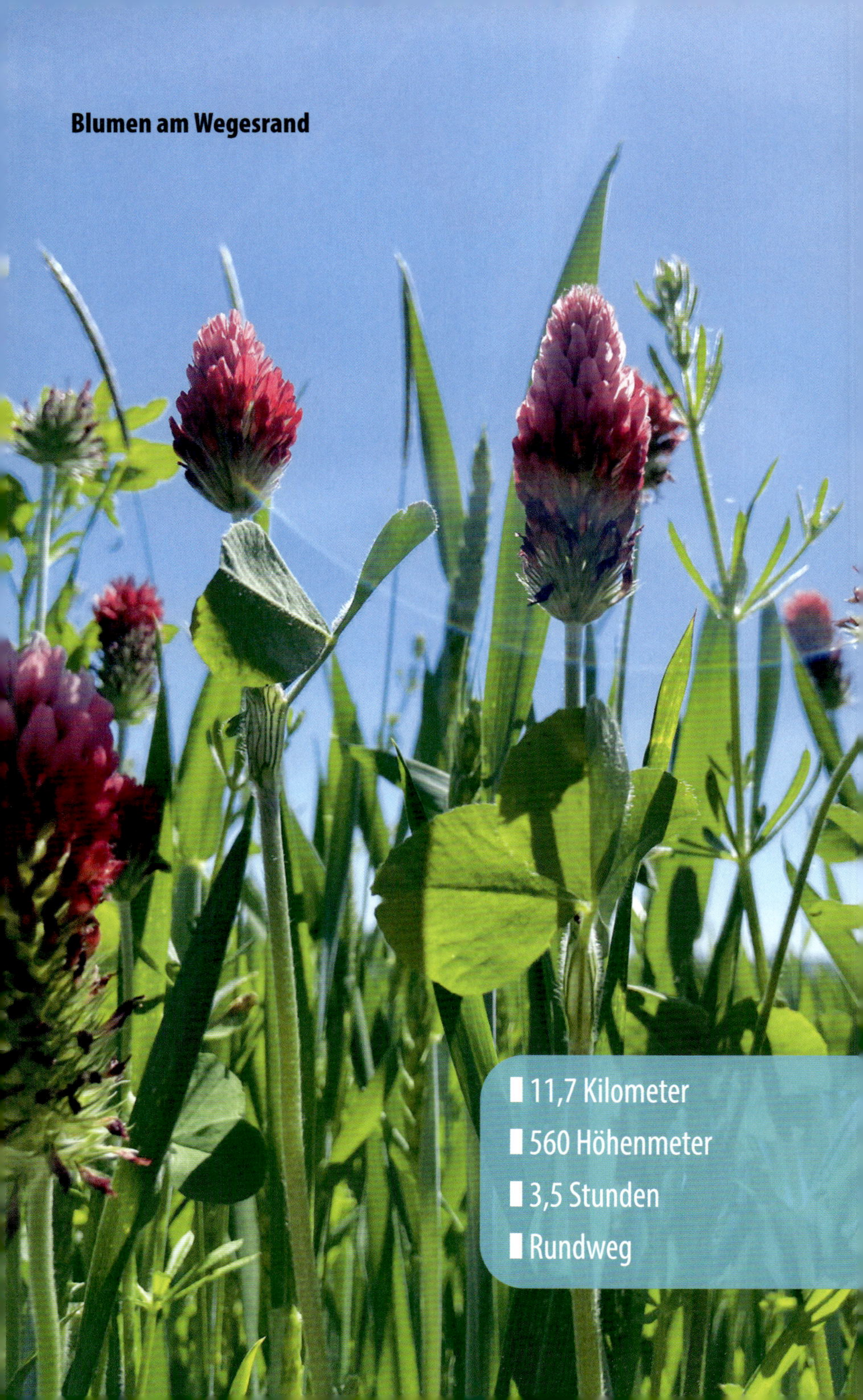
Blumen am Wegesrand
11,7 Kilometer
560 Höhenmeter
3,5 Stunden
Rundweg

Vor mehr 150 Jahren hat Pfarrer Sebastian Kneipp eine Therapie entwickelt, die Körper und Seele in Einklang bringen soll. Wasser, Bewegung, Ernährung, Heilpflanzen und innere Balance waren für ihn die entscheidenden Faktoren. Diese Therapie ist bis heute gefragt. Als Kneipp-Heilbad hat Olsberg einen 39 Kilometer langen Kneippweg geschaffen. Wir gehen einen Tagesabschnitt dieses Weges. Unsere Wanderung auf dem Olsberger Kneippweg startet am Parkplatz unterhalb des **Waldhotels Schinkenwirt** 1. Dessen Name stammt aus den 1940er-Jahren, als die Gastgeber die Waldarbeiter und Spaziergänger mit Buttermilch und Schinkenbroten bewirteten. Heute bieten die Wirtsleute Slowfood-Küche an, die als Gegenpol zum globalisierten Fast-Food-Genuss entstanden ist.

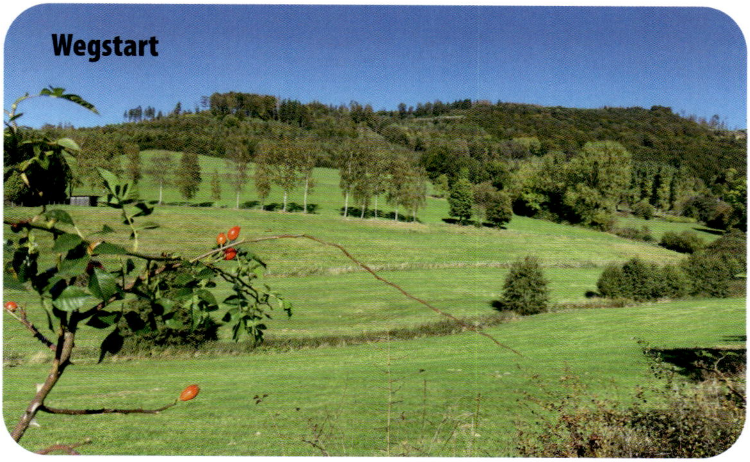
Wegstart

Im Storchengang

Auf dem Kneippweg in Olsberg

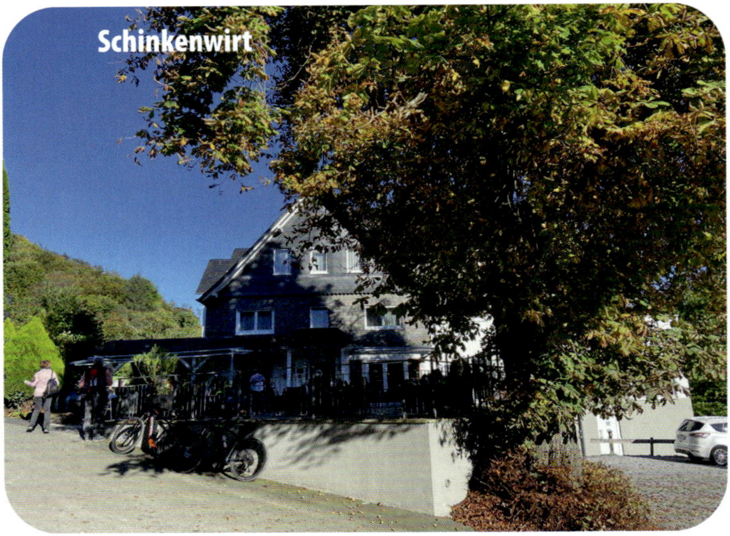

Slowfood steht für traditionelle Produkte, die Genießer mit allen Sinnen mit einer Region verbinden. Hier werden wir zum Ende unserer Tour einkehren.

Über die schmale Asphaltstraße gehen wir zunächst bergab. Schauen auf die von Pappeln gesäumte Weide, auf der Pferde grasen. Am Wegesrand leuchten die knallroten Hagebutten in der Sonne. Dann biegen wir links ab. Der Weg ist durchgängig gut mit einem K für **Kneippweg** ausgeschildert. Es geht ordentlich bergauf. Wir sehen das gelassen, denn dieser Anstieg passt perfekt in die Lehre Pfarrer Kneipps: Demnach ist der Wechsel zwischen Anstrengung und Ruhephasen wichtig: Bevor wir ins kalte Wasser steigen, ist es wichtig, ordentlich warm zu werden. Das gelingt hier spielend.

*Olsberg ist der zweitälteste **Kneipport** Deutschlands. Schon 1895 errichtete ein Schüler Pfarrer Kneipps, Dr. Grüne, hier eine Kaltwasserheilanstalt. Die Kurgäste kneippten mit Blick auf die Berge und Wiesen und genossen das gute Klima.*

Wir biegen nach links auf einen schmalen Pfad ein. Es gibt die Möglichkeit, die Tour mit ausgebildeten Kneipp-Animateurinnen zu gehen. Sie fordern die Wanderer an dieser Stelle auf, Schuhe und Strümpfe auszuziehen und barfuß weiterzugehen. Der Weg wird dann quasi zum natürlichen **Barfußpfad** ❷. Wir spüren den Tau, der an den Gräsern hängt, das weiche Gras und auch die kleinen Steinchen unter unseren Fußsohlen. Mit jedem Schritt gewöhnen sich unsere Füße mehr an den Untergrund.

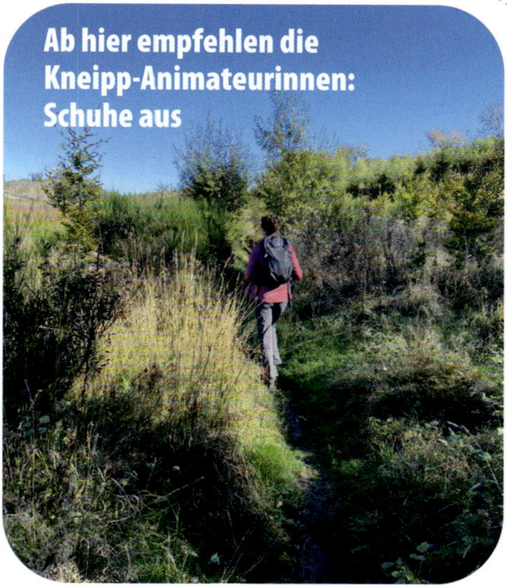

Nach einem kurzen Abschnitt durch den Wald erreichen wir die **Tretstelle Am Papendiek** ❸, eine der sechs natürlichen Tretstellen in Bächen und Quellen am Kneippweg. Papendiek ist ein Olsberger Bach, der im Ort den Namen Sitterbach trägt und in die Ruhr einmündet. Der Bach Papendiek plätschert aus dem Berg heraus. Vorsichtig tasten wir uns mit unseren nackten Füßen über den Rindenmulch vor der Tretstelle und gehen mutig ins Wasser. Es ist kalt! Sehr kalt! Wir denken daran, wie Pfarrer Kneipp auf die Idee mit dem Wassertreten gekommen ist: Als Priesterschüler litt er an Tuberkulose, eine zu seiner Zeit verbreitete Krankheit. In der Münchner Universitätsklinik entdeckte Kneipp zufällt ein Buch, in dem über die Wirkung des Wassers berichtet wurde. Davon inspiriert stieg der junge Priesterschüler mitten im Winter in die eiskalte Donau, lief danach schnell nach Hause und schwitzte im Bett seiner Klosterschule. Das hätte schlimm für ihn ausgehen können, doch Sebastian Kneipp wurde

!

*Die **Olsberger Kneipp-Animateurinnen** begleiten Wanderer durch die Landschaft. Dabei informieren sie über Wasseranwendungen und die gesundheitsfördernde Wirkung von Kräutern am Wegesrand. Führungen sind bei der Touristik in Olsberg buchbar.*

Für die Seele

An natürlichen Wassertretstellen in einer abwechslungsreichen Wald- und Wiesenlandschaft spüren wir die belebende Kraft des Wassers.

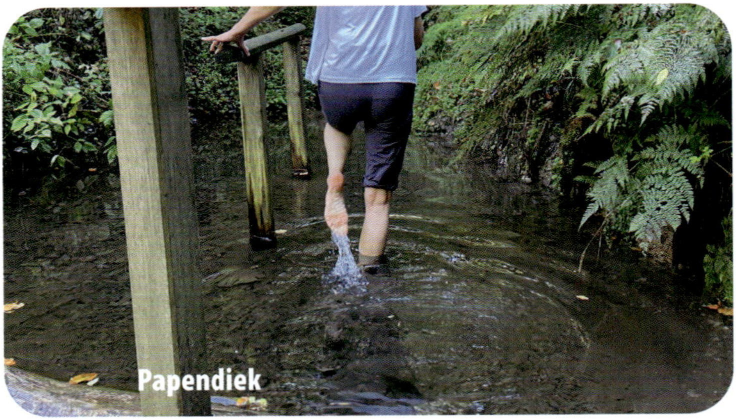

Papendiek

gesund und war danach so sehr von der heilenden Kraft des Wassers überzeugt, dass er viele Güsse und Bäder an sich selbst ausprobierte und daraus ein Behandlungssystem entwickelte. Das verschaffte dem Pfarrer aus Bayern internationalen Ruhm: In Nordamerika soll er zu Beginn des 20. Jahrhundert so bekannt gewesen sein wie Bismarck und Papst Leo XIII.

Wie Störche waten wir durchs Wasser: Das unbelastete Bein ziehen wir dabei jeweils hoch in die Luft. Das ist der Moment, in dem der Kältereiz aussetzt und Blut in unser Bein gepumpt wird. So die Kneipp'sche Theorie. Das soll unseren Kreislauf anregen. Wir sind nur noch auf unsere Beine konzentriert und verlassen nach zwei Runden im Papendiek das Wasser. Behutsam streifen wir uns die Tropfen von Unterschenkeln und Füßen ab und ziehen unsere Strümpfe und Schuhe an. Weiter geht es über einen nun etwas breiteren Waldweg und schon nach kurzer Zeit werden unsere Füße durch und durch wohlig warm. Es funktioniert!

Oben auf dem Bergrücken angekommen stoßen wir auf den **Römerweg** ❹. An mehreren Stellen sind im Gelände tiefe Mulden zu sehen. Das sind Hohlwege, entstanden im Mittelalter. In dieser Zeit verliefen die unbefestigten Wege und Handelsstraßen oft auf den Bergen. Damit wichen die Menschen den häufig feuchten und sumpfigen Tälern aus. Die Räder der Fuhrwerke gruben tiefe Spuren in die Wege. Sie wurden vom Regen weiter ausgespült und damit zu Hohlwegen.

Von unserem Weg hier am Forstenberg haben wir einen guten Blick über das Sauerland. Auf weiten Flächen sind die Bäume gefällt. In Folge des Sturms Friederike im Januar 2018 und drei extrem trockenen Sommern gab es hier in den Fichtenwäldern enorme Borkenkäferplagen. Daher sind die Fichten, die bis dato hier wuchsen, nahezu ausnahmslos abgestorben. So traurig und teils auch existenzbedrohend das für die Waldbesitzer ist, es sind dadurch fantastische Aussichten entstanden. Und auf den Kahlflächen tut sich viel: Ganz von allein kommen viele Pflanzen wieder hoch. Außerdem versuchen die Waldbauern gezielt, den Wald von morgen zu pflanzen, und zwar mit klimastabilen Baumarten, die mit zunehmender Trockenheit und Wärme zurechtkommen.

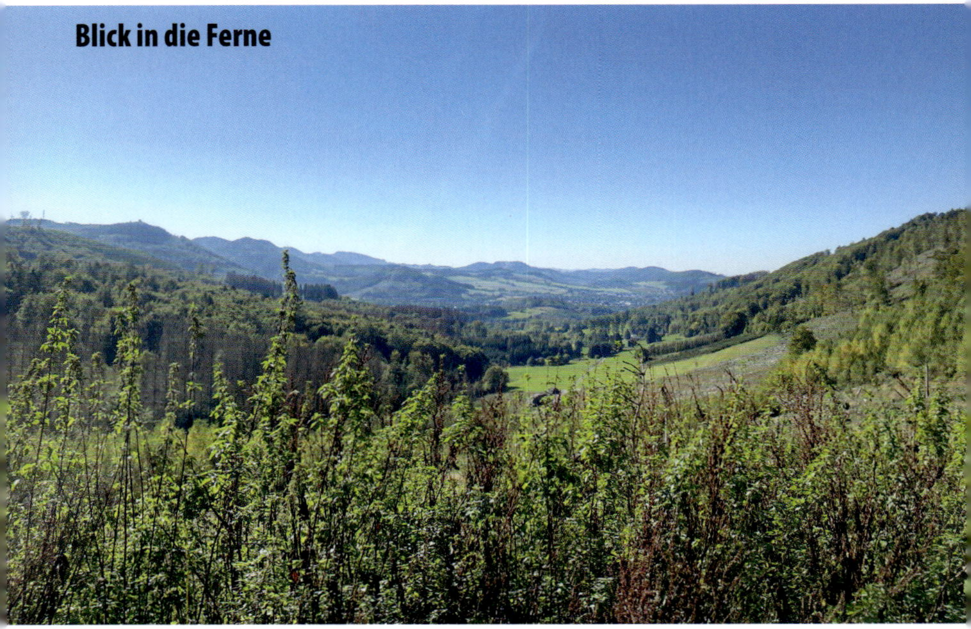

Am Wegrand wachsen viele Kräuter: gelb blühendes Johanniskraut, Kamille und Brennnessel. Auch sie spielen in der Kneipp'schen Lehre eine Rolle. Johanniskraut wird von der Pharmaindustrie zu Tinkturen verarbeitet und gegen Depressionen eingesetzt. Die Natur ist eine Schatzkiste und wir können sie hier erleben, riechen und schmecken. Die Kneipp-Animateurinnen pflücken zum Beispiel im Herbst den Samen der Brennnessel ab und lassen die Wanderer knabbern: Es schmeckt leicht nussig, kann über Salat gestreut oder in Joghurt eingerührt werden.

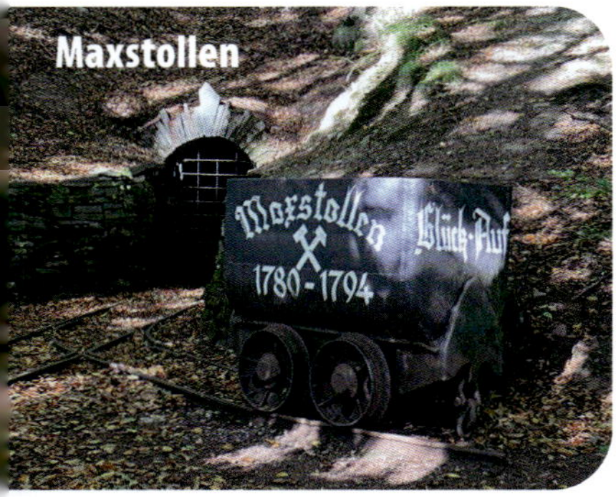

Maxstollen

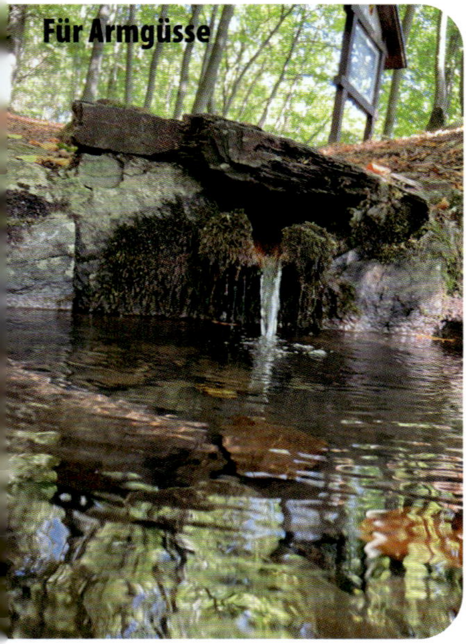
Für Armgüsse

Wir gehen weiter durch den kühlen Buchenwald. Rechts steigt ein kleiner Pfad über einige Steine hoch bis zu einer langen, mit Moosen bewachsenen Mauer vorbei. Dann erreichen wir den **Maxstollen 5.**

Von einer Bank aus können wir direkt auf den Stolleneingang schauen. Ein kalter Luftzug strömt aus dem Inneren des Berges. Der Maxstollen ist einer von mehreren Stollen hier in der Gegend, in denen vom 18. Jahrhundert an Eisenerz gefördert wurde. Vor dem Eingang steht eine historische Güterlore, ein Transportwagen, den die Bergleute genutzt haben. Unter dem Schriftzug „Maxstollen" sind Schlägel und Eisen zu sehen, die Symbole für den Bergbau. Dazu der Bergmannsgruß „Glück auf".

Nach unserer Ruhepause unter den Bäumen sind wir nur wenige Meter von einem natürlichen Wasserbecken entfernt, in das unablässig frisches Wasser aus dem Berg plätschert. Zeit für Kneipp'sche Armgüsse. Die Kneipp-Animateurinnen nutzen dazu eine Gießkanne. Wir behelfen uns mit unserer Trinkflasche.

Wir schöpfen Wasser aus der Quelle, lassen es zunächst auf der rechten, der herzfernen Seite über die Außenseite unseres Armes laufen, vom kleinen Finger bis hoch über den Ellbogen und dann wieder hinunter bis über den Daumen. Und anschließend das Gleiche mit der Innenseite. Wir spüren das bergkühle Wasser und fühlen wie vorhin bei den Füßen nach kurzer Zeit schon eine wohltuende Wärme. Armgüsse, überhaupt alle Anwendungen in der oberen Körperhälfte, wirken nach der Kneipp'schen Theorie anregend. Der Armguss ist die Tasse Kaffee des Kneippianers, heißt es. Stimmt: Wir fühlen uns durch das Wasser belebt und setzen unseren Weg fort.

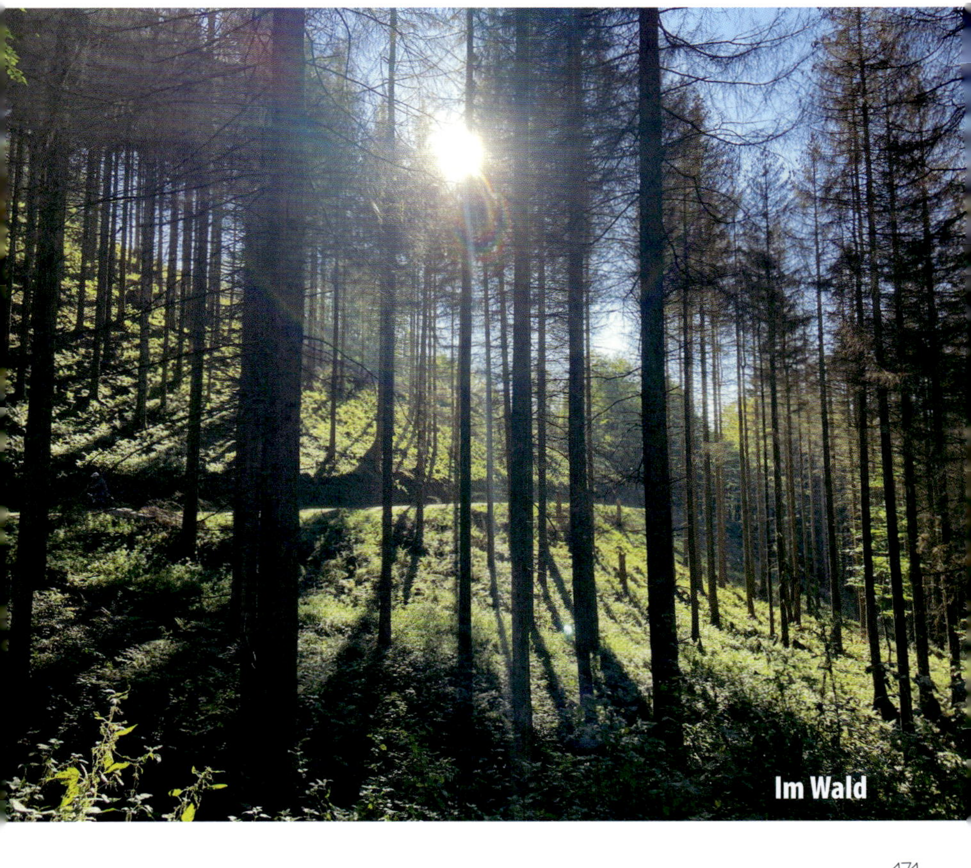

Im Wald

Erfrischungstour 18

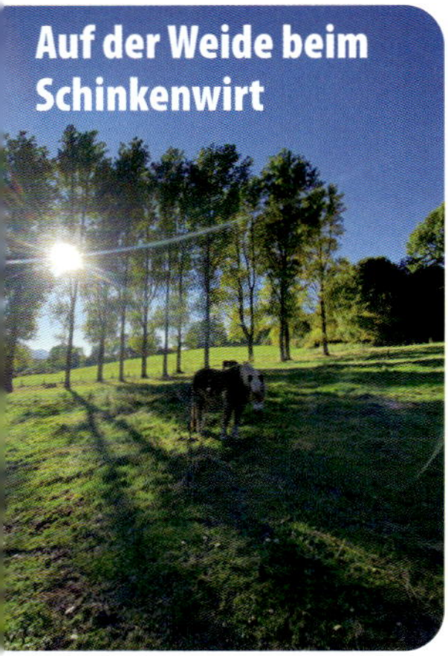

In einem großen Bogen gehen wir zu unserem Ausgangspunkt, dem Waldhotel Schinkenwirt zurück und wollen es ganz mit der Kneipp'schen Lehre halten. Fünf Säulen gehören dazu. Wassertreten, Heilkräuter, Entspannung und Bewegung – bis dahin haben wir das Kneipppaket hier in Olsberg genossen. Fehlt nur noch eine Säule: die Ernährung. Wir kehren ein beim Schinkenwirt. Weil das Wetter sonnig und warm ist, können wir auf der Terrasse unter dem alten Kastanienbaum sitzen. „Gebratene Regenbogenforelle aus Josefs Quellwasserteich in Elleringhausen" steht auf der Karte, beim Rehbraten wird sogar das Revier genannt – wir runden unsere Wanderung regionalkulinarisch ab.

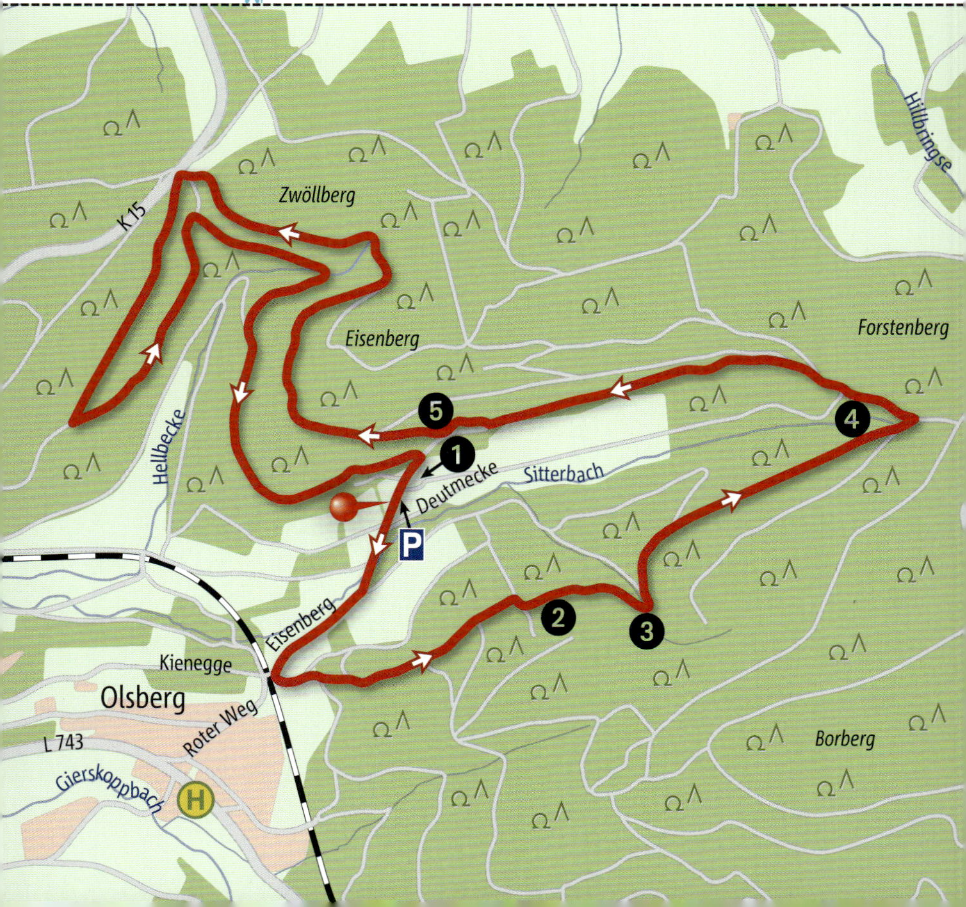

Alles auf einen Blick

WIE & WANN:
Die Tour führt über Pfade, Wald- und Forstwege sowie zu Beginn eine kurze Strecke auf Teer entlang. Der Kneippweg kann dann das ganze Jahr über gegangen werden, aber die beste Wanderzeit ist von Mai bis Oktober, da die natürlichen Tretstellen genutzt werden können. Die Kneipp-Animateurinnen bieten aber auch Führungen im Winter an: mit nackten Füßen durch den Schnee.

HIN & WEG:
Auto: Parkplatz unterhalb des Waldhotels Schinkenwirt, Eisenberg, 59939 Olsberg (GPS: 51.3636893, 8.5198959)
ÖPNV: Bahn bis Olsberg, dann mit dem Bus R 31 bis Haltestelle Gierskopp Körner, danach etwa 20 Minuten Fußweg zum Eisenberg 2

ESSEN & ENTSPANNEN:
Waldhotel Schinkenwirt ❶ Eisenberg 2, 59939 Olsberg,
Tel. (0 29 62) 97 90 50, www.schinkenwirt.com
Viele weitere Einkehrmöglichkeiten im Ortskern von Olsberg

ENTDECKEN & ERLEBEN:
Barfußpfad ❷
Tretstelle Papendiek ❸
Römerweg ❹
Maxstollen ❺

Entspannung ★★★★☆
Genuss ★★★★☆
Romantik ★★★★☆

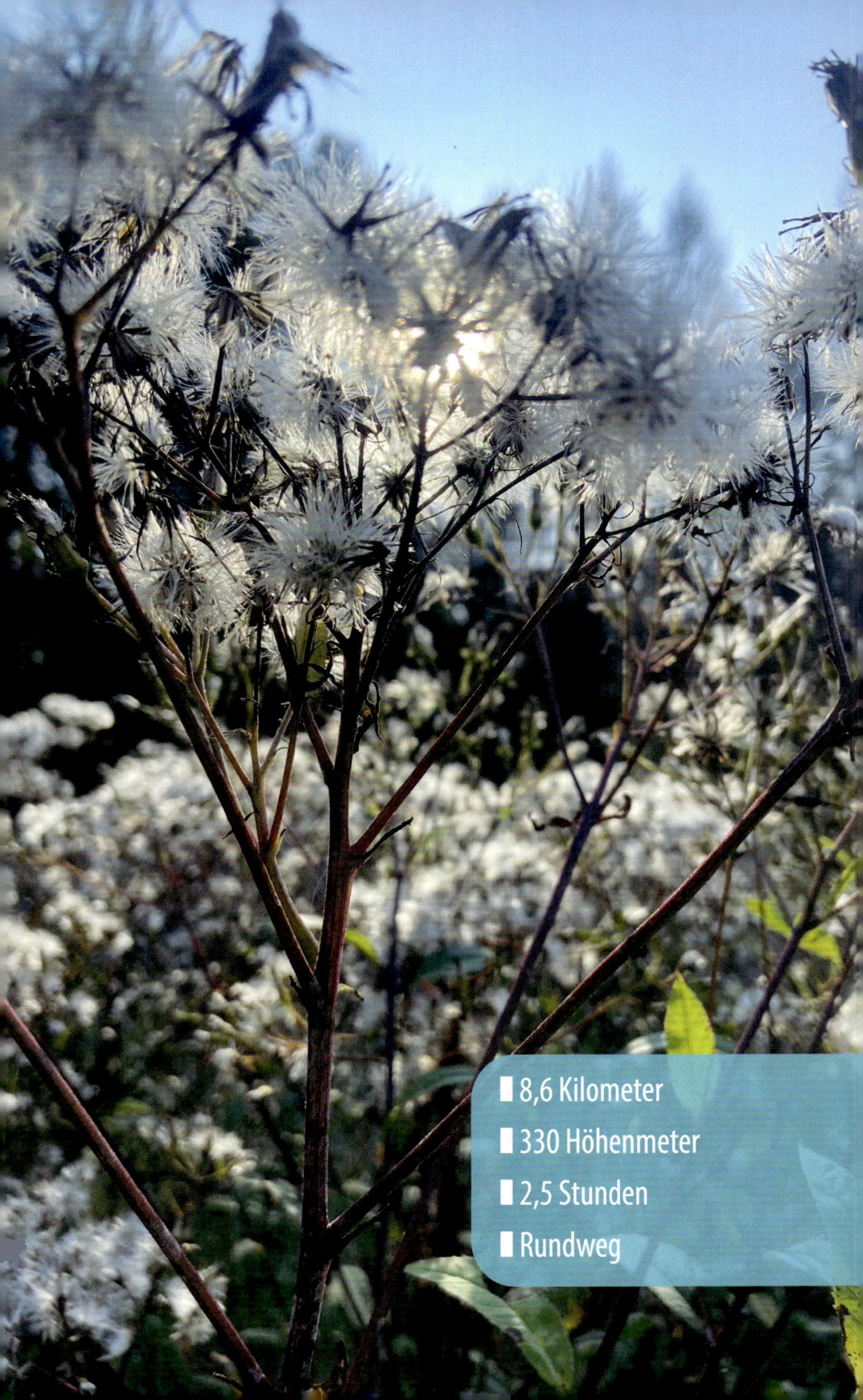

- 8,6 Kilometer
- 330 Höhenmeter
- 2,5 Stunden
- Rundweg

Der Möhnesee wird liebevoll Westfälisches Meer genannt. Er ist mit einer Uferlänge von 40 Kilometern die flächenmäßig größte Talsperre des Sauerlands und umgeben vom Naturpark Arnsberger Wald. Wir starten auf dem Parkplatz am Torhaus und gehen zunächst nach links einen ganz kurzen Pfadabschnitt durch den Wald und biegen dann sofort rechts auf den **Rennweg,** einen Waldweg, ein. Eine lange Strecke werden wir uns jetzt durchgängig an der Markierung mit weißem W auf grünem Grund orientieren. Sie steht für die Sauerland-Waldroute.

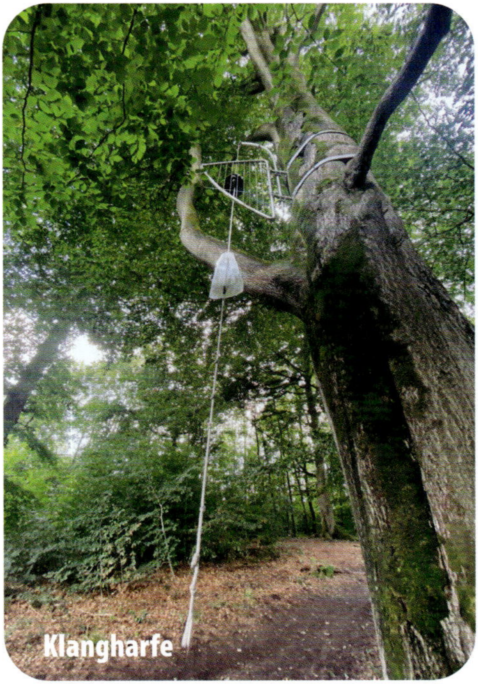
Klangharfe

Ein zartes Geräusch erklingt. Wir sind im **Klangwald 1.** Hier wurden an Bäumen und im Wald Klangkunstobjekte installiert. In einer großen, alten Buche hängt eine Klangharfe. Sphärisch wirkt das. Wird es auch so klingen? Mithilfe eines langen Seils schlagen wir einen Klöppel an die Saiten. Der Ton ist nicht engelsgleich, schärft aber unseren Hörsinn. Nur wenige Gehminuten weiter sind wir an der nächsten Klangstation angelangt: ein moosbewachsenes Dach, unter dem ein hölzernes Halbrund schwebt: die Klangwiege. Wir legen

Am Westfalen-Meer

Tour durch die Wälder am Möhnesee

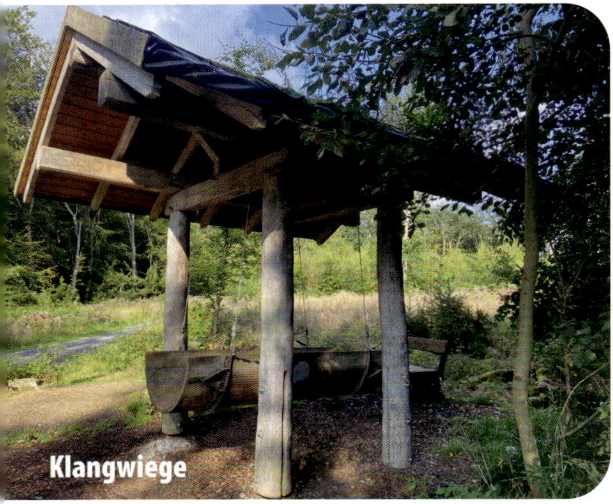

uns in die Wiege hinein, schließen die Augen, nehmen das Vogelgezwitscher und die anderen Umgebungsgeräusche wahr, fassen dann in die Grifflöcher der Klangwiege und zupfen die Saiten an. Der vibrierende Ton ist im ganzen Körper zu spüren: ein Moment der vollkommenen Entspannung.

Weiter geht es den Berg hoch. Linker Hand sehen wir die Windgeige. Sie ist so aufgestellt, dass bei Westwind ein schauriger Ton entsteht. Er soll an die zerstörerische Kraft des Orkans Kyrill erinnern, der 2007 in dieser Gegend große Waldschäden angerichtet hatte. Der Weg durch den Klangwald biegt nach rechts ab. Wir bleiben allerdings auf dem Rennweg und erreichen den **Möhneseeturm ❷.** Der quadratische Turm aus Stahl und Douglasienholz ist mit seiner Kuppel 42 Meter hoch. Über sieben Etagen und 206 Stufen steigen wir auf den Treppen in die Höhe. Relativ schnell haben wir die Baumgrenze erreicht und können nach einigen Stufen mehr von oben auf die Wälder schauen. Schließlich sind wir auf der großen Aussichtsplattform in 38 Metern Höhe angelangt. Unter uns liegt der weite Arnsberger Wald. „Leuchtturm im Waldmeer“ heißt es – jetzt wissen wir warum. Die scheinbar grenzenlose Weite, über die Bäume, über den Wald weit hinwegsehen zu können, sie beflügelt. Wie viele Grüntöne hat dieser Wald? Wir sehen den glitzernden Möhne-

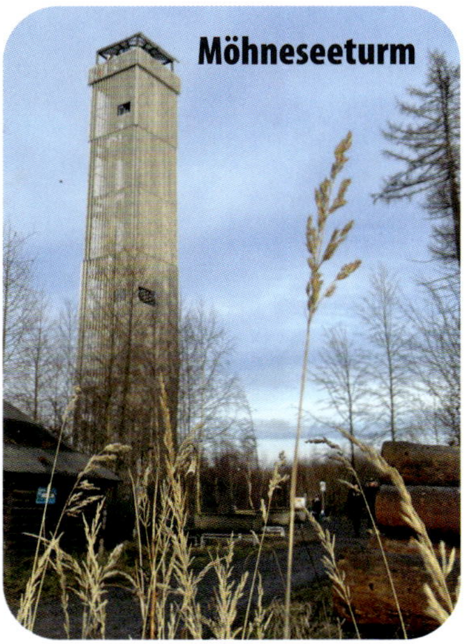

see, das Westfälische Meer, und die Soester Börde mit ihren legendär fruchtbaren Feldern. Hier und dort dreht sich ein Windrad auf den Höhen. Bei sehr gutem Wetter können wir sogar bis Dortmund, Münster und Paderborn blicken.

Wieder vom Turm herabgestiegen setzen wir uns auf eine der vielen Holzbänke am Turm. Dann gehen wir weiter, folgen noch dem **weißen W auf grünem Grund** und zusätzlich **X 13.** Der naturbelassene Weg führt an hohen Gräsern vorbei und durch einen Laubwald, in dem Äste und Wurzeln liegen bleiben dürfen und vom Moos erobert werden. Am Ende des Wald-

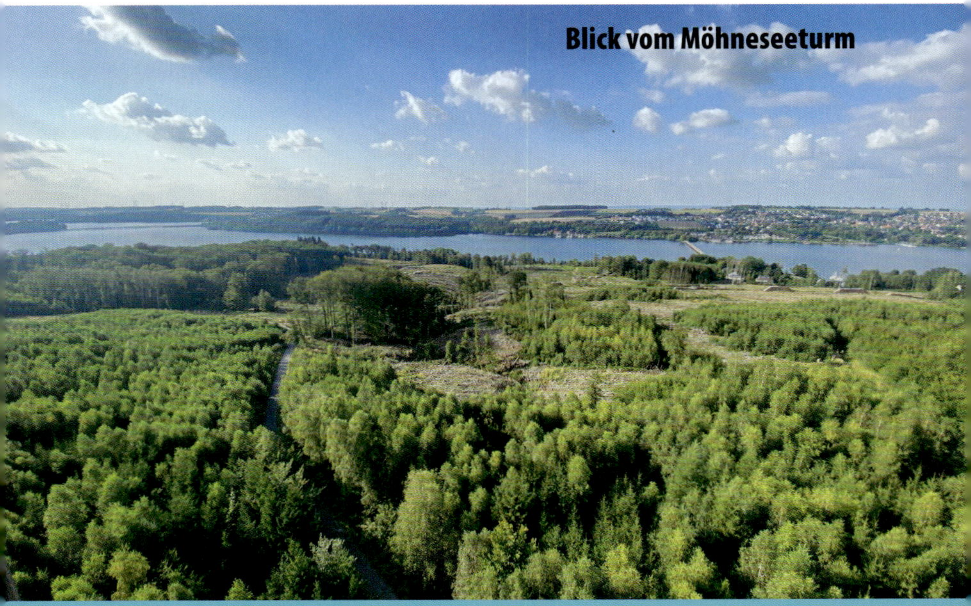

Blick vom Möhneseeturm

Für die Seele

Der Möhneseeturm eröffnet einen weiten Blick über ein riesiges Waldgebiet und das westfälische Meer, an dem Tausende Wasservögel leben.

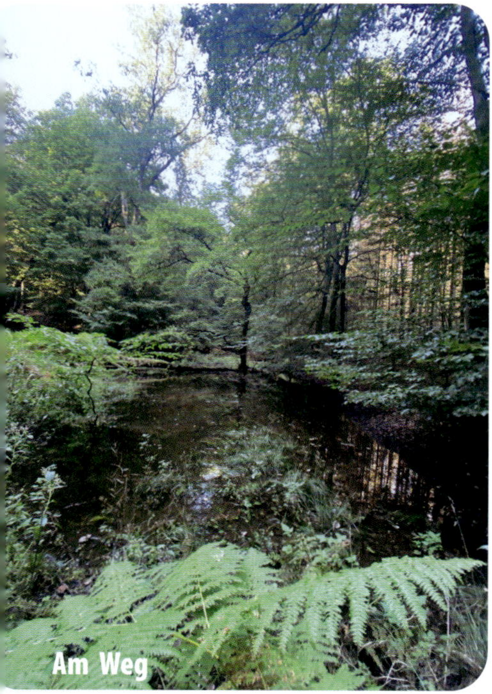
Am Weg

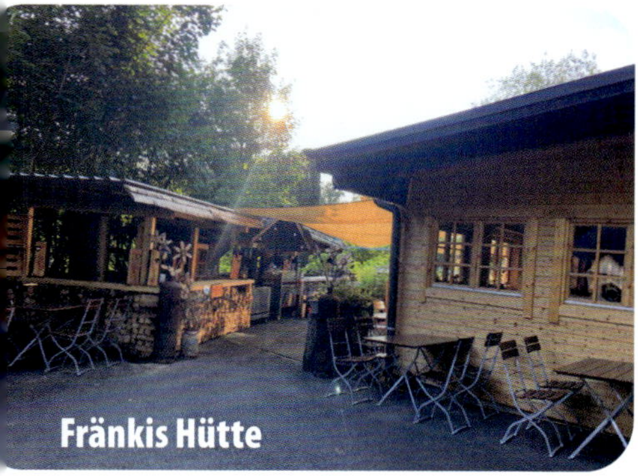
Fränkis Hütte

wegs erreichen wir die Straße Wilhelmsruh und machen einen kleinem Abstecher zu **Fränkis Hütte ③.** Die Gastgeber bieten in dem Holz-Gasthaus und an den Tischen draußen Hausmannskost in rustikaler Waldatmosphäre. Nach einer Erfrischungspause gehen wir ein paar Meter zurück, verlassen also jetzt die Markierung W und orientieren uns nun am Zeichen **A 5.**

Wir gehen auf einem asphaltierten Weg. Die Gegend um den Möhnesee ist beliebtes und begehrtes Ausflugsziel. Daher sind viele Wege barrierefrei gestaltet. Um uns herum ist ein wunderschöner Wald. Hier leben viele Wildtiere, auf die schon die Kurfürsten des Herzogtums Westfalen Jagd machten. Im 19. Jahrhundert kaufte ein reicher Hamburger Bankier einen Teil der kurfürstlichen Jagdgebiete und baute hier das **Jagdschloss Sankt Meinolf ④,** das auf unserer linken Seite auftaucht.

Die Hamburger Bankiersfamilie von Donner hatte ein Faible für exotische Tiere und obendrein einen guten Draht zum Tierpark Hagenbeck in Hamburg. Heinrich Hagenbeck half Conrad Hinrich von Donner, unter anderem Wisente, Strauße und Sambar-Hirsche in den Arnsberger Wald zu holen. Einige dieser Experimente misslangen, die Tiere wurden wieder eingefangen und zurück nach Hamburg in den Tierpark gebracht. Eine Art allerdings fühlte sich pudelwohl im Sauerland: die japanischen Sika-Hirsche. Sie lebten im Gatter bis 1936 heftiger Schneefall den

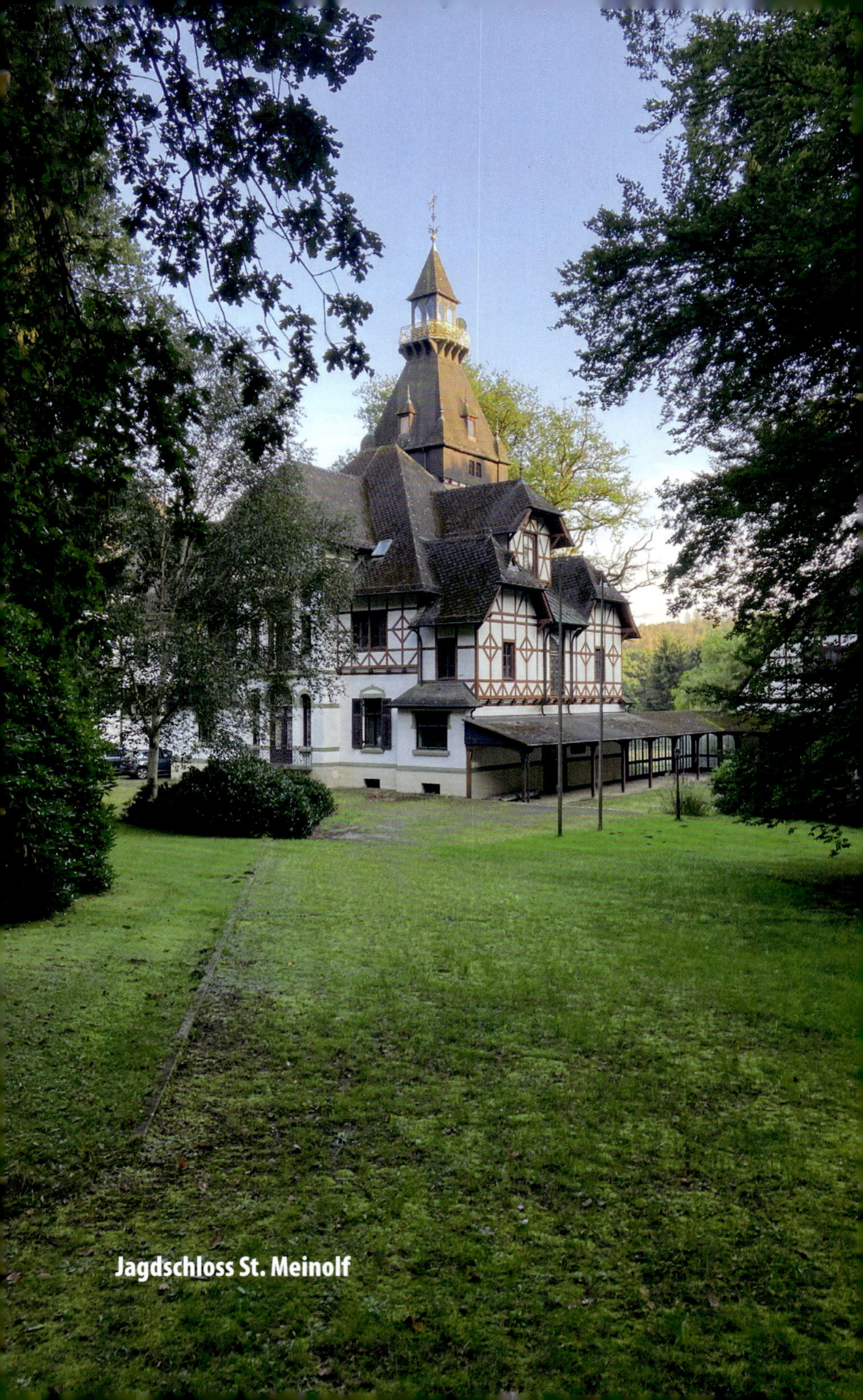

Jagdschloss St. Meinolf

Zaun zerstörte, weshalb Tiere entkommen konnten. Nach dem Zweiten Weltkrieg wurde der Zaun komplett entfernt. 150 Tiere, so heißt es, sind damals in die Wälder geflohen. Dort haben sie sich extrem gut vermehrt. Es gibt kein größeres Sika-Vorkommen in Westeuropa. Es ist so groß, dass Wildbiologen von einer internationalen Verantwortung für eine vom Aussterben bedrohten Art sprechen. Tatsächlich sorgen die zutraulichen Hirsche für enorme Schäden an Bäumen. Sie sind zeitgleich aber auch bei Jägern begehrt – ein Dauerkonflikt im Arnsberger Wald.

*Die **Möhnetalsperre** war Anfang des 20. Jahrhunderts die größte Baustelle Europas. Die Staumauer aus 250.000 Kubikmetern Bruchsteinen ist komplett von Hand gebaut worden. Es dauerte acht Monate, bis der See vollgelaufen war. Eingeweiht wurde die Talsperre 1913.*

Rechter Hand stößt der **Klangwald-Weg** auf unsere Strecke. Wir hören das leise Klingen eines Windspiels und schauen genauer hin: Im Wald hängt ein Windspiel in XXXL. Kurze Zeit später verlassen wir den Weg A 5 nach links und gehen über einen Pfad hinunter in

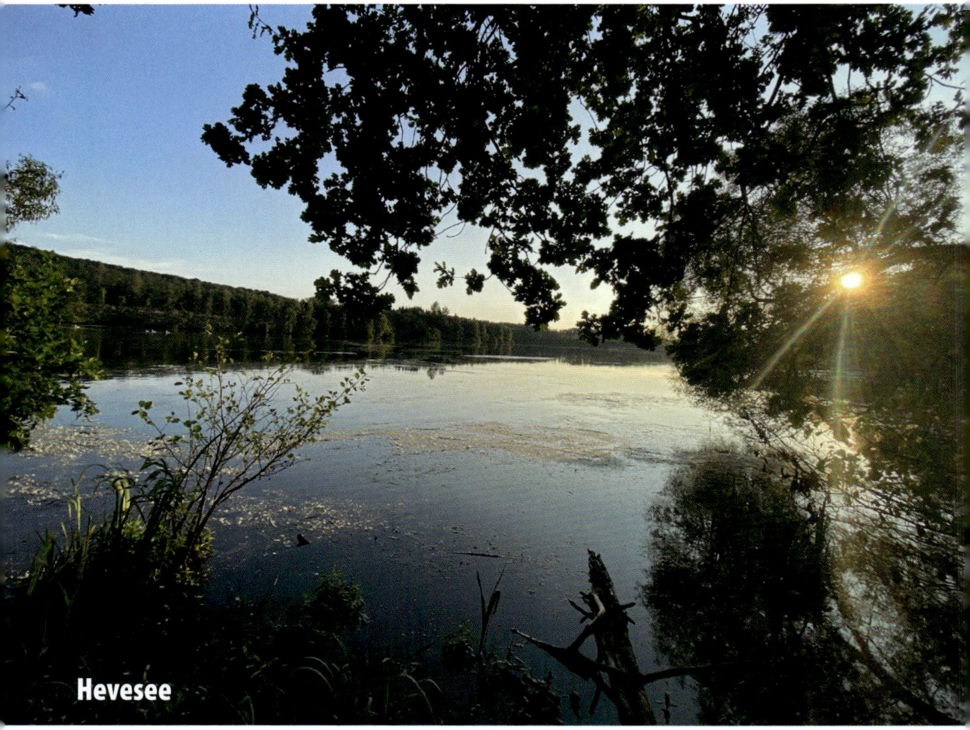

Hevesee

Richtung Hevesee. Die glitzernde Wasseroberfläche schimmert durch die Bäume: Vor uns liegt das Naturschutzgebiet Hevearm-Hevesee, das zum südlichen **Möhnesee** 5 gehört. Der Möhnesee ist die flächenmäßig größte Talsperre im Sauerland. Sie wurde vor mehr als 100 Jahren gebaut, um die Wasserversorgung des Ruhrgebiets sicherzustellen. Die Staumauer ist ein monumentales Bauwerk, das schwerste in Westfalen.

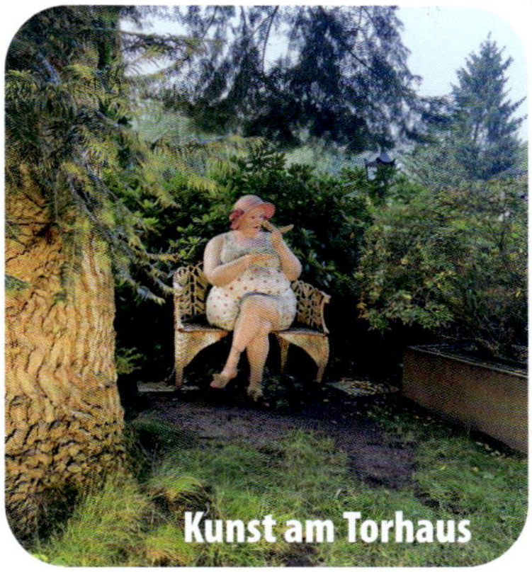
Kunst am Torhaus

Unser Weg ans Wasser führt durch den Wald aus Weiden, Erlen und Buchen. Spechte klopfen. Je näher wir in Richtung Wasser kommen, desto deutlicher nehmen wir die zahlreichen Vögel auf dem Wasser wahr: Der Möhnesee ist europäisches Vogelschutzgebiet.

Am Möhnesee können rund ***25 Wasservogelarten*** *beobachtet werden. Im Winter sind hier beispielsweise Gänsesäger, während der Vogelzugzeit sogar Fischadler zu sehen. Von Mitte August bis Ende September kommen 1400 Kormorane an den See.*

Auf einem Baumstumpf machen wir eine Pause, spüren die Ruhe am Wasser und beobachten die Vögel. Ausgeglichen folgen wir dem Pfad und kehren auf den Waldweg zurück, der uns zum **Torhaus Möhnesee** 6 bringt. Das große Fachwerkhaus war nach dem Bau der Talsperre ursprünglich die Hauptzufahrt zum Wildpark des Barons von Donner. Heute beherbergt das Torhaus ein attraktives Restaurant und Hotel. Schon im Eingangsbereich entdecken wir einige Skulpturen: Wie ein Quintett stehen die modernen Figuren vor den Butzenscheiben des Hauses, davor brennen Gartenfackeln. Diese aufwendige Gestaltung macht uns neugierig und wir gehen in den Gastraum. Hygge! Das dänische Wort für Gemütlichkeit fällt uns hier ein. Der Holzboden, die Holzmöbel und eine Dekoration mit offensichtlicher Liebe zum Detail machen das Torhaus zum Wohlfühlort.

Wir gehen in den großen Gartenbereich. Egal, wohin unser Blick geht, überall Kunstwerke. Ein Skulpturengarten: Büsten

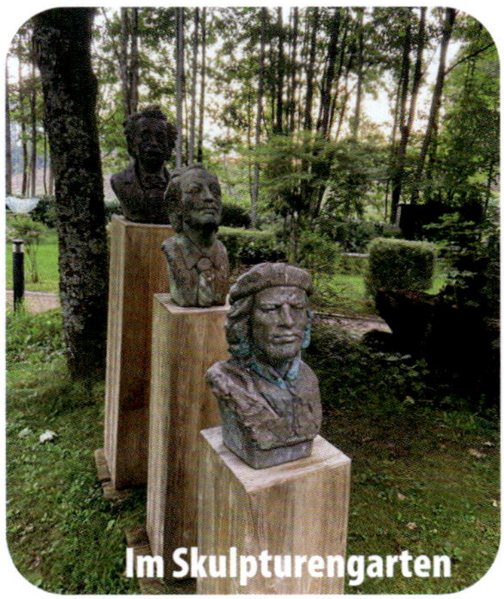
Im Skulpturengarten

von Einstein, Dalí und Che Guevara blicken quasi auf die Gartenterrasse, zwei feine Betondamen und ein Herr stehen Spalier vor dem hübschen gläsernen Teehaus, Donald Duck sitzt sinnierend auf dem Rasen und der Teich des Torhauses wird von einem auffällig gelb-roten Froschpaar bewacht. Die Kunstwerke sind mal zum Schmunzeln, mal zum Staunen, aber in jedem Fall nicht gewöhnlich. Hier bleiben wir gern, setzen uns in die Loom-Möbel unter den riesigen Sonnenschirmen, schauen auf das hübsche Teehaus und lassen es uns bei einem leckeren Kuchen gut gehen. Wunderbares Nichtstun zum Ausklang unserer Wanderung am Möhnesee.

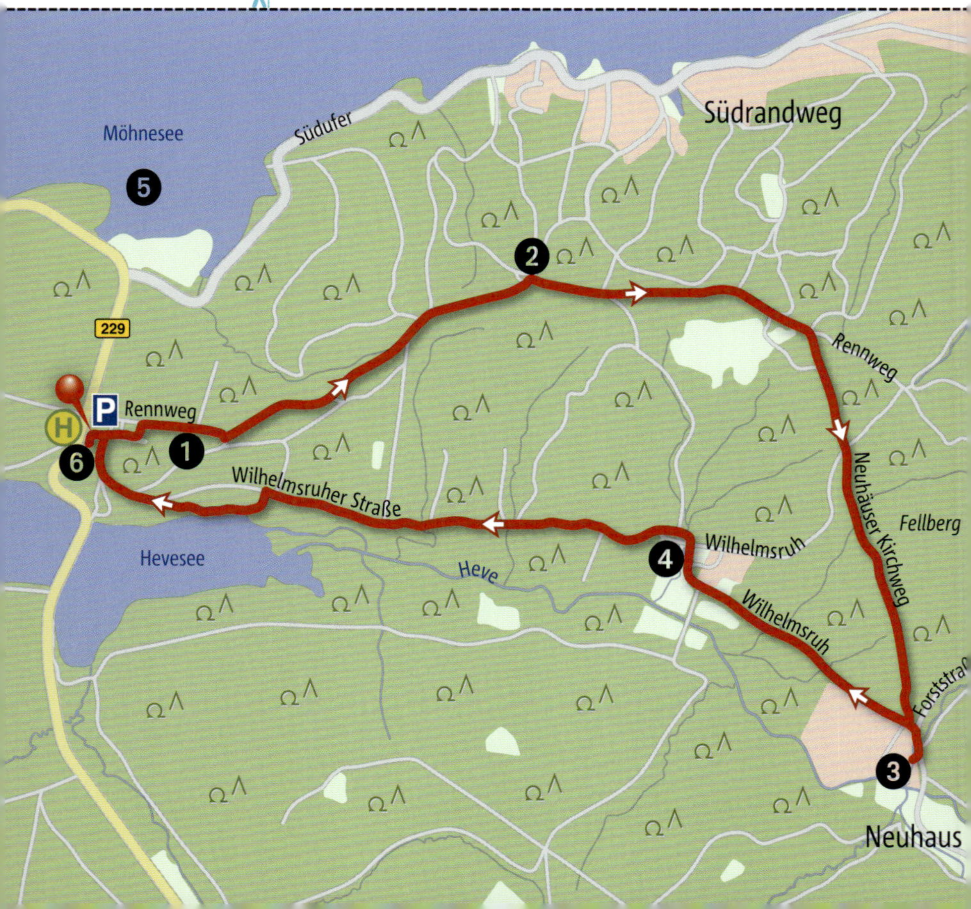

Alles auf einen Blick

WIE & WANN:

Die Tour am Möhnesee führt über Pfade, Waldwege und asphaltierte Strecken und macht zu jeder Jahreszeit Freude: In den wärmeren Monaten sowieso, im Winter rasten hier Tausende Wasservögel. Auch das ist ein besonderes Erlebnis. Allerdings sind dann die Kunstwerke am Torhaus winterfest verpackt.

HIN & WEG:

Auto: Parkplatz Torhaus, Arnsberger Straße 4, 59519 Möhnesee (GPS: 51.4718357, 8.0991844)
ÖPNV: Mit der Bahn zum Bahnhof Soest, von dort mit dem Bus weiter an den Möhnesee, Haltestelle Torhaus

ESSEN & ENTSPANNEN:

Fränkis Hütte ❸ Wilhelmsruh 7, 59519 Möhnsee, Tel. (0 29 24) 3 30 95 07, www.fraenkies-huette.de
Torhaus Möhnesee ❻ Arnsberger Straße 4, 59519 Möhnesee-Delecke, Tel. (0 29 24) 9 72 40, www.torhaus-moehnesee.de

ENTDECKEN & ERLEBEN:

Klangwald ❶
Möhneseeturm ❷
Jagdschloss St. Meinolf ❹
Möhnesee ❺

Entspannung ✱✱✱✱✱ (4 von 5)
Genuss ✱✱✱✱✱ (3 von 5)
Romantik ✱✱✱✱✱ (2 von 5)

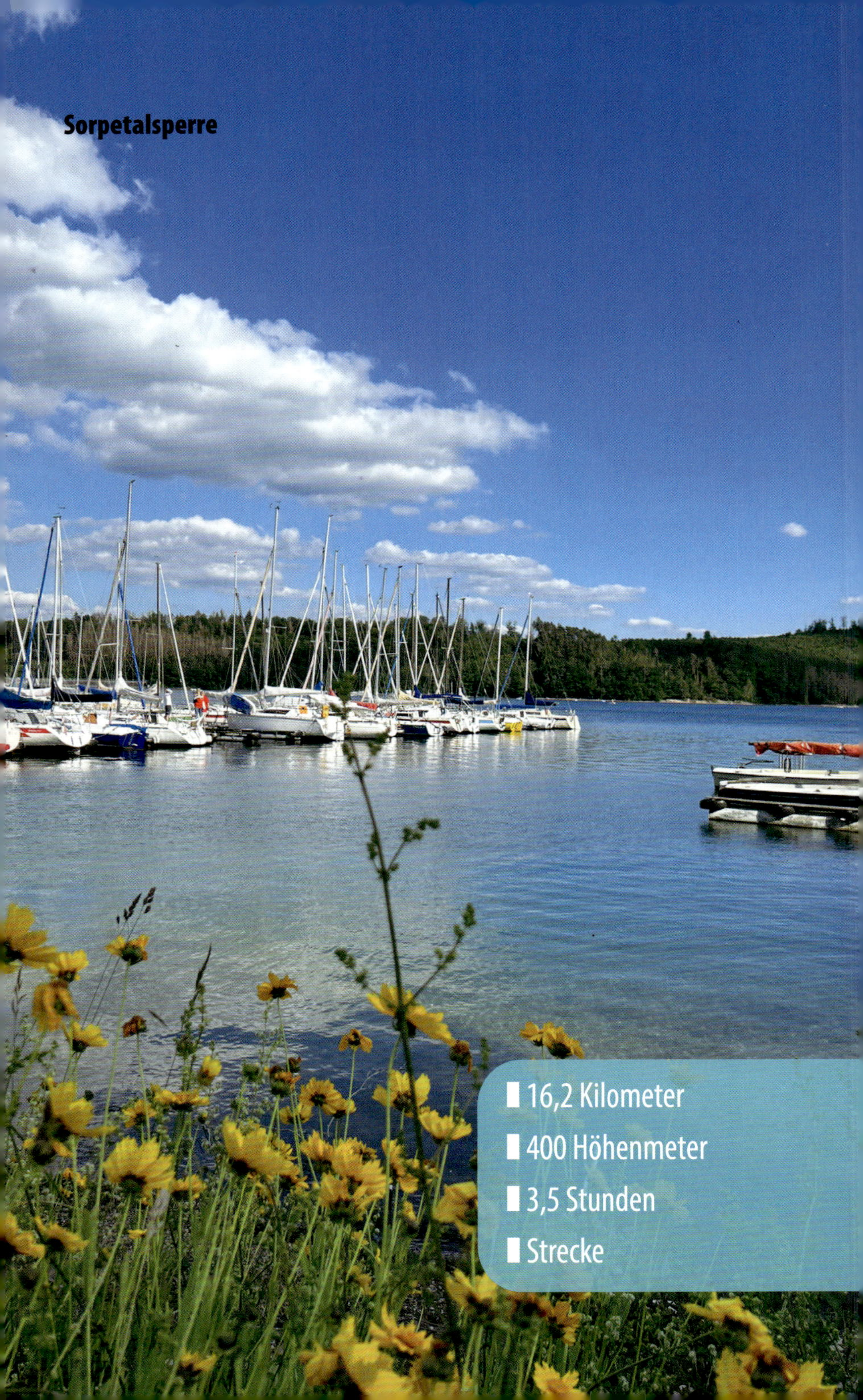
Sorpetalsperre
16,2 Kilometer
400 Höhenmeter
3,5 Stunden
Strecke

Der Sorpesee ist mit einer Länge von 8 Kilometern eine der größten Talsperren des Sauerlands. Und zugleich der tiefste See in der Mittelgebirgsregion. Umgeben von den weiten Wäldern des Naturparks Homert und mit der Möglichkeit einer kleinen Schifffahrt ist die Talsperre für Wanderer ein gutes Ziel. Den Alltag schnell loslassen – das gelingt hier federleicht!

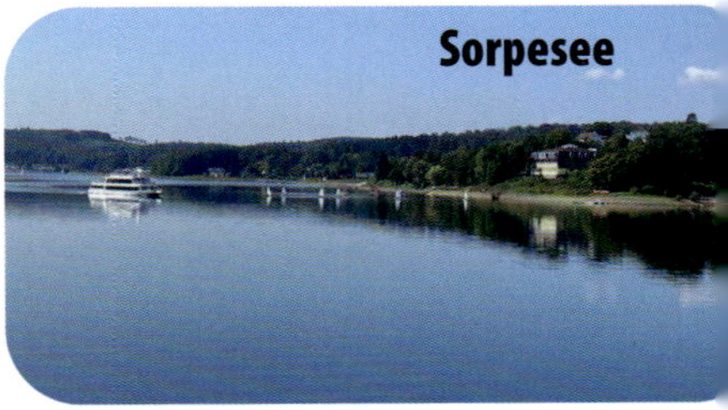
Sorpesee

Wir starten unsere See-Wanderung am Ortseingang von Langscheid. Weil der Sorpesee ein überaus beliebtes Ausflugsziel ist, gibt es eine Reihe von Parkplätzen, die besonders im Sommer schnell besetzt sind. Vom Parkplatz aus überqueren wir die Straße und gehen ein kurzes Stück über eine Treppe und einen asphaltierten Fußweg in Richtung See. Wie ein Himmelsspiegel liegt der **Sorpesee** 1 vor uns: Bäume und Wolken spiegeln sich auf der Oberfläche. Wir sehen Surfer und Segelboote, die mit aufgeblähten Segeln den See queren. Dazwischen drehen Tretboote ihre Runden. Ganz in der Ferne schwimmt die MS Sorpesee, das Ausflugsschiff, das uns später hier zu dem Ausgangspunkt unserer Wanderung zurückbringen wird.

Die Sorpetalsperre wurde von 1929 bis 1935 gebaut. Sie dient, wie die anderen großen Talsperren im Sauerland auch, vor allem der Wasserversorgung des Ruhrgebiets. Außerdem wird mit ihrem Wasser Energie gewonnen. Und der See ist Freizeit- und Erholungsgebiet.

!

*Der gewaltige **Staudamm** der Sorpetalsperre kann besichtigt werden. Und zwar nach vorheriger Anmeldung beim Ruhrverband unter Tel. (0 29 35) 9 65 60 oder beim Verkehrsverein Langscheid unter Tel. (0 29 35) 10 04.*

Sommerglück am See

Wandertour an der Sorpetalsperre

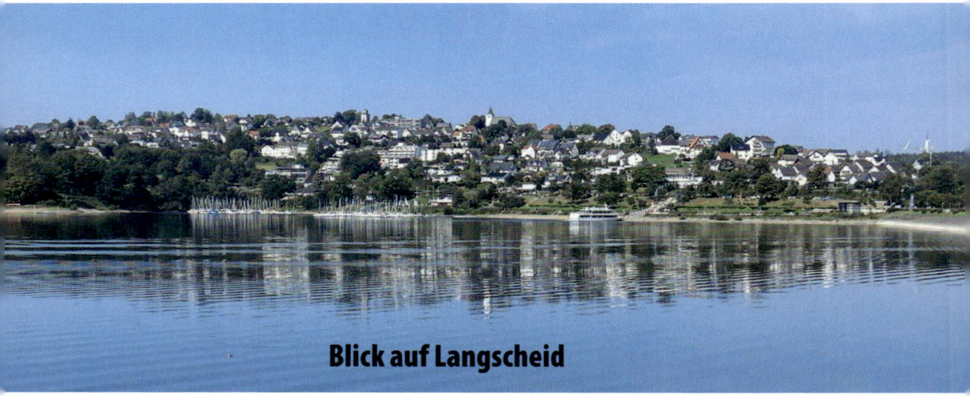
Blick auf Langscheid

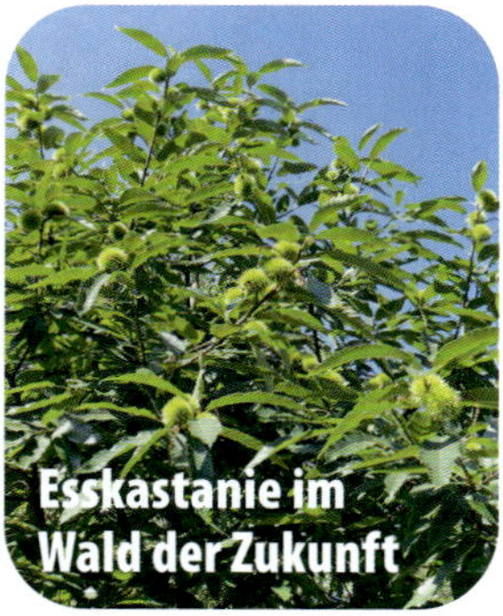
Esskastanie im Wald der Zukunft

Das Treiben hier an der Seepromenade ist quirlig. Radfahrer und Inlineskater umrunden den See, Spaziergänger flanieren und Kinder spielen am Wasser. Die Menschen sitzen und liegen mit einem Eis in der Hand auf den Ruhebänken und schauen sich das Treiben auf dem Wasser an. Wir gehen über den Sorpedamm, der mit 69 Metern Höhe ein imposantes Bauwerk ist. Rechts von uns liegt der See. Das Dorf Langscheid erhebt sich auf einem Bergrücken hinter der Talsperre. Wir sehen die Fische im klaren Wasser schwimmen. Und schauen dann nach links auf den Ausgleichsweiher und das dahinterliegende weite Tal.

Am Ende des Damms biegen wir nach rechts ab und folgen der **Markierung mit einem grünen W auf weißem Grund.** Dieser asphaltierte Weg führt weiter eng am See entlang und ist die barrierefreie Variante. Ursprünglicher wird es, wenn wir uns links halten und unseren Weg zunächst auf einem Pfad, dann auf einem Waldweg fortsetzen. Mit jedem Meter in den Wald hinein wird es ruhiger. Ab und zu geben die Bäume noch den Weg auf das Wasser frei, aber der pralle fröhliche Sommertrubel rückt immer weiter weg. Unter unseren Schuhen knacken die kleinen Äste. Wir hören die Vögel singen und die Bienen und Hummeln summen. Am Weg wachsen Waldblumen und riesige Farne. Es ist ein verwunschenes Paradies.

Unser Weg stößt auf die Sauerland-Waldroute, die mit einem weißen W auf grünem Grund gekennzeichnet ist. Wir biegen nach rechts und an der nächsten Möglichkeit sofort nach links auf **X 24/S 1** ab. Diesem Weg folgen wir immer weiter und kommen in einen Abschnitt, in dem nun für das Sauerland außergewöhnliche Bäume auftauchen: Esskastanien, Lebensbäume, Atlaszedern. Das sind alles Baumarten aus anderen, wärmeren Regionen, zum Teil stammen sie sogar aus anderen Kontinenten. Der Waldbesitzer hat sich hier nach dem Orkan Kyrill 2007 von der Fichte verabschiedet und experimentiert nun in diesem Waldstück mit neuen Baumarten. Es ist offensichtlich, dass es diesen Bäumen hier auf den Waldflächen am Sorpesee gut gefällt. Zusammen mit den herkömmlichen Baumarten wie den Birken mit ihrer markanten schwarz-weißen Rinde oder den Vogelbeeren gedeihen sie prächtig. Ein wunderbar buntes Bild! So könnte der **Wald der Zukunft 2** aussehen.

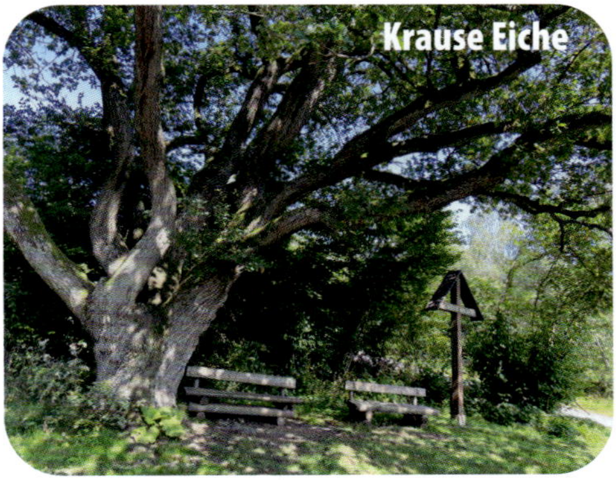

Krause Eiche

Am Ende des Waldwegs lässt uns einmal mehr ein Baum staunen: Es ist eine alte, knorrige, zerzauste Eiche, eine einheimische Baumart. **Krause Eiche 3** wird sie genannt. Wir setzen uns auf die Bank unter den

*Im Zuge des Waldumbaus seit 2018 wird an vielen Stellen im Sauerland mit **Esskastanien** experimentiert. Die Bäume stammen aus dem Mittelmeerraum, kommen also mit höheren Temperaturen und weniger Regen zurecht. Sie sind eine Bienenweide und liefern Maronen.*

Für die Seele

Der tiefste See des Sauerlands schimmert und glitzert in der Waldlandschaft wie eine riesige Schatzkiste der Natur.

Baum, dessen Alter auf mehr als 300 Jahre geschätzt wird. Was für ein friedlicher Platz oberhalb des Dorfs.

Von der Krausen Eiche gehen wir den Weg bergab in Richtung Amecke. Schon bald empfängt uns die Gute-Laune-Lebensfreude am See. An der Straße angekommen halten wir uns rechts und bummeln über die Uferpromenade des Vorbeckens. Es ist eine besondere Promenade, ein **Airlebnisweg** ❹, an dem es 20 Stationen zum Thema „Wasser und Atmung" gibt: Wasserfontänen, ein Duft- und Aromagarten und ein Sinneslabyrinth sind nur einige Beispiele. Uns lockt der Duft von Kaffee und Kuchen in den **Heimathafen Grote** ❺. Eine Wand im Eingangsbereich des Cafés ist – ganz Bäcker-like – mit Napfkuchenformen unterschiedlicher Größe gestaltet. Mit Blick auf den See werden Kaffee, Kuchen oder auch kleine deftige Gerichte serviert. Draußen sitzen zu können, ist noch mal ein bisschen Sommerglück on top.

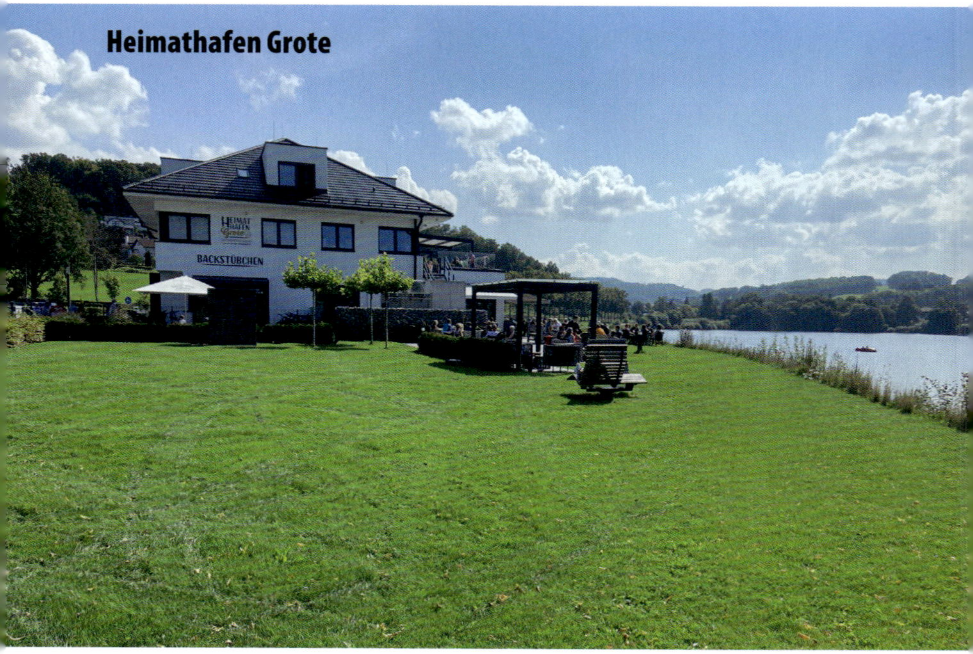

Heimathafen Grote

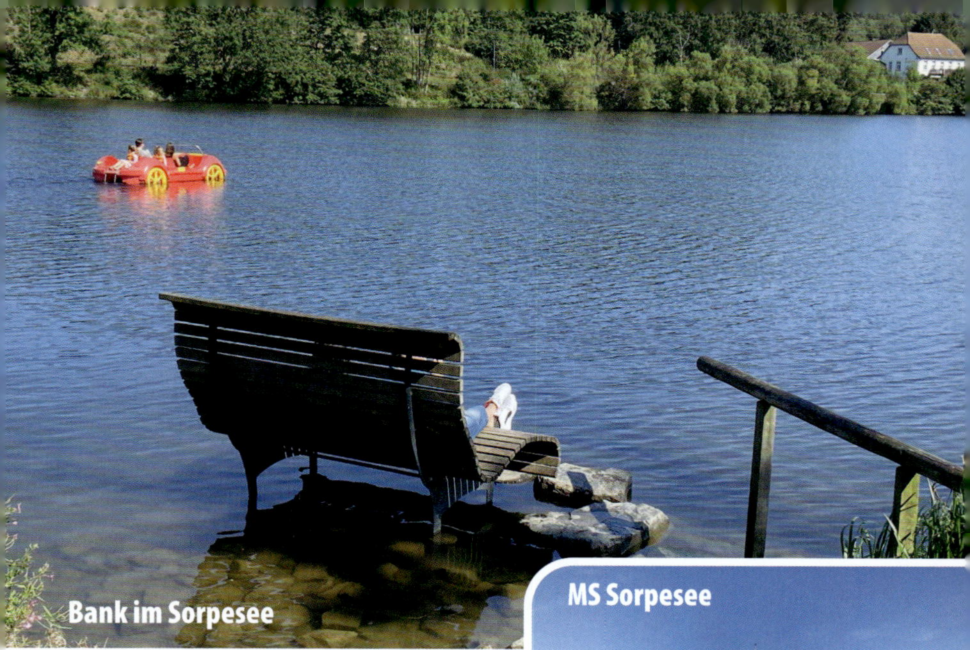

Bank im Sorpesee

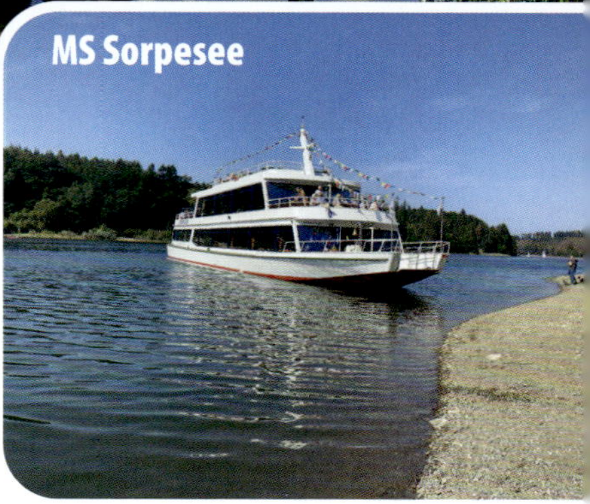

MS Sorpesee

Nach unserer Cafépause gehen wir ein kleines Stück vom Heimathafen zurück bis zur Brücke. Für einen Abstecher überqueren wir sie. Ein Eismann verkauft Eiskugeln aus einem Wagen heraus. Die Schlange der Leute, die hier für Vanille-, Erdbeer- und Stracciatella-Eis anstehen, ist lang. Wir gehen an ihr entlang über den Parkplatz und direkt an den See. Ein geschwungenes Waldsofa steht dort im Wasser. Es ist nur über einige Trittsteine zu erreichen. Mehr Sommer-Poesie geht kaum: Mit großen Schritten erreichen wir unsere Wald-Sofa-Insel und lassen buchstäblich alles hinter uns. Wir haben vor und um uns nur noch das Wasser des Sorpesees, auf dem die bunten Tretboote in Auto- oder Schwanenform kreisen, dahinter die unendlich scheinenden Wälder. Wunderbares Nichtstun!

Dann gehen wir über den Parkplatz und die Brücke zurück und erreichen an der linken Seite die Anlegestelle der **MS Sorpesee** ❻. Das Ausflugsschiff verkehrt in der Regel von April bis Ende Oktober. 300 Fahrgäste kann die MS Sorpesee mitnehmen. Wir

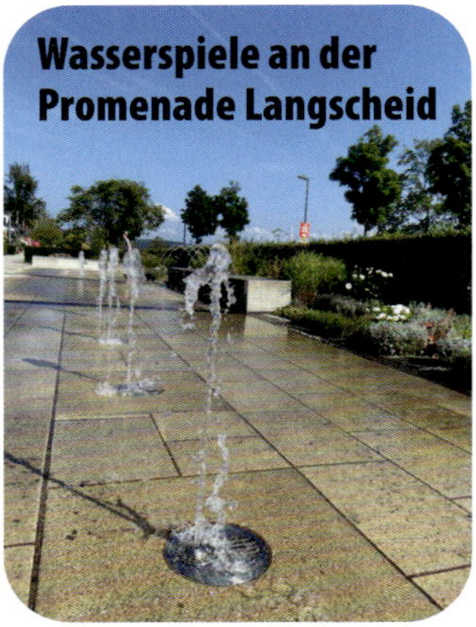

suchen uns einen Platz auf dem Oberdeck, dann legt das Schiff ab. Die bunten Wimpel wehen im Wind vor strahlend blauem Himmel. Wir sehen den Seglern, den Schwimmern und den Stand-up-Paddlern zu und kehren sommer-glückselig nach Langscheid zurück.

Zum Abschluss schlendern wir über die hübsch gestaltete Promenade in Langscheid. In den vielen Beeten blühen Frauenmantel, Rosen und Lavendel, dazwischen erfrischen uns kleine Wasserfontänen, die fröhlich aus dem Boden spritzen. An den Cafés und Restaurants vorbei gehen wir zurück zu unserem Parkplatz.

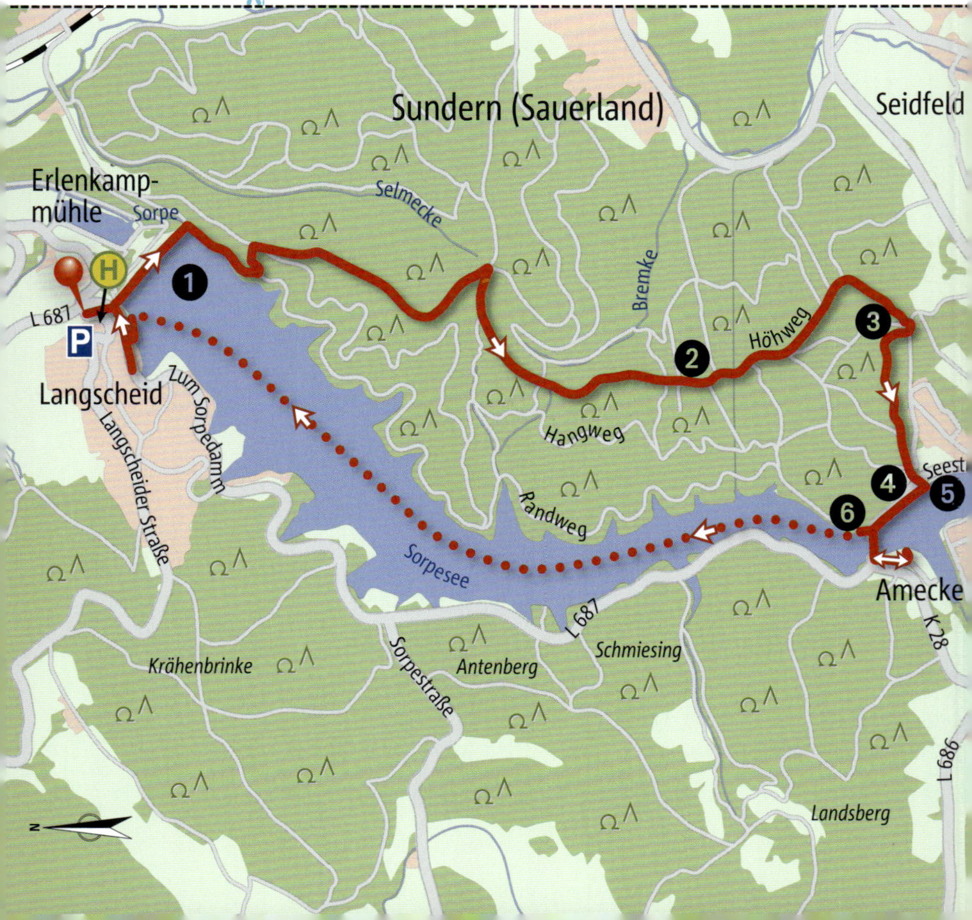

Alles auf einen Blick

WIE & WANN:
Die Wanderung führt über Pfade, Wald-, Forst- und asphaltierte Wege. Im Sommer ist es am Sorpesee fast mediterran, wenn viele Boote auf dem See unterwegs sind, gebadet und flaniert wird. Auch wenn es zu jeder Jahreszeit schön ist, das Schiff verkehrt in den Wintermonaten nicht.

HIN & WEG:
Auto: Parkplatz Sorpesee, Zum Sorpedamm 9, 59846 Sundern (GPS: 51.3547593, 7.9635473)
ÖPNV: Bahn Regionalexpress bis Neheim-Hüsten, dann mit dem Bus in Richtung Sundern, umsteigen in Hachen, weiter in Richtung Langscheid (Busse verkehren jedoch nicht täglich); Rückkehr zum Ausgangspunkt mit der MS Sorpesee

ESSEN & ENTSPANNEN:
Heimathafen Grote (5) Seestraße 5, 59846 Sundern,
Tel. (0 23 93) 2 40 72 76, heimathafen-grote.de
Viele weitere Einkehrmöglichkeiten rund um den See

ENTDECKEN & ERLEBEN:
Sorpesee ❶
Wald der Zukunft ❷
Krause Eiche ❸
Airlebnisweg ❹
MS Sorpesee ❻

Entspannung ★★★★☆
Genuss ★★★★☆
Romantik ★★★☆☆

Die GPS-Daten zu jeder Tour gibt es auf
www.droste-verlag.de

Konzeption/Satz: Droste Verlag, Düsseldorf
Einbandgestaltung: Britta Rungwerth, Düsseldorf, unter Verwendung von Bildern von © Fotolia.com: Andrey Kuzmin, undrey, dabost, niroworld; © stock.adobe.com: mimagephotos
Fotos: Corina Wegler-Pöttgen, außer: S. 99: Gasthof Seemer
Textlektorat: Kirsten Witte-Hofmann, Leipzig
Karten: Thorsten David, Bochum
Druck und Bindung: LUC GmbH, Greven

MIX
Papier aus verantwortungsvollen Quellen
FSC® C011279
FSC www.fsc.org

ISBN 978-3-7700-2343-1
www.droste-verlag.de